"中共南路革命史料整理暨研究"系列丛书

他们从南路走来

廖华李学英随军征战纪实

廖世宁 编著

中山大学出版社
·广州·

版权所有　　翻印必究

图书在版编目（CIP）数据

他们从南路走来：廖华、李学英随军征战纪实/廖世宁编著 . —广州：中山大学出版社，2021.6

（"中共南路革命史料整理暨研究"系列丛书）

ISBN 978 - 7 - 306 - 07246 - 7

Ⅰ. ①他… Ⅱ. ①廖… Ⅲ. ①革命史—史料—中南地区 Ⅳ. ①K296

中国版本图书馆 CIP 数据核字（2021）第 119976 号

TAMEN CONG NANLU ZOULAI： LIAOHUA、LIXUEYING SUIJUN ZHENGZHAN JISHI

出 版 人：	王天琪
策划编辑：	曾育林
责任编辑：	曾育林
封面题字：	蒋述卓
封面设计：	林绵华
责任校对：	梁嘉璐
责任技编：	何雅涛
出版发行：	中山大学出版社
电　　话：	编辑部 020 - 84113349，84110779，84110283，84111996，84111997
	发行部 020 - 84111998，84111981，84111160
地　　址：	广州市新港西路 135 号
邮　　编：	510275　　　　　　传　真：020 - 84036565
网　　址：	http://www.zsup.com.cn　　E-mail：zdcbs@ mail.sysu.edu.cn
印 刷 者：	佛山市浩文彩色印刷有限公司
规　　格：	787mm×1092mm　1/16　26.5 印张　300 千字
版次印次：	2021 年 6 月第 1 版　　2021 年 6 月第 1 次印刷
定　　价：	118.00 元

如发现本书因印装质量影响阅读，请与出版社发行部联系调换

总　序

习近平总书记在党史学习教育动员大会上的讲话中指出："中国革命历史是最好的营养剂，重温这部伟大历史能够受到党的初心使命、性质宗旨、理想信念的生动教育，必须铭记光辉历史、传承红色基因。"欣逢中国共产党百年华诞之际，广东海洋大学人文社会科学研究"建党100周年献礼红色著作专项"重点项目、高良坚课题组的"广东南路红色文化教育资源开发研究（C20111）"系列成果，作为中山大学出版社策划、出版的"中共南路革命史料整理暨研究"系列丛书即将问世，这是贯彻落实习近平总书记重要指示的具体行动，是传承红色文化的重要体现，也是拓展广东南路地区革命史料征集与研究的新成果，具有历史意义和现实价值，值得庆贺！

广东南路地区位于中国大陆南端、广东省西南部，与海南岛隔海相望。在新民主主义革命时期主要包括茂名、电白、信宜、化县、吴川、廉江、海康、遂溪、徐闻、阳江、阳春、钦县、防城、合浦、灵山15县（钦县、防城、合浦、灵山今属广西）和广州湾（原法租界，今湛江市区）。这是一个英雄辈出、人杰地灵的地方。

南路地区是一块洒满革命英烈鲜血的红色热土。南路人民是具有光荣革命斗争传统的英雄人民。南路革命斗争是广东人民革命和中国革命斗争的重要组成部分。早在中共创建时期，南路的青年学生和各界群众受五四运动的影响，投身反帝反封建的爱国运动。随后建立革命组织，开展革命活动。大革命时期，建立了中共南路组织和共青团组织。中共南路组织广泛发动群众，协助南征军收复了南路地区，开展工农群众运动，掀起了轰轰烈烈的革命高潮。土地革命时期，面对国民党反动派的白色恐怖，中共南路组织领导各县举行了一系列农民武装起义，以革命的义举反击国民党反动派的屠杀政策。特别是中共遂溪县委书记陈光礼率领农民自卫军退守斜阳岛（今属广西北海），实行武装割据，坚持长达5年之久，树起了南路人民不畏强暴、英勇抗争的一面鲜红旗帜。抗日战争时期，日本帝国主义发动全面侵华战争后，南路各界群众迅即掀起抗日救亡运动。雷州半岛和广州湾沦陷后，中共南路特委深入发动群众，组织抗日武装，开展敌后抗战，并以南路人民抗日游击队为基础，建立了广东南路人民抗日解放军。与此同时，中共南路特委推动国民党爱国将领举行抗日武装起义，建立了高雷民众抗日军。解放战争时期，中共南路特委遵照中共中央和中共广东区委的指示精神，领导各地党组织和革命群众开展了争取和平民主的斗争。内战爆发后，在大力发展党的组织和开展武装斗争的基础上，经中共中央批准，成立了中共粤桂边区委员会和中国人民解放军粤桂边纵队。随着解放战争的胜利发展，南路军民配合南下解放军解放了粤桂边地区。南路人民终于迎来了人民革命的伟大胜利，获得了彻底解放。

光辉历史，青山作证。中国共产党领导南路人民的革命斗争，为广东乃至中国革命的胜利立下了不可磨灭的功勋，具有重要的历史地位，具体体现在六个方面。

其一，南路的工农群众革命运动，在大革命时期与广东各地的工农革命群众运动汇成了一股强大的革命洪流，构成了广东大革命高潮的总体态势，成为大革命高潮不可或缺的组成部分。南路也成为国民革命的重要活动舞台、统一广东的战略要地和广东革命根据地的重要区域，肩负着重要的历史使命。

其二，中共南路组织率领革命群众为土地革命战争做出了重要贡献。中国大革命在广东遭到局部失败后，为了挽救革命，南路党组织和革命群众迅即奋起，于东江、西江、北江、琼崖等地，率先在全国举行工农武装起义，实行武装割据，与国民党反动政权公开对垒，为探索革命发展道路做了不懈努力。

其三，中共南路组织和人民群众为挽救中华民族的危亡，坚持独立自主的敌后抗战，顽强抗击日本侵略者，开辟了南路（粤桂边）抗日根据地，建立抗日民主政权，成为全国三大敌后战场之一的华南敌后战场的重要组成部分，为国家的独立和民族的解放做出了巨大牺牲，立下了不朽功勋。

其四，中共南路组织高举抗日民族统一战线的旗帜，对国民党爱国将领进行统战工作，团结一切可以团结的力量，推动原广东省第七区行政督察专员兼国民党广东省第十一区游击司令部司令率部举行抗日武装起义，壮大了南路抗日力量。这是中共南路组织正确贯彻执行党的抗日民族统一战线方针政策的成功实践。

其五，国民党发动全国内战后，中共南路组织根据中共中央的战略方针，率先领导开展武装斗争，使革命力量不断发展壮大，形成了广东七块解放战略基地之一。南路和粤桂边党政军民不仅配合南下解放军解放了全地区，而且为解放滇、川、康、黔等省给予了大力支持，建立了后方基地。

其六，南路地区解放后，担负起解放海南岛的后方基地和出发地的重要任务。南路人民以人力、物力积极支持解放大军，大批船工参加了渡海作战，为解放海南岛做出了巨大贡献。

在长期的革命斗争中，南路和粤桂边军民有几万人为革命献出了宝贵的生命。他们用鲜血染红了党的旗帜，用生命书写了对党的赤心，用信念证明了对革命的忠诚！他们在革命斗争中积淀的坚定信仰、为党立心、英勇顽强、艰苦奋斗、无私奉献、为民效命的精神，永耀人间！

重温革命历史，赓续红色血脉，弘扬红色文化，传承红色基因，这是新时代赋予我们的历史使命。"中共南路革命史料整理暨研究"系列丛书的出版，正是从一个侧面体现了我们应有的历史担当。但愿更多的红色文化成果为新时代的百花园增添异彩！

（广东省社会科学院教授、广东中华民族凝聚力研究会副会长、广东中共党史学会原副会长）

卷首语

广东南路,[①] 位于广东省西陲。抗日战争后期,[②] 中共南路特委根据中共中央南方局的部署,发动南路人民抗日武装起义,创建了南路人民抗日解放军,下辖5个团3000多人。抗战胜利前后,国民党反动派为了抢夺抗战胜利成果,调动其第四十六军、第六十四军和"新一军"集结于粤桂边境,准备抢占雷州半岛、海南岛和江门、广州沿线,抢占各大、中、小城市及交通干线和战略要地,实行反动统治,积极准备进攻和消灭中共领导的抗日武装。广东南路人民抗日解放军根据上级部署,决定主力第一团(史称"老一团"),从雷州半岛突破国民党重兵包围,向西挺进粤桂边十万大山建立根据地,后入越整训、支援越南人民抗法斗争。由于祖国解放战争形势的变化,该部队根据中共香港分局的部署,回国参加解放战争,转战粤桂滇黔边区。这支部队虽然远离

[①] 广东南路,昔日的地域名。包括历史上的高州六属(茂名、电白、信宜、廉江、化县、吴川),雷州三属(遂溪、海康、徐闻),钦廉四属(钦县、合浦、灵山、防城),两阳(阳江、阳春)和梅菉市。

[②] 抗日战争时期,中共南路党组织领导范围不含阳江、阳春。

故土和亲人，处于极端艰苦、敌强我弱的困境，但在党的坚强领导下，他们顽强作战，敢于刺刀见红，敢打夜战近战，拖不垮、打不散、越战越勇，从1个团发展为9个团，直至胜利解放。这支部队跨越中越两国，纵横粤桂滇黔四省，艰苦卓绝征战数千公里，有别于南方其他纵队。

廖华、李学英夫妇随军参战。他们是这段历史的亲历者，也是见证人。廖华同志在古稀之年提笔撰写了部队西进至解放，在4年多时间里发生的100个战斗战事（提纲），记录了这段可歌可泣的革命斗争历史，表现了他们为中华民族的独立和中国人民的解放，义无反顾、浴血奋战、至死不渝跟党走的革命意志和斗争精神。

《他们从南路走来——廖华、李学英随军征战纪实》为革命历史资料汇编。本书分为上编、中编、下编三部分，以及附录。上编"廖华文集"，系廖华生前撰写的遗稿《铁流边陲》和回忆文章；中编"战友回忆"，系廖华、李学英的上级领导和战友们书写的回忆史料；下编"文献资料汇编"系此间的有关函电、报告和综合史料选；附录系廖华年谱简编及廖华、李学英同志生平。

作为革命后代，我们的一项紧迫使命就是不遗余力地抢救革命史料，还原史实真相。通过不懈的努力，让父辈的个人记忆成为全民族的深刻记忆，让党的历史记忆成为国家的光荣记忆；让革命斗争的伟大瞬间和片段成为子孙后代薪火相传、继往开来的永恒记忆。

任重道远，时不我待。

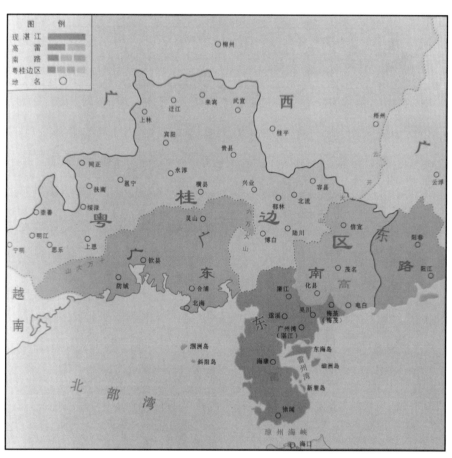

广东南路粤桂边区示意图

资料来源：中共湛江市委党史研究室著《中国共产党湛江历史》第一卷1921—1949，中共党史出版社，2011版。

序　言

廖华和李学英同志的子女诚邀我为《他们从南路走来——廖华、李学英随军征战纪实》一书作序。廖华同志是我的同乡，也是家乡较早走出参加革命的；我的四姐李嘉（烈士）还是李学英同志的入党介绍人，于是我欣然应允。

70多年前，中国共产党南路党组织直接领导的抗日武装——雷州人民抗日游击队、南路人民抗日解放军，到后来发展壮大的中国人民解放军粤桂边纵队主体、粤中纵队和桂滇黔边纵队（后整编为滇桂黔边纵队）的主力，为中华民族的独立和人民的解放事业做出了重要贡献。廖华和李学英同志是这支英雄队伍中的杰出代表，他们共同经历了血与火、生与死的战斗洗礼，铸就了非凡的人生。

作为老党员，廖华、李学英是抗日战争时期，广东南路党组织重建后加入并从事学生抗日活动的。20世纪40年代初，我家曾经是广东电白地区中共党组织的重要活动地点。党组织负责人庞自、严子刚、李康寿等同志经常出入我家，李康寿同志是廖华的入党介绍人，他们和我的四姐李嘉当时都于该地区开展党的地下革命工作。1940年前后，廖华夫妇分别参加了中共南路特委领导的抗日斗争和抗日游击斗争，并随广东南路人民抗日解放军第一团转战广东、广西、云南、贵州和越南，跨越两国、纵横四省浴血奋战，历经艰难险阻，始终坚定不移跟党走。中华人民共和国成立后，他们坚决拥护党的路线方针政策，积极投身社会主义建设。"文革"期间，他们被派到了西北边远地区工作，虽条件无比艰苦，但不改对党一片赤诚之心。离休后，他们仍不忘初心，始终保持共产党员的政治本色，拥护和支持改革开放，教育子女报效祖国。

作为老军人，廖华、李学英在抗日战争时期，先后参加过崩家塘、塘蓬、武利江等战斗。老同志们常提起，在夜袭遂溪县崩家塘日伪税站的战斗中，廖华同志身负重伤，部队以为他已牺牲，准备召开追悼会，他却以惊人的意志和毅力，带伤逃出敌区重返部队。解放战争时期，他们还先后参加了皈朝、滇南等许多战役，为建立中华人民共和国做出了贡献。中华人民共和国成立伊始，廖华同志即从云南文山边防区副司令员的岗位，被选调到中国人民解放军南京军事学院基本系第一期学习，并以优异的成绩毕业留校任教。1957年，廖华同志被调到作为将军摇篮的北京高等军事学院，参与该学院的筹建并在研究部工作，还曾担任甘肃省军区、国防大学科研部领导职务，曾参与我国《中国大百科全书·军事卷》《中国军事百科全书》和我军首部《游击战》等专著的编撰工作，为我军军事教育和国防科研事业勤奋一生，为创新我军作战理论和培养我军高级指挥人才做出突出贡献。廖华同志1955年荣获三级独立自由勋章、二级解放勋章，1988年被授予中国人民解放军独立功勋荣誉勋章。李学英同志随军并转至地方工作后，一如既往地勤奋工作，成绩斐然。

作为莫逆之交，我是20世纪50年代在北京与廖华同志相遇、相识、相知的。当初见这位驰骋战场多年的武将时，我发现他相当质朴敦厚、儒雅内秀、随和可亲、重情重义。我们经常推心置腹地诉说乡情，切磋工作体会，畅谈国家发展。1978年，在西北的廖华同志奉命回到北京军事学院（现中国人民解放军国防大学），任训练部研究部部长。他又以满腔的热情投身军事教学和科研管理，为弥补被耽误的时光而夜以继日、废寝忘食地努力工作。1985年，我离京被调往深圳，我们两家人仍谊切苕岑。廖华、李学英夫妇每次回家乡，总会与老战友们重温战争年代的艰苦岁月，探望军烈家属和帮助部队的群众，情深义重。

廖华、李学英同志为党、为人民、为国家无私奉献了一生，是一对光明磊落、真诚率直、实事求是的好同志、好夫妻。廖华同志在离休后撰写的《铁流边陲》书稿，记录了西南战区革命战争时期的部分游击战例，在军内、国内尚属少见。他们的子女将这份遗稿整理出版，对了解和研究广东南路革命历史，继承和发扬革命传统有着重要意义。

我们永远怀念为中国革命和建设发展献出热血和生命的先辈们！

李 灏

2018年春

李灏简介

李灏 1926年12月出生，广东电白人。1947年10月参加革命，1949年2月加入中国共产党。历任国务院副秘书长，广东省副省长，深圳市市长、深圳市委书记，全国人大常委会委员、财经委员会副主任委员。李灏是20世纪80年代至90年代锐意改革开放的代表性人物，是目前深圳特区历史上任期最长的市委书记。在"中国改革开放30年"评选中，是高票当选的30名杰出人物之一、30名社会人物之一。

为廖华同志文集出版志庆

鏖战南路献身国防
忠诚事业质朴人生

庚才献 二〇二四年八月一日

（百岁题词）

唐才猷简介

唐才猷 1917年12月生，广东省遂溪县城月镇吴村人。1937年3月参加革命，1938年8月加入中国共产党。历任遂溪青年抗敌同志会农村工作队队长、区委书记，中共遂溪中心县委组织部部长，中共合浦中心县委组织部部长，雷州人民抗日游击大队大队长，广东南路人民抗日解放军第一支队支队长，第一团（"老一团"）政委，粤桂边区人民解放军副司令员，中共桂滇边工委委员、中共滇东南工委书记、滇东南指挥部指挥员，中国人民解放军粤桂边纵队副司令员，原广东军区南路分区第一副司令员，广西钦廉军分区副司令员、司令员，高等军事学院战略教研室教员、四系毛泽东思想教研室副主任。1970年7月任湖南省军区副司令员，1979年2月任湖南省军区正军职顾问。1983年5月离休，2019年10月于广州逝世，享年102岁。

祝贺"中共南路革命史料整理暨研究"系列丛书出版发行

南路革命斗争有着悠久的历史,经历诸多困难和曲折,涌现出许多英雄、模范人物和许多感人的事迹。宣扬革命前辈艰苦奋斗的历史,用革命先烈的光辉事迹教育后人,激励后人,铭记革命历史,传承红色基因,是每个共产党人应尽的职责。"中共南路革命史料整理暨研究"系列丛书,就是依据此精神编写的。对于此丛书的出版发行,我表示热烈祝贺!

二〇二〇年七月于北京

廖华在越南高平（1946年）

廖华在云南昆明（1950年）

廖华获授上校军衔（1960年）

廖华在甘肃兰州（1974年）

廖华在北京军事学院（现中国人民解放军国防大学）（1987年）

李学英在云南文山边防区（1950年）

李学英为高等军事学院幼儿园首任园长（1957年）

廖华、李学英夫妇在云南文山边防区（1950年）

廖华、李学英夫妇在北京高等军事学院家中（1966年）

廖华、李学英夫妇在甘肃兰州（1970年）

廖华、李学英夫妇晚年在国防大学（1987年）

"老一团"战友等合影。前排左起黄建涵、黄景文、金耀烈,后排左起廖华、梁家、林杰、杨守笃(1950年)

廖华(第二排左八)、李学英(前排右七)夫妇在云南文山文庙前与滇桂黔边纵队四支队拟调入两广支队工作的战友合影(1950年)

廖华（前排右二）、李学英（中排右二）夫妇与滇桂黔边纵队四支队战友在云南文山

李学英（中排左四）与饶华（中排右三）、庞自（后排左一）等战友与越军入滇整训人员合影（1950年）

李学英（前排左一）与唐才猷（后排中）、庞自（后排右二）、叶平（后排左二）、冯德（前排右一）、庞玉琼（前排左二，中间是其子吴小代）等战友合影（1949年）

李学英（中）与战友罗英（左）、陈婉文（右）在文山合影

廖华（后排中）与外国友人阮梅康（音译，后排左）、埃特弗雷（音译，前排左）、吉瓦尔特（音译，前排右）合影（1950年）

在南京军事学院学习的"老一团"战友和夫人等合影：后排左起林杰、金耀烈、黄建涵、廖华，中排左起李冰、唐才猷、陈炳崧、王国青；前排左起张世英、林宁（林杰的儿子）、李学英（1956年）

廖华（后排左二）在南京，与解放军军事学院基本系第一期一班五组同学毕业合影（1954年）

右起唐才猷、廖华、陈炳崧、林杰、王荣在北京天安门前合影（1965年）

廖华（前排右三）到北京军区河北部队下连当兵（1960年）

廖华（站立者）给甘肃省军区教导队官兵上课（1975年）

廖华（前排左五）随国防大学勘察组勘察三北地形，听取介绍（1981年）

廖华（右二）、梁家（右三）、谢森（右四）等参加那坡党史审议会期间，重回中共桂滇边工委第一次扩大会议及桂滇边部队司令部旧址北斗村留影（1982年）

廖华（右五）、梁家（右七）、陈玉（右八）、林杰（右九）、韦绍益等在1947年百合战场旧址合影（1982年）

廖华（右四）、梁家（右五）和当年北斗村东家合影（1982年）

李学英（前排左四）与陈臻（左一）等参加解放战争的女战士合影（1982年）

前排左起：钟正书、袁惠慈、王国强、严子刚、廖华、陈军、叶春
后排左起：李康寿、李灏、罗文洪、刘帜昌、蔡智文

电白县部分革命老同志参加电白革命烈士纪念碑落成活动留影（1984年）

抗战时期从电白县实践中学走上革命道路的部分同学留影（1984年）

前排左起：廖华、陈东、李康寿、陈广杰、苏克
中排左起：崔文明、陈仲旋、陈叔平、杨增、程霞霏、杨犄青
后排左起：严佩珽、赖邦豪、易钦才

（前排从左至右）陈文哲、谢森、廖华、王琼儒、李学英重返那坡县百南乡与干部群众合影（1985年5月）

廖华、李学英夫妇与战友合影。前排左起：李哈、沈斌、周斌、钟永月，后排左起：潘玉珍、黄东明、廖华、李学英

廖华、李学英夫妇与战友合影。前排左起：廖华、尹惠清、李学英、王国青，中排左起：林杰、唐才猷、沈斌，后排左起：陈军、李晓农

廖华、李学英夫妇与战友合影。左起：李学英、杨扬、陈广杰、廖华、王国强、陈军、黄建涵（1988年6月）

廖华、李学英夫妇和战友李卓彬（左一）、张梅魂（右一）夫妇在北京合影

高等军事学院政委李志民（前排左五）、副政委兼政治部主任林浩（前排左六）、政治部干部部部长董铁成（前排左七）与先进儿童工作者李学英等（第二排中间白衫者）合影（1960年5月）

廖华（第二排左六）、王俊风（左五）、尹升山（左四）与国防大学科研部干部、战士合影（1985年北京）

湛江市党史资料征集研究座谈会出席会议全体代表合影（1981年12月）

中共电白县第二次党史座谈会合影（1981年12月）

文山州委党史征委邀请原滇东南指挥部，滇桂黔边纵四支队部分领导同志座谈会合影（1983年6月）

粤桂边纵队审稿会议留念（1984年12月）

云南文山州党史专题审定会合影（1984年4月）

滇桂黔边纵四支队部分战友在云南文山合影（1984年4月）

编审顾问陈弘君、黄其英、邓刚同志对《他们从南路走来——廖华、李学英随军征战纪实》的审读意见

目 录

上编　廖华文集

一、铁流边陲（广东南路人民抗日解放军第一团西进战事）
　　……………………………………………………… 3

二、夜袭遂溪飞机场 ………………………………… 103

三、靖镇区武装解放斗争（摘录）………………… 109

四、滇东南指挥部和边纵第四支队斗争史纲
　　……………………………………………………… 119

五、边纵第四支队建军的基本情况 ……………… 130

六、那谢皈朝战斗回忆 …………………………… 144

七、我的一些经历和回顾 ………………………… 150

中编　战友回忆

一、黎明前的决战（摘录）

　　庄　田 …………………… 165

二、回忆"老一团"西进（摘录）

　　陈　恩 …………………… 172

三、"老一团"西进大事记（第一章）（摘录）

　　黄景文 …………………… 179

四、谈"老一团"西进

　　唐才猷 …………………… 196

五、解放战争时期广西靖镇区的斗争概况

　　梁　家 …………………… 209

六、回忆南路人民武装在斗争中成长（摘录）

　　林　杰 …………………… 219

七、滇东南革命根据地记略

　　饶　华 …………………… 224

八、走上康庄大道

　　陈　军 …………………… 238

九、南路女学生抗日记事

　　许铭庄 …………………… 243

下编 文献资料汇编

一、中共中央后方委员会转报方方、尹林平关于
华南局势和武装斗争的部署致中央并周恩来、
董必武电 ·················· 249

二、中共中央关于华南游击战争的战略方针致
叶剑英、李维汉转香港分局电 ·········· 252

三、罗迈致尧电 ······················· 254

四、周楠、庄田关于成立中共滇桂黔边工委致
方方、尹林平电 ················· 256

五、周楠在桂滇边工委第一次扩大会议上的报告
（摘录）····················· 258

六、滇桂黔边委郑敦同志的工作报告（摘录）
························· 260

七、南方游击区应注意的几个问题 ············ 269

八、滇桂黔边委、滇工委合并扩大会议经过报告
（摘录）····················· 270

九、广东南路人民抗日解放军第一团西进概述
························· 276

十、滇东南（开广）地区的武装斗争和边纵第四
支队的成长 …………………………………… 331

附 录

一、廖华年谱简编（1921—2003）………… 351

二、廖华同志生平 ……………………………… 362

三、李学英同志生平 ………………………… 365

参考文献 ……………………………………… 367

笃行寄语 ……………………………………… 369

后 记 ………………………………………… 374

八一

上编

廖华文集

一、铁流边陲

（广东南路人民抗日解放军第一团西进战事）

廖华，时任广东南路人民抗日解放军第一团第一营营长，人民解放军桂滇边部队第二支队支队长，滇东南指挥部指挥员，中国人民解放军滇桂黔边纵队第四支队司令员。

写作说明

广东南路人民抗日解放军第一团（又称"老一团"[①]），是一支在抗日战争中诞生、成长起来的英雄部队。抗日战争后期，中共南路特委在遂溪县领导雷州半岛抗日武装起义，成立了雷州人民抗日游击队，后又多次领导南路地区各地起义，将起义部队扩编为广东南路人民抗日解放军，整编为第一、第二、第三、第四、第五团，共3000多人，并建立了遂溪、廉江边区抗日根据地。第一团是广东南路人民抗日解放军的主力部队，是广东南路抗日的重要力量。

抗日战争胜利前夕，国民党蒋介石派"新一军"、第四十六军、第六十四军开入南路，准备转赴琼崖、广州受降，

[①] "老一团"是南路人民对第一团的习惯称呼。

企图抢夺胜利果实，并借机一举消灭我党领导的抗日武装，遂对广东南路人民抗日根据地大举进攻、"扫荡"，烧杀抢掠，惨无人道。为保存有生力量，中共南路特委审时度势，命令"老一团"向西挺进粤桂边十万大山，原准备在那里建立革命游击根据地，后"老一团"主力突破敌人重围，根据上级指示进入越南，支援越南人民抗法战争。

解放战争开始后，第一团又奉命回国参加解放战争，转战滇桂黔边区，开展艰苦卓绝的革命斗争。1949年，根据中央指示，在滇桂黔边界地区坚持斗争的革命武装，以"老一团"为基础，统一改编为解放军滇桂黔边纵队。经过近4年的浴血奋战，纵队主力部队至解放前夕兵力已达4.5万多人，取得了解放91座县城的辉煌战果，钳制了国民党约15万军队，为解放祖国大西南地区做出了不可磨灭的贡献。在斗争中，"老一团"付出了伤亡1670多人①的沉痛代价。

"老一团"西进的历史，是中国革命战争史的重要组成部分，是国家和民族的宝贵精神财富。我写这部回忆录，就是为了记录和保存这段历史，纪念和缅怀在战斗中牺牲的亲密战友，让后人了解和学习革命先烈们为人民而战、流血流汗、前仆后继、冲锋在前、退却在后、英勇无畏的革命英雄主义精神。

---

① 据有关民政部门统计，"老一团"牺牲的烈士，能查到姓名的仅有200多人。

本书所叙述的战斗情况及所涉及的时间、地点、人物都是真实的，较为准确。但需要指出的是，部分战斗非本人亲自参加，是后来通过听汇报了解到的，因此个别地方难免会有出入，但基本不会有错。凡是我本人参加过的战斗，写得详细点，只听汇报的写得简单点，请读者谅解。

我从1985年1月着手计划，当时下决心写得详细些，但出于种种原因，至今才完成纲目性的材料。计划用两年时间尽力修改成书并出版，请读者提出宝贵意见，帮助我尽可能写好。

最后，为告慰先烈们的英灵，为祝福健在的同志们，谨以致谢！

廖华手稿原件

廖　华
1990年2月15日

西进路线简表

出发点广东省遂溪县山内村（1945年10月5日）—廉江县新塘①—塘蓬②（1945年10月8日）—长山③附近——广西博白县马子嶂山区（六万山南麓）（1945年11月中旬）—灵山县南古文水—陆屋—钦州县小董北④—贵台圩（1945年12月4日）—那天马启山（1945年12月9日）—防城县天堂村⑤—那勤—小峰⑥—大勉村—板蒙圩—板八村—那蒙（1945年12月中旬）—峒中—越南横模⑦（1946年3月上旬）—平辽—亭立—禄平—谅山北—那岑、北山—七溪—高平—坑噫（1947年10月中旬）—广西那坡县平孟—百合—靖西县南坡—荣劳⑧—安德—镇边县德窝—十蓬、六蓬—百南—念井（1948年3月上旬）—越南保乐—河江（河阳）—官坝（1948年10月中旬）—云南文山麻栗坡⑨—马关⑩—董干⑪—富宁县田蓬⑫（1949年5月初）—西畴—砚山—邱北—广南⑬—师宗⑭—滇桂黔边区⑮（1950年1月初）

全程约5000（公）里。

注释：
①现广东廉江市新民镇。
②现广东廉江市塘蓬镇。
③现广东廉江市长山镇。
④现广西钦州市，中华人民共和国成立前隶属广东省。
⑤现广西防城港市防城区。

⑥现防城港市防城区小峰水库附近。

⑦横模、平辽、亭立、禄平、谅山北、那岑、北山、七溪、高平、坑㕭，以及后面的保乐、河江均为越南地名。

⑧现靖西市禄山同镇荣劳街。

⑨现云南省文山壮族、苗族自治州麻栗坡县。

⑩现云南省文山壮族、苗族自治州马关县。

⑪现云南省文山壮族、苗族自治州麻栗坡县董干镇。

⑫现云南省文山壮族、苗族自治州富宁县田蓬镇。

⑬西畴、砚山、丘北、广南现均为云南省文山壮族、苗族自治州下属县。个旧、文山、屏边、丘北、广南、富宁、河口、金平、砚山、马关等地统称滇东南地区。

⑭现云南省曲靖市师宗县。

⑮即滇东的罗平地区、贵州境内的黔西南地区、广西桂西地区的百色、西林等，统称滇桂黔边区。

1945年1月中旬，中共南路特委召开会议，宣布南路人民抗日解放军成立。图为会议地址——泮北遗风小学旧址。

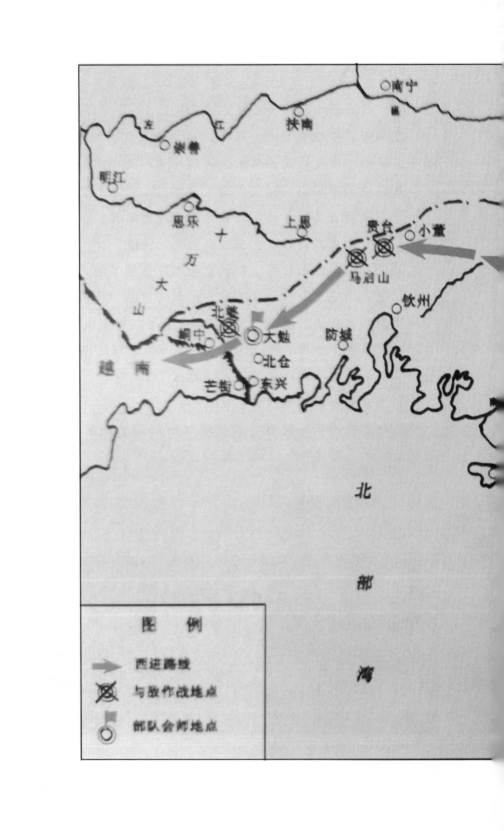

南路人民抗日解放军第一团西进十万大山示意图

资料来源：中共遂溪县委党史研究室《中国共产党遂溪地方史第一卷》，中共党史出版社2004年版。

（一）塘蓬阻击战，突出敌重围

1945年10月上旬，在广东遂溪、廉江地区，突破敌人包围。

抗日战争胜利后，国民党为抢夺胜利果实，开始大举进攻我敌后抗日根据地，广东南路抗日根据地也面临敌人"围剿"的危险。中共南路特委研判局势，认为雷州半岛是敌人势必全力控制的地区，而十万大山一带是两省两国交界地区，地形较好，敌人兵力比较薄弱，我党工作及武装斗争有一定基础，又有中越边境可以回旋，因而决定第一团突破敌人包围，挺进十万大山地区。①

9月下旬，团长黄景文、政委唐才猷接到特委关于第一团迅速突围挺进十万大山的指示。当时，第二、第三营还在海康北上途中，但为执行特委命令，黄、唐两人当即果断决定分两批带领部队突围。由团长黄景文率领团部和第一营作为首批突围部队，政委唐才猷等待第二、第三营从海康北上后率部继续突围，并相约突围后于廉（江）博（白）边界会合。

1945年10月3日，国民党反动派对我广东南路抗日革命根据地发动大举进攻。国民党第六十四军，推进到遂溪

---

① 相关内容参见中共湛江市委党史研究室编著：《南路人民抗日解放军史》，广东人民出版社1995年版。

县老马、山家、界炮一带解放区,"围剿"敌后抗日军民。大小村庄都驻满了敌军,大的村庄驻1个营或1个连,小的村庄驻1个排或1个加强班。我军被敌人逼到野外,日间隐藏在甘蔗地或丛林里已挖好的地下隐蔽室,夜间才能出来活动,靠当地群众偷偷送点饭团维持生命,或在蔗林里吃点甘蔗充饥止渴。

10月5日,黄景文团长奉命率第一团第一营营部及第一、第二连从界炮附近突围,集零为整,由班、排边走边集合为连、营,穿过敌人重重包围和封锁,到达廉江县新塘地区。

团长先派侦察员入村联络,得知敌人的1个团部和1个连就驻在该村,对周围村庄进行"扫荡",我们无法进村,随即下令上山,在半山腰找丛林隐蔽。

拂晓后,敌人在山顶上部署了岗哨,我们就在岗哨下面的半山腰隐蔽,敌人哨兵不但没有发现我们,反而像是给我们放哨一样。当地群众把饭做成饭团,裹在小孩腰间,三五成群地把饭团送到我军隐蔽处,敌人哨兵在山顶看不到群众给我军送饭。天黑后,敌人哨兵撤回村了,我军便由群众带路从新塘出发,经过一夜行军,到达廉江塘蓬山区,依山区有利地形活动。

敌保安团和高雷挺进队共700多人,得悉我军从遂溪突围到廉江后,即从廉江新塘地区发起追击,到达塘蓬地区。我军随即展开阻击战，以制止敌人追击。两军从上午9时多开始，激战到晚上7时许。敌配迫击炮2门、重机枪4挺、轻机枪10多挺，处于绝对优势，从早到晚向我阵地猛烈轰击，并组织了5次冲锋。我军只有轻机枪2挺、步枪100多支，但射击较为精准，作战英勇顽强，敌5次冲锋均被我军打下去。经过一整天鏖战，观察确认毙敌30多人，伤敌约40人；我军牺牲3人，轻伤4人。

入夜后，敌我双方均撤离战场，敌撤至廉江县政府所在地——塘蓬镇。我军则转移到广西博白县边境的烟塘地区，等候唐才猷政委率领的第二批突围部队到达，以及在廉江活动的第三团第一营（后改编为第一团第二营）等部队的到来。

（二）塘口截击车队，敌送钞票地图

1945年10月7日，在广东省遂溪县塘口村，伏击敌运输车队。

6日当天，天高云淡，早晚凉爽，游击队员们耐心地等候着情报。晚上11时，遂溪县城送来了情报，敌人将于次日由遂溪县城用两辆大卡车运送"关金券"钞票到湛江市，有10多人枪护送，配轻机枪1挺，早上8时出发。

当时，我便衣队就在附近的田寮、水粉、甘林一带活动，计划截击敌人汽车。遂溪县城至麻章圩的公路有12公里，位于这段公路附近的塘口村距麻章圩有 2 公里多，是敌汽车必经之路，公路两头都能观察到车辆来往情况。我便衣队共 15 人枪，得知敌人运送钞票经过此地，便预先做好截击战斗准备。便衣队先派出掩护观察组 4 人占领高处，伪装成种地农民进行瞭望。观察组与伏击组之间约定信号为：若发现敌汽车从遂溪开来则挥动白手巾擦汗，若发现汽车从麻章开来则用锄头锄地。伏击组 11 人均配驳壳枪，埋伏于塘口至麻章的公路两侧上坡处，当敌汽车爬坡速度减慢时，2 人瞄准第一辆汽车轮胎进行射击，4 人射击第一辆车的驾驶员，4 人将手榴弹投向运兵车的车厢，并用驳壳枪射击。同时，规定发起战斗时听指挥打第一枪，不能过早暴露目标。

战斗部署完后，便衣队于拂晓前进入阵地。上午 10 时左右，敌汽车到达伏击区，观察员随即发出信号，伏击组立刻按计划发起进攻。经过约 10 分钟的战斗，两辆汽车之敌全部被歼。突击队员们冲上汽车，打开皮箱一看，全是"关金券"钞票，还有比例尺为十万分之一的军用地图 1 份，便迅速搬下车，撤回水粉。随后，突击队员们把钞票和地图运送回部队清点，计有约 700 万元。这批关键的物资为部队解决了西进的给养和行军的路线问题，解了燃眉之急，也为顺利西进打下了基础。

（三）奇袭遂溪机场，打破敌人封锁[①]

1945年10月10日，在广东遂溪县风朗村，夜袭敌风朗机场[②]。

此役，我部全歼守敌，缴获20毫米机关炮1门、重机枪3挺、飞机用机枪8挺、步枪130多支、弹药3万多发，还有部分军用物资。我军牺牲1人。这次在敌人的重重包围下进行的奇袭，不仅补充了我西进部队的装备，打破了敌人企图一举围歼我军的计划，予敌很大震动，还鼓舞了我军民斗志，激发了我军突围西进的士气。13日晚，参加夜袭的队伍在安全撤回山内村与其他队伍会合后，又突破敌包围，越过遂廉边境北上，于10月下旬到达博白县马子嶂，同第一批突围队伍胜利会师，准备西进。

（四）分路破重围，会师马子嶂

1945年10月下旬，广东南路人民抗日解放军第一团各

[①] 第一批突围队伍在塘蓬与敌激战前后，第二、三营已从海康北上隐蔽于遂溪革命老区山内村一带，由政委唐才猷率领准备继续突围。此时，遂溪中区党组织送来情报并经侦察证实：国民党军队正在接收的日军遂溪军用机场风朗村仓库，存放着一批武器弹药，机场附近驻有国民党正规军一个师，但守卫仓库的仅有一个连，仓库附近则驻有尚未解除武装的日军数百人。为了补充西进部队的武器装备，吸引敌人，以减轻首批突围队伍所受的压力，团部毅然决定对敌风朗机场发动奇袭。（参见黄其英著：《铁旅征程——"老一团"西进纪实》，载《广东党史》2001年第5期）

[②] 编者注：鉴于上编中的《夜袭遂溪飞机场》一文对此次战斗做了详尽记述，故对本文与其重复的部分做了省略。

路突破国民党军第四十六军和第六十四军重重包围，粉碎了敌军各路追击，进至广西博白县马子嶂山区胜利会师。突围队伍会合于马子嶂后，即进行集中整训和思想动员，准备出发西进，到十万山区去建立新的根据地，历时月余。

整训中调整了组织，把原第一团的第一、第二、第三营合编为第一营和第三营，把原第三团第一营编为第一团第二营。部队合编后称为广东南路人民解放军第一团，编有团部、政治处、参谋室和军需处，下辖手枪队以及第一、第二、第三营3个营，共800人左右。团长黄景文，政委唐才猷，政治处主任李廉东，参谋室主任黎汉威、林杰，手枪队队长洪田，第一营营长廖华、政委陈熙古，第二营营长涂沙（涂明堃）、政委林敬武，第三营营长黄建涵、政委庄梅寿。

开始，有些人对西进有顾虑，不愿走那么远。为此，团党委一面开展部队整编，组织军事训练，一面进行思想教育。团领导向干部、战士阐明了"避开大敌，到敌人力量薄弱的十万大山，坚持斗争以求生存和发展"的指导思想，提出了"打到十万大山去，坚持斗争，争取最后胜利"的口号。团党委还组织官兵讨论了当前形势，有针对性地开展思想政治工作。教育、引导官兵思考为什么要西进，西进到哪里，并对西进的意义进行了深入剖析。此次教育打消了绝大多数同志的思想顾虑，为顺利西进奠定了思想基础。

中共广东南路特委认为第一团不宜在马子嶂停留过久，决定派原钦、廉地区特派员杨甫为政治督导员，传达特委关于部队迅速西进的指示，并协助部队在进军途中同各地党组织取得联系，布置地方党组织做好地方工作，支持和配合第一团的活动。11月下旬，杨甫到达马子嶂后，随即召开全团排以上干部会议，传达了上级指示，并介绍了钦、廉地区的情况和十万大山的地理形势。团领导同志经与前来联络的合、灵党组织和部队负责人共同研究，选择了一条敌人力量比较薄弱又易于取得地方配合支持的进军路线，即沿着六万大山南麓，向浦北、灵山地区敌人实力薄弱的山区进发，指向钦州县的贵台圩。

（五）激战贵台圩，歼敌两路攻

1945年12月4日，在钦州县贵台圩（今属广西），歼灭敌保安团。

11月底，广东南路人民抗日解放军第一团迅速从马子嶂向西挺进，于12月初前进至钦州县贵台圩。该地驻有敌保安队及乡兵。12月3日，我军了解到这一情况后决定予以歼灭，确定作战部署为：第一营占领广西交界之贵台圩后北山，由北向南攻；第三营从南直突贵台圩，与第一营形成对乡公所南北夹攻之势；第二营为团预备队。

战斗按预定部署展开,经过半天战斗,歼灭守敌保安队30多名、乡兵20多名,俘伪乡长以下20多名,占领乡公所,收缴恶霸地主张瑞贵家丁武装20多人枪。翌日,两广民团数百人增援营救张瑞贵,从西北及东南西四面围攻被我军占领的贵台圩。我军顽强抗击敌人,经过两天战斗,该民团被击退。我军伤2名,敌伤亡不详。第三天,我军一面追击民团,一面开仓济贫,宣传发动群众。夜里,我军获悉敌两广保安团已追至离贵台圩20多公里处,随即决定撤离贵台圩,有秩序地向十万大山进发,于9日晚到达马启山山脚下的一个村庄宿营。

至此,我南路部队主力从雷州半岛突围,行军千多里,历时两个多月,终于粉碎了敌人围歼我军于雷州半岛的图谋,实现了全团的战略性大转移。

(六)迎击保安团,苦战马启山

1945年12月9日,在钦州县那天圩西马启山,抗击敌保安团进攻。

我部突围进至贵台圩后,敌两广保安团1500多人、民团数百人,携迫击炮2门、重机枪3挺、轻机枪10多挺,对我部突围兵力穷追不舍,企图在我部进入十万大山纵深区域之前将我部消灭。拂晓后,敌追至我部宿营地对面山上,相隔1500多米。

我部于前一夜才到达马鞍山山脚下的村庄宿营，在后山布置了班哨警戒。哨兵发现敌人后，立即派人报告。我部待敌进入阵地，能看清敌人后即发动攻击。敌不敢从正面进攻，便企图从右侧迂回。我部第三营进入阵地担任主阵地防御，第一营担任正面防御，第二营担任预备队，随团部行动和掩护后路。战斗从早上一直打到天黑，毙伤敌120多人，击毁敌重机枪1挺、轻机枪2挺。我第三营副营长兼第七连连长廖培南同志和战士2人牺牲，伤3人。我部随后利用天黑撤出战斗，向十万大山的天堂前进。敌人也不敢追击，连夜收缩阵地野营。

我部撤出战斗后，继续夜行军，于拂晓进入十万大山，当天下午到达天堂，同十万大山的游击队会师。由于我部同当地游击队会合扩大了势力，地形有利于开展行动，群众基础较好，敌情明了，我部行动变得自如了。敌于马鞍山受到很大伤亡消耗后也不敢穷追了。我部进至防城县大勉村，同沈鸿周率领的防城人民游击大队会合（后编为广东南路人民抗日解放军第一团第四营），深入峒中，占领峒中乡公所，召开群众大会，安顿机关，打击反动豪绅，摧毁反动地方政权，开展群众工作，并准备应付敌人进攻。

（七）北婆发动群众，八连遭袭突围

1945年12月下旬，在防城县北基地区的北婆村，抗击敌保安团袭击。

12月下旬，我部第三营第八连正在北婆村发动群众，突然遭到敌保安团的1个营200多人枪的包围袭击。我部奋起反击，与敌激战一个半小时，因寡不敌众，被迫分散突围。在反袭击过程中，我部毙敌10多人。轻机枪副射手袁马就在战斗中下肢受伤，仍坚持留在阵地上阻击敌人，掩护连队突围，最后因弹尽被俘，被押赴那良英勇就义。我部第三营第八连分散突围后，在地方游击队小组和群众的掩护支援下，很快便在曹关集结起来进行休整，随后归建到该营统一行动。

（八）袭击恶霸庄园，消灭地主刘瑞龙

1945年12月下旬，在防城县峒中乡的板真、滩散地区，夜袭恶霸地主刘瑞龙庄园。

该地恶霸地主刘瑞龙庄园有武装30多人枪，依靠炮楼固守房屋，等待军队支援。我第二营的2个连配合地方游击队共200多人枪，配轻机枪2挺，在经过周密侦察敌情并熟识地形后，决定采用夜袭战法一举消灭地主刘瑞龙武装。战斗当天，参战部队利用夜色对恶霸兼官僚刘瑞龙的庄园发动了突然袭击。刘瑞龙武装家丁毫无防备，只用了15分钟就被全部消灭。我部共缴获步手枪30多支，自身无一损失。此次战斗，沉重打击了地方封建残余势力的嚣张

气焰,"扫荡"了地方官僚势力,发动了群众,建立了区、乡人民民主政权。

(九) 血染竹叶坳,四连受损失

1946年1月10日,在防城县滩散地区的竹叶坳,抗击敌保安团袭击突围。

敌保安团的1个营300多人,突然包围袭击我部驻竹叶坳的第二营第四连70多人。我部第四连奋起与敌激战1个多小时,毙伤敌10多人,最终突围,但遭受了重大损失。我部第二营政委林敬武同志等11人英勇牺牲,余部分散转移至密林深处,经受毒蛇、猛兽、山蚊、蚂蟥的侵扰,经过艰苦跋涉,终于联系上部队,回归建制继续战斗。这是第一团成立以来遭受的最大损失和牺牲。

(十) 夜袭陈树尧,击毙敌团长

1946年2月7日,在防城县华石、那湾乡茅坡村,袭击恶霸地主陈树尧庄园。

该乡恶霸地主陈树尧(陈济棠侄子),拥有家丁20多人,轻机枪2挺、长短枪20多支,据守炮楼,保护其大院。陈在县保安团的支持下为虎作伥,对我部构成了严重威胁。我部决定对其发动袭击。我部第一团第一营在团部手枪队10多人枪的加持下,于前一天到达那湾乡茅坡村。

根据侦察员报告的情况，敌军保安团驻防城县城，陈家兄弟有县城保安团做靠山，放心据守其庄园据点，对我部动向没有察觉。

我部随即决定发起进攻，以团部手枪队为主，又从第一营挑选了20多人枪组成突击队，由林三任队长，廖文达、黄健生、陈养、岳进华等手枪队队员参加。突击队用数天前缴来的地雷12个绑在一起爆炸，摧毁了庄园炮楼及围场一角，从炸开的口子突入，经过15分钟战斗，击毙反动军官团长陈树丰和家丁数十人，陈树尧逃跑，缴获轻机枪1挺、长短枪7支，我部无一伤亡，安全撤回。此战震动全县，影响较大，严重打击了防城反动势力。

（十一）团结反蒋力量，袭击陈、杨据点

1946年初，南路第一团到达峒中地区后，为团结地方少数民族人民群众共同闹革命，深入群众，特别是开展争取少数民族人民群众的工作。沈鸿周、庄梅寿同志与峒中乡少数民族领袖黄礼德（壮族）、黄志瑞（苗族）及马文初（壮族）等人歃血为盟，共同反蒋，解放人民。1946年2月中旬，峒中乡人民民主政权成立，推举黄礼德为乡长、黄志瑞为副乡长；接着，组建乡民兵大队，黄志瑞兼任大队长。经研究，我部决定袭击与黄志瑞、马文初对立的地方恶霸势力陈树雄、杨鼎忠家院据点。我部沈鸿周在熟悉

情况的黄志瑞、马文初领导的乡游击队共百多人的配合下,成功袭击了陈、杨家院据点,活捉了陈、杨二头目,缴获其全部武器,取得全歼敌人的战果,我军无一伤亡。此战进一步发动了地方群众,激发了人民对革命的信心。

(十二)那蒙截击强敌,保卫峒中转移

1946年3月2日,在防城县那蒙、江口地区,抗敌整编第一五六旅第四六七团、保安团"围剿"。

敌人第一次"围剿"失败后,纠集国民党整编第一五六旅第四六七团及2个保安团、地方反动武装共3500~4000人,配备了重武器迫击炮6门、重机枪8挺、轻机枪30多挺。由旅长刘镇湘率领,向峒中我部发动了第二次更大规模的"围剿"。我部经侦察获悉敌情后,考虑到我部工作基础尚薄弱,如果坚持留在山南与数倍于己的敌人对峙,粮食、弹药补给势必存在困难,南路第一团在中共南路特委的指示下,并取得越南共产党同意,决定暂时避开敌人正规军的锋芒,撤入越南民主共和国边境休整。

为掩护主力撤出休整,决定派民兵大队队长黄志瑞率民兵数人,为第二营的1个排当向导,前进至那蒙江口地区,阻击敌人前进。阻击部队在那蒙、江口地区与敌先头连遭遇,随即展开顽强阻击。面对数量占绝对优势的敌人,该部利用山区地形优势阻击敌人一整天,为我部顺利转移

赢得了宝贵的时间。我部主力趁机安全地撤出峒中，敌人的"围剿"计划被粉碎。

民兵大队队长黄志瑞一人利用地形与敌巧妙周旋，受伤后仍坚持战斗一整天，趁夜间突出重围。第二天日出后，敌人发现包围的阵地空空如也，一无所获。当敌随后对峒中发动进攻时，我部早已撤至安全地区。此战，我部共伤敌20多人。

（十三）高平休整，军政素质大提高

1946年7—12月，我部进至越南高平省坑嗯区进行休整，开展教育和训练。① 整训的目的是通过组织政治理论学习，提高部队的思想政治觉悟，增强其军事技术和战术水平。内容以政治学习为主，以军事训练为辅。排以上干部集中到学习班，由陈恩、饶华、唐才猷、李廉东等同志负责辅导和训练。辅导学习的内容包括：一是传达和学习当前的形势和任务、党的七大会议精神；二是学习毛泽东军事思想和刘少奇《论共产党员的修养》等党的基础理论；三是联系实际，开展批评与自我批评（当时有说是整风）。

---

① 广东南路第一团打破敌人"围剿"后，经请示广东区党委和南路特委并获得越南共产党同意和帮助，于1946年春撤入越南休整。入越期间，根据中共中央香港分局和广东区党委的指示，全面整训部队，同时遵照中共中央指示并应越南党的要求，参加越南人民的抗法战争，帮助越南开展华侨工作，发动华侨参军参战。（参见黄其英著：《铁旅征程——"老一团"西进纪实》，载《广东党史》2001年第5期）

这次整顿、学习，持续了6个月的时间，让准备深入越南中部义安省的第一、第三营部队军政素质得到了加强，官兵思想觉悟大幅提高，为随后开赴中部义安省第三战区、支援抗法战争打下了思想政治基础。

（十四）广罗左堆伏法军，华越人民受鼓舞

1946年11月下旬，在越南广罗、左堆公路伏击侵越法军汽车。

当日，法军汽车2辆，1辆运物资，1辆运军队20多人枪，多为步枪，配轻机枪1挺，途径越南广罗、左堆公路。我军获悉后决定对法军车队发动伏击，参战者为武工队李锦章、陆锦西等12人，装备手枪和冲锋枪。敌车队进入我军伏击阵地后，突击队员立即对法军汽车发起突击。经约10分钟的战斗，炸毁汽车1辆，毙伤敌10多人。但后来敌人援兵赶至，我军未及扩大战果即行撤离。战斗中，我军中队长陆锦西负伤，仍坚持战斗，顽强抗击敌人，掩护其他同志转移，后由李洛同志营救，互相掩护一起突围。此战战果：毙伤敌20多人，我军伤队长1人，缴获轻机枪1挺、步枪数支。第二天捷报传出，华越人民欢欣鼓舞，增强了抗法信心。在此影响下，越南东北部华侨民众自卫团成立起来了。

（十五）姜桂圩中计，庄梅寿牺牲[①]

1947年9月中旬，在广西万冈县姜桂圩，抗击敌保安团设伏。

1947年8月下旬，中共粤桂边工委根据中共中央和中共香港分局的指示，派覃桂荣、原南路第一团政治处副主任庄梅寿等同志前往右江地区领导筹划发动起义。起义部队占领万冈县城后，决定将部队分为爱国大队和民主大队两部，兵分南下支援果德起义。9月13日，庄梅寿率爱国大队30多人，带轻机枪1挺、长短枪20多支，到姜桂圩的统战对象家商谈起义的事。不料，此人投降是假，诱我军上钩是真。在我军人员到达之前，敌保安团1个营兵力共400多人已经埋伏于姜桂圩周围，有重机枪2挺、轻机

[①] 背景介绍：1947年3月，中共中央发出在蒋管区发动农民武装斗争的指示；5月发出关于华南工作的指示，要求南方"靠本身力量于本年底建立起三四个成块的游击根据地，组织几支成为中坚游击队，准备迎接与配合明年北方人民解放军的全面反攻"。同时，批准中共香港分局领导下的武装向滇东南地区发展。中共香港分局贯彻执行中央指示，命周楠、庄田、郑敦等组建粤桂边工委和粤桂边纵队，领导广东南路、桂东南和桂西左江、右江地区，发动群众开展武装斗争。10月，中共香港分局发电指示边工委考虑不回广东南路，把"老一团"开至桂西开展斗争，进一步向桂滇黔边发展。粤桂边工委接到分局电报后认真分析形势，认为应该坚决执行分局指示改变原计划，决定把"老一团"开往桂西并发动武装起义。为加强对桂西地方党组织的领导，曾先后选派余明炎、庄梅寿、廖华、梁家等一批干部先期回国到左江、右江开展工作，发动农民起义，接应主力回国。[参见《逐鹿南疆》（庄田回忆录），广东人民出版社1983年版；唐才猷、全明撰文：《广东南路人民抗日解放军第一团参加滇桂黔边区革命斗争概略》，载《中国人民滇桂黔边纵队（上）》，云南民族出版社1989年版]

枪10挺，多为步手枪。我军没有识破敌人诡计，庄梅寿等到达后，敌人在谈判过程中发出信号，突然发动袭击。经过激烈战斗，庄梅寿等18人牺牲，其余全部被俘。敌伤亡数人。这次失败，对该地区的起义造成了不利影响，特别是这次起义主要领导人庄梅寿等同志牺牲，导致右江地区起义最终以失败告终。

（十六）靖镇举义旗，万达伏敌兵

1947年10月12日，在广西镇边县平孟乡万达坳，伏击敌县汛警队、县警队及民团。

1947年5月、7月，中共左江工委召开两次工委会议，决定在镇边县的平孟和龙州县的下冻、明江等地举行武装起义。为了加强平孟武装起义的组织准备工作，中共粤桂边工委、左江工委先后派陈光荣、肖汉辉（化名陈文）、廖文锐（化名李生）、陈玉、丘柳松、廖华、陈庆芳等一批中共党员和军事干部到靖镇区，加强该地区党的领导工作和武装队伍的组训工作，并在中越边界建立训练基地，训练武装骨干力量（又称武装基干队）。

1947年9月，平孟一带的农会武装在天池坳伏击平孟乡乡长唐彦，发动武装起义。起义爆发后，以第一团为骨干力量的武装基干队随即加入战斗，解放了广西镇边县的重镇平孟。敌汛警队败退，撤至镇边县城。我部占领平孟后不久，靖镇武装基干队扩建为中国人民解放军靖镇区大队，廖华任大队长，邓心洋任政委，隆建南任副大队长，下辖两个中队，全大队有120人枪。

敌不甘失败，于10月12日纠集县警及民团共300多人枪，配轻机枪5挺，从镇边县城向平孟进攻，企图重新占领平孟。12日中午，我部获悉敌正从县城向平孟街开进。我部驻平孟后山弄平的武装中队，共配50多人枪、轻机枪1挺，立即赶赴万达坳伏击敌人。下午2时许，敌排成一路长蛇阵在山沟中迂回前进，其前卫已经搜索到万达坳我部伏击地区。我部在沟中埋伏的分队立即开始射击，当场毙敌3人，伤敌5人，缴获步枪3支。敌遭到攻击后，即令主力部队爬上对面山背进行射击掩护，并进入平孟街。我部在对敌造成伤亡后撤出战斗。入夜后我部又派出分队10多人枪进入平孟骚扰，敌因不了解情况，彻夜打枪自扰。敌最终不敢在平孟停留，于拂晓前撤出平孟，窜经百南返回镇边县城。此战我部无伤亡，缴获虽小，但战斗胜利鼓舞了士气、震慑了敌人。

平孟起义的胜利，打响了靖镇区公开武装斗争的第一枪，提高了部队在百姓中的威望，激发了群众起来斗争的信心，为粤桂边工委率领第一团主力进入靖镇区打开了大门。

（十七）夜袭果梨，敌司令狼狈出逃

1947年11月6日晚，在广西靖西县南坡乡果梨村，夜袭敌县警队。

敌镇边县警队队长兼"剿匪"副司令黄师禹，率县警队一部和民团大队100多人枪、轻机枪1挺驻守果梨村，以掩护平孟街。果梨是平孟的外围屏障，居高临下掩护着平孟的据点，其得失直接影响平孟的安危。我们决定拔掉这个钉子，消除解放平孟的障碍。参战兵力为靖镇大队与南路第一团守备连，共200多人枪，配备轻机枪2挺，由廖华、梁家、陈玉、郭芳、陈庆芳等同志组成指挥组指挥。我们采用夜间包围、拂晓袭击的战法，对敌发起攻击。双方激战了1个多小时，最终取得了胜利。此战共歼敌70多人，俘敌28人，缴获轻机枪1挺、步手枪60多支。"剿匪"副司令黄师禹慌乱中来不及穿衣服，穿着内裤率残敌20多人狼狈逃往平孟。驻平孟之敌连夜逃窜到台峒，平孟街再度获得解放。

（十八）夜袭百合圩，全歼保安队[①]

1947年11月16日，在广西镇边县百合圩，夜袭敌保安队第三总队。

[①] 11月8日，根据分局的指示，粤桂边工委在中越边境召开干部会议，成立由周楠、庄田、郑敦等12人组成的桂滇边工委。南路第一团守备连与靖镇独立大队取得果梨胜利后，边委机关于11月12日率第一团主力进入平孟、台峒，会同靖镇独立大队开创靖镇解放区。[参见庄田：《逐鹿南疆》（庄田回忆录），广东人民出版社1983年版]

驻守百合圩之敌为保安队第三总队150多人及民团约400人，配轻机枪3挺。我部参战兵力为第一团的5个连和靖镇独立营的1个连共500多人，配重机枪1挺、轻机枪9挺。我部继续采用夜间包围、拂晓进攻的战术，对敌发动进攻。战斗持续约两小时，我部全歼保安第三总队及民团力量。战斗结束后，清查战果，共毙敌百多人，俘敌64人，缴获轻机枪3挺、长短枪90多支及其他物资。我部牺牲连长黄进旺（跛手黄）以下3人，伤4人。这次战斗的胜利震慑了靖镇周边的敌人，使其不敢深入解放区。靖西县驻惠仙之敌准备移驻弄蓬据点顽抗，压制人民起来闹革命。

（十九）夜战弄蓬屯，三战惊敌魂①

1947年12月1日，在广西靖西县南坡乡弄蓬屯，袭击敌县警队、民团。

敌靖西县警队和民团共150多人，配轻机枪3挺，其

---

① 边委领导的第一团在靖镇区取得三战三捷，在初步打开局面后，开始放手发动群众，进行根据地的各项建设工作。在政治上，成立了靖镇民主政府，镇压了一批作恶多端的"土霸王"，开展减租减息等工作，并积极恢复发展圩镇贸易，恢复、发展小学教育。在军事上，组建桂滇边纵队，由庄田任司令员，周楠任政委，黄景文任代参谋长，饶华任代政治部主任，下设两个支队。第一支队以"老一团"为主组成，支队队长林杰，政委唐才猷；第二支队由靖镇地方部队改编而成，并从"老一团"抽调部分党员骨干进行加强，支队队长廖华，政委陈熙古（后为梁家）。随后开展部队整训工作，对新扩建的部队进行政治教育、纪律教育和军事训练，提高部队的战斗力。[参见庄田：《逐鹿南疆》（庄田回忆录），广东人民出版社1983年版]

他为长短枪,进驻弄蓬已近半月。我部决定利用夜间运动、拂晓包围、突然袭击的战术对其发动进攻。我部第一团的 5 个连和靖镇独立营共 600 多人,配重机枪 1 挺、轻机枪 15 挺,担负此次作战任务。战斗按预订计划展开,历时约 2 个小时,共毙敌 50 多人,俘敌靖西县民团少将副司令张绰然以下官兵 56 人,缴获轻机枪 3 挺、长短枪 70 多支、子弹 3000 多发,余敌散逃。我部牺牲 2 人,伤 3 人。这次战斗胜利加上百合、果梨战斗胜利,我部至此在一个半月时间内取得了三战三捷的战绩,震慑了整个在广西的敌人,迫使敌退守重要据点等待增援。此后,解放区扩大至东西长 250 华里、南北宽 180 华里的广阔地区,建立了区、乡政权。

(二十)政策过"左",解放区发展受困

1948 年 1—3 月,我部在广西靖镇区刚刚打开局面,就急于发动群众,搞土改试点,在政策上犯了"左"倾错误,脱离群众,深入不了新区工作,导致解放区发展受困。

当时,我部在平孟、百合、百南、台峒、南坡等乡进行清匪反霸斗争,组织贫农团建立农会,进行土地调查,斗争恶霸地主,分田地,清除内奸。但在土改过程中偏离了我党政策的主要方向,在执行政策过程中出现了过"左"的问题。如在平孟搞分田试点,不仅将农民划为贫农、中

农、富农，还将贫农划分成三等九级，在政策上只依靠第九级最贫的贫农，脱离了中农和大多数贫农。

此外，我部在统战工作中也采取了激进的做法。龙马部土匪来缴械投降，我部非但没有对其进行接纳和教育改造，还将分队长以上头目集中送平孟改造整训，实际是将他们监禁起来；对于士兵则采取了分类处理的办法：将凡是认为好的、刚参加土匪的农民分散编入部队改造，将凡是认为不好的惯匪和难于改造的农民遣散回家。在这种情况下，解放区的地主、富农大部分逃跑至蒋管区，群众大多躲进山里。由于失去了大多数群众的支持，我部与敌在边沿区即形成了对峙状态，导致解放区很难向外发展。

（二十一）清华遭遇战，狭路勇退敌

1948年1月14日，在广西镇边县清华乡，遭遇敌保安团。

在我部与敌在德窝镇对峙期间，敌保安团的2个营600多人枪趁机侵占了我区清华乡。我部第一团（第一支队）第二、第三营共400多人枪，配重机枪1挺、轻机枪15挺，回救清华。由于我部已连续行军半月，官兵极度疲劳，情绪低落。是日，我部到达清华已经是傍晚，先头部队进行搜索时发现村中有敌人，立即退到山上固守。经进一步侦察后发现敌人还在吃晚饭，并未立即对我部发动进攻。

查明情况后，我部迅速占领山头有利位置，对敌阵地发起攻击。战斗从是夜11时开始到翌日中午结束，毙敌30多人，俘敌23人，缴获轻机枪1挺、步枪10多支，我部伤亡12人，打退了敌之进攻。此次属遭遇战，双方都摸不清对方情况，尽管我部在极度疲劳且敌情不明的情况下投入战斗，但勇敢善战，给敌沉重打击并击退敌人，我区暂时得到稳定，但我部元气也有损伤。

（二十二）德窝前线对峙，敌调集兵力进攻①

1948年2月上旬，在广西镇边县德窝乡，遭遇敌保安团。

敌保安团的1个营及民团共600多人，据守德窝街和东侧山地。我第一支队的2个连及靖镇区独立营共500多人，配重机枪1挺、轻机枪11挺，进攻德窝街，计划下一步进攻镇边县城。我部在从德窝向镇边县城推进时，遭遇敌保安团。敌退守德窝街及东山，依靠山峦设置阵地，负隅顽抗。由于我部既不了解敌情，又不熟悉地形，虽然攻进了德窝街，与敌相持半月之久，但东山却屡攻不下。为打破相峙局面，边委领导决定改变打法，派1个支队含3个

---

① 边委建立靖镇根据地后，由于急于求成，决定集中兵力，打下镇边县城，建立一个较大的根据地，进而挺进右江。但由于我部革命根据地立足未稳，尚未建立完善的情报网，对敌人的"围剿"部署不是很清楚，且因"左"倾错误丧失了群众支援，加上敌我兵力对比悬殊，未能歼灭敌主力和实现向外发展的计划。[参见庄田：《逐鹿南疆》（庄田回忆录），广东人民出版社1983年版]

连兵力绕过敌人的阵地,从六蓬、十蓬远距离迂回镇边县城。我部前进至距县城10多公里处时,遇到敌人的大部队。由于受前一时期"左"倾错误的影响,群众躲进了山林里,增援部队得不到群众的支持,且不了解敌情,不敢轻易前进,我部不得不原路返回。与此同时,靖西之敌保安团侵占我区清华乡,偷袭我根据地中心平孟,我部被迫回救清华和平孟。此战,敌伤亡10多人,我部伤8人,无缴获,双方形成对峙局面。之后,形势发生了变化,敌调集兵力,进一步进攻我解放区,我部即开始转入被动。

(二十三)情报失误,英华受挫

1948年2月25日,在广西镇边县英华乡英华村,进攻敌保安团。

敌兵力开始为1个营,后增至1个团。我部第一支队主力4个连经过清华战斗后尚未来得及休整,即被急调进攻英华之敌。然而,情报上的失误导致战斗中突然出现危局。战斗开始前,我部情报为敌只有1个营,但战斗开始后才发现敌兵力已经增加至1个团,兵力对比是我部的两倍多,我部面临被敌吃掉的危险。为保存实力,我部及时调整作战计划,不与敌硬碰硬,立即撤出战斗。此战,毙伤敌7人,我部牺牲3人,数人受伤,缴获轻机枪1挺、步枪10多支。此役之后,我部调来调去,往返行军,无隙可乘，打不着敌人又无法休息，过于疲劳，士气逐渐低落，战斗力有所下降。

（二十四）军民阻敌 3 天，群众入洞坚守

1948 年 2 月 17—19 日，在广西靖西县南坡乡栋蒙、二腊村，阻击敌第一七四旅①、保安团。

敌正规军第一七四旅的 1 个营外加保安团及民团共千余人，配轻重机枪 30 多挺，多为步手枪，从南坡向栋蒙、二腊村进攻。我部第二支队第一、第二营 300 多人和民兵 30 多人枪，配轻重机枪 13 挺，多为步手枪，于栋蒙前山阻击敌人。为了保护解放区群众，我部坚守阵地 3 天，打退了敌人多次进攻。由于敌强我弱，为保存实力，我部主力于第三天夜间按顺序撤出战斗。群众在我部的掩护下撤离村庄，进入山洞躲藏。敌遂侵占了栋蒙和二腊。经过 3 天战斗，敌伤亡 20 多人，我部伤亡 6 人。我部主力撤走后，群众在山洞中坚持了 10 多天，粮食耗尽。后我部发动反击，救出群众并将其转移到安全地点，仅 1 位老人因病在山洞中去世。

---

① 该旅属桂系的第四十六军，抗日战争胜利后不久，第四十六军窜入海南"围剿"琼崖纵队，多次被我部打败。后来，蒋介石命令第四十六军开赴华东内战前线，在 1947 年春莱芜战役中被我部歼灭。桂系将该旅漏网的官兵调回广西整补重建，原计划整补完后立即返回华东，因 1947 年秋广西地下党在各地举办武装起义，桂系为保住广西老巢，经向蒋介石苦苦哀求，把该旅留下。[参见庄田：《逐鹿南疆》（庄田回忆录），广东人民出版社 1983 年版]

（二十五）民兵坚守山洞，主力支援突围[1]

1948年2月19—20日，在广西靖西县南坡乡栋蒙村，依托山洞坚守战斗。

敌人占领南坡街后，又进攻栋蒙村。敌兵力包括省保安团、民团共400多人枪，配轻重机枪10多挺，轮番向我部民兵、群众驻守的山洞发动进攻。我部兵力仅为民兵、群众70多人，轻机枪1挺、步枪30多支，坚守山洞抗击敌人。敌依靠兵力优势，前两天每天进攻3～4次，均遭到我部民兵英勇顽强的抗击，始终无法攻入。我部民兵、群众前3天打退敌10多次进攻，杀伤大量敌人，守住了山洞。第三天后，敌人见进攻不能得逞，即改进攻为围困，封锁人员出入，见人就射击，企图通过断粮断水困死我部民兵、群众。在敌人的严密封锁下，山洞开始有粮无水。第四天，军粮已吃尽。但我部坚守民兵、群众毫不畏惧，仍然顽强坚守。后我部派人突围出来联系主力，汇报情况，偷运粮水进山洞。第七天，守洞民兵在我部主力的支援掩护下，终于突破敌人包围，撤离出山洞至安全地方休整。

---

[1] 1948年2月中旬，中共桂滇边工委在北斗村召开第一次扩大会议，鉴于敌人大规模的围攻已经开始，敌我力量对比悬殊，会议确定了"小部坚持，大部撤出"的方针，决定将靖镇区主力部队转移到越滇边境，准备入滇参加斗争，同时以梁家、邓心洋、廖华等组成靖镇区工委，指挥第二支队坚持原地斗争。根据这一决定，我部首长率主力第一支队于5月向桂越边境方向撤出，前往越南河阳地区进行整训。[参见林杰：《忆南路人民武装在战斗中成长》（林杰回忆录），1982年6月印]

此战，我部在敌强我弱的条件下依托山洞坚持了1周时间，共毙敌18人，伤敌20多人。我部民兵牺牲2人，伤3人。

（二十六）敌军固守待援，化装进攻失利

1948年2月下旬，在广西靖西县荣劳乡荣劳圩，进攻敌保安团。

该乡驻有敌保安团的1个连及民团共200多人，配轻机枪4挺。我部第一支队主力的1个连和第二支队的2个营共400多人奉命发动进攻。我部计划将突击队化装成敌军，骗过敌人耳目，将部队隐蔽地从葛吞开至荣劳。但敌人警惕性很高，识破了我部的伪装。战斗随即在圩头打响，我部突击队冲进街内，与敌展开激战。敌退守学校内事先筑好的据点，集中兵力对抗我部进攻，并等待增援。我部由于缺少攻坚武器，屡攻不下。至下午3时，敌援兵到达。我部在遭受两面夹击的情况下，顽强抗击敌援兵，至黄昏才安全撤出。此次战斗共毙敌5名，伤敌数人，但无缴获。我部连长李芳远、机枪手陈永养等3人牺牲，伤2人。总体来看，这是一次得不偿失的战斗，以失利告终，虽伤亡不大，但有一定消耗，影响了士气。

（二十七）伏击变遭遇，忠厚退敌攻①

1948年2月22日，在广西靖西县南坡乡的忠厚屯，伏击敌保安团、民团。

敌集结保安团和民团共1000多兵力，配重机枪2挺、轻机枪10多挺，企图侵占南坡街。我部第一支队第一营和第二支队共500多人，配重机枪1挺、轻机枪18挺。原驻二腊，得到敌进攻南坡街的情报后，便于当晚部署战斗，在南坡街周围山头上设伏静待时机，计划等敌进入南坡街时发起攻击。不料，敌到弄蓬后，在向南坡街前进的路上，遇到南坡街一个早起出去挑水的地主婆，把昨夜我部经过南坡街的情况报告了敌军。敌人获得我部情报后，立即改变决定，不进入南坡街，转而迂回到忠厚屯前山企图抢占山头有利地形。我部第一支队的1个连原本隐蔽在山上，但因上午10时还不见敌人来，产生了麻痹思想，官兵都因困倦睡着了。10时许，敌搜索上山时发现了我部山上兵力，并立即开枪射击。我部匆忙起来展开战斗，虽因麻痹大意遭敌袭击，但抗击敌人十分顽强，与敌刺刀格斗数次，

---

① 我部在靖镇区的胜利使敌人惊慌失措。1948年初，广西保安副司令莫树杰中将亲自出马，调集省保安第三、第六、第九各1部，靖西、龙州两专区一些县的民团及省内唯一正规军一七四旅主力对靖镇区进行"围剿"，采取步步为营的战术，在前沿各个山头构筑防御阵地，逐步向我部控制区推进。同时，派龙州专署保安副司令阳丽天等赴越，与侵越法军谅山司令部签订联合剿共密约，相互勾结，妄图消灭中越两国的革命武装。[参见庄田：《逐鹿南疆》（庄田回忆录），广东人民出版社1983年版]

多次打退敌冲锋。

敌我双方战至黄昏，我部共歼敌28人，缴获轻机枪2挺、重机枪脚架1件、步枪10多支、步枪子弹3000多发。我部牺牲5人，伤6人。天黑后，双方都撤离阵地，敌人抬着20多具尸体返回靖西城，其余尸体都被丢进一个山洞里。这次战斗，我部之所以能够对敌造成重大杀伤，一个重要原因是我主力布置在山上，能够及时对敌进行反击。此役打退了敌人对解放区的第一次进犯。

（二十八）偷袭水口，全歼守敌

1948年6月20日，在广西龙州县水口镇，远程奔袭敌保安团。

为调动敌人，掩护边委机关和主力部队顺利撤离，边区首长命令第一支队司令员林杰率1个主力连南下，采用调虎离山之计，远途奔袭广西龙州的水口对汛分署，以吸引敌军回援。驻水口镇之敌为对汛分署及1个汛警连，共60多人，有重机枪1挺、轻机枪4挺，依托周围筑有坚固工事的阵地，坚守水口镇，威胁我解放区的安全。5月14日，桂滇边部队第一支队第二连在地方党组织和群众的支持下，配轻机枪3挺，从130公里外远程奔袭至水口镇，利用雨夜，以炸药爆破，强攻坚守防御之敌。我军首先用炸药炸毁碉堡，突破敌人阵地，经过约40分钟的战斗，全歼守敌60多人。缴获重机枪1挺、轻机枪4挺、长短枪60多支,以及弹药1批和电台2部。此次战斗全歼守敌,令敌人胆战,不敢再驻守边界和深入解放区,为粉碎敌人"扫荡"起到了推动作用。

(二十九)夜袭北斗村,敌惊走百南①

1948年9月12日,在广西镇边县北斗乡北斗村,夜袭敌保安团。

敌保安团的两个营约700人枪,进驻北斗村,威胁我解放区安全。为了不让敌人站稳脚跟,我部决定趁敌立足未稳之机,采取夜间袭扰敌人的战法,对敌进行袭扰。此次参战兵力为桂滇边部队第二支队教导连共80多人枪,配轻机枪3挺。当日凌晨1时左右,教导连连夜悄悄靠近北斗村,除掉敌布置在村边的哨兵,先由5人编成的突击组潜入村内,向敌驻守的屋内射击;接着,爬到北斗村对面高地的掩护分队,以机枪向村内火光处射击。敌受到攻击,乱作一团,到处乱射击。我部见战斗达到了袭扰敌人的目的,相机安全撤出并转移。敌因深入我解放区内,情况不明,不敢对我部发动追击。这次战斗持续约半个小时,毙敌5人,伤敌数人,我部无伤亡。敌人遭受突然袭击后,

---

① 此前,我部首长已经率主力第一支队于5月向桂越边境方向撤出,由梁家、邓心洋、廖华等同志新组建的第二支队坚持原地斗争。

陷入惶恐之中，翌日即撤离北斗，开往百南。

（三十）智取南寺屯，全歼邱四守敌①

1948年9月上旬，中越边界的南寺屯，智袭法伪军守备队。

敌法伪军守备队队长邱四率30多人枪，固守南寺屯据点。该屯与我防城县滩散村隔河相望，筑有明暗碉堡，四周设置了铁丝网和竹签，挖有壕沟，守敌平时将壕沟上的吊桥拉起，有行人通过时则放下。整个据点戒备严密，守备坚固，硬攻困难，只宜智取。我部经过严密侦察，得知邱四经常单独外出聚赌嫖娼，认为这是一个智取南寺屯的好机会。我部在摸清了邱四的行踪后，趁其到娼妓家鬼混之机，对邱四进行了秘密抓捕。通过做工作，令其带我部便衣队王秀珍等4人回屯，佯称从海防运回大米，叫人下山搬运。据点里的伪军信以为真，便鱼贯而出下到山脚。

---

① 南路第一团入越整训期间，为配合越南人民抗法斗争，成立了"越北华侨民众自卫队"第一支队，入越部队奉命回国参加滇桂边地区解放斗争后，部分留越的华侨青年与原先在越南广安省活动的华侨自卫团合并，组建越南国家军队独立中团，既受越南人民军总司令部及其委托的第一战区司令部指挥，又受我滇桂边区党委领导。独立中团还派分队深入敌后，向与我国广西防城县毗邻的海宁省积聚力量。1948年秋，独立中团政治处主任方野率领一支武工队到海宁，与陆锦西领导的武工队会合，组建独立中团海宁独立大队，经常活动于敌人严密控制的地区，取得南寺屯等许多战役的胜利，沉重打击了法伪军的气焰，鼓舞了越来越多的广大华侨群众同情并参加反法斗争。此次战斗及下文所叙述的南寺屯、唐花屯、冷滩、契忍等战斗就是独立中团的战斗事迹（参见庞自：《九秩忆往》，中山大学出版社2021年版）

伪军们见到伪装的便衣队问:"米在何处?"利用这一时机,我部埋伏在据点前的便衣队迅速冲进据点,俘获了碉堡中的伪军。此战,我部巧用计谋,轻松攻占了防守严密的敌人据点,缴获轻机枪1挺、步枪20多支、物资1批,俘虏经教育后即释放。

(三十一)夜袭南坡粮站,敌速调粮救急

1948年9月20日,在广西靖西县南坡乡南坡圩,夜袭敌粮站。

敌在南坡圩设有后方供应站,储存粮食7000多斤,由1个连守备,兵力较为空虚。我部决定夜袭南坡粮站,破坏敌人的粮食供应。我部先派教导连80多人枪,于3天前到达南坡东5里附近的山洞中隐蔽待命,并侦察敌情。掌握敌情后,立刻下定战斗决心,下达作战部署,决定将参战兵力分为突击和掩护2个组,对敌采取夜袭战术。突击组利用夜色隐蔽前进,于当天凌晨0时30分到达南坡街头,秘密捕俘了敌哨兵。经过审讯,了解到乡公所之敌情为:敌1个排驻乡公所,2个排驻对面街屋,街头街尾各放1个哨,粮站距乡公所200多米。突击组根据上述情报,悄悄摸到敌人粮库,快速浇上煤油,放火烧粮,粮站顿时变成了一片火海。掩护组见粮站火光一起,立即向敌驻地射击,射杀四散奔逃的敌人。此战共俘敌哨兵1人,打死打

伤敌 7 人，烧毁粮食 7000 多斤，我部无一伤亡。此次战斗，虽消灭敌人不多，但摧毁了敌后方供应站，对敌造成补给困难和精神震慑，取得重大战果。为解决粮食问题，敌连忙从荣劳圩调粮补充部队。

（三十二）弄汤巧伏运粮队，我部补充缴获粮

1948 年 9 月 21 日早晨，在广西靖西县吞盘乡弄汤村东，伏击敌运粮队。

我部教导连袭击南坡粮站后，正向吞盘转进。敌人由于南坡粮站被端，弄汤之敌急需补充粮食，派运粮队携粮 18 担，由民团 20 多人枪护送，从荣劳圩运往弄汤村，准备给驻军补充。教导连捕捉到这一战机后，当机立断，决定利用地形对敌进行伏击，并立即做好战斗准备。当日晨 8 时，敌人运粮队行至弄汤东 5 里处时，被我部教导连侦察员发现。各战斗组立即进入伏击位置，占领有利地形，待敌进至火力射程内，突然向敌民团发起进攻。敌民团遭到我部突然打击，溃不成军，四散奔逃。运粮队看到掩护队逃散了，亦丢掉粮食逃跑保命。我部当场缴获粮食 18 担，共 3000 多斤。此战，我部捕捉战机迅速，行动果断，既破坏了敌人的粮食供应，震慑了敌人，又为自己获取了给养，可谓一举两得。弄汤之敌因情况不明，不敢出援，因无粮第二天即撤退。

（三十三）坚守妖王山，敌"扫荡"失败

1948年9月22日，在广西镇边县百合乡妖王山，防御敌保安团进攻。

1948年9月，随着全国革命形势的发展，国民党反动势力已经濒临覆灭的边缘。敌为巩固其南方地区统治，纠集保安团近千人兵力，配重机枪2挺、轻机枪约15挺，对我部解放区发动进攻，于9月22日拂晓抵达妖王山。桂滇边部队第二支队所辖武工队于前天夜里接到百合乡送来的情报，立刻集结民兵百余人，配轻机枪1挺、步火枪80多支，坚守妖王山，掩护群众生命财产安全。我部武工队以劣势兵力，利用有利地形，顽强抗击敌人。敌发动了5次冲锋，均被我部扼守山隘的武工队和民兵打退。由于地形险要，敌进攻了一整天，始终无法突破我部武工队守卫的阵地。黄昏时，敌因饥饿先撤走，我部也撤离阵地。这是反"扫荡"最后一战，共毙伤敌10多名。我部民兵牺牲2人，伤3人，打退了敌人的进攻。

经过这次战斗，敌对解放区的攻势被彻底粉碎。此后，敌人撤出我解放区，靖镇区党委随后恢复了基本工作，完善了党政群组织，并派出武工队插到敌后，发展新区。

（三十四）伪装法军官，巧取唐花屯

1948年10月某日，在越南海宁省唐花屯，奇袭法伪军据点。

法伪军20多人，配轻机枪1挺，余为步手枪，据守唐花屯。我部参战兵力为武工队30多人，以及海宁独立大队共百余人，配轻机3挺、步手枪120多支。武工队采取了化装奇袭的办法，让一名队员化装成法军参谋长，佯装带10多人来屯检查工作，海宁独立大队在后跟进掩护。伪装成法军的武工队员巧妙地骗过了敌人守卫，还未等敌军发现，后面跟进的我部独立大队就已经占领了敌人的据点，一枪未发全歼法伪军20多人，敌无一漏网，我部毫无损失。此战共缴获轻机枪1挺、长短枪20多支、物资1批。竹排山据点之敌，经南寺、唐花这两次战斗打击，再也不敢轻举妄动，死守孤立据点不出。这样我部就打开了越南海宁全省的工作局面，使广大农村连成一片。

（三十五）夜围巧攻，三战冷滩

1948年11月上旬，越南海宁省冷滩地区，夜围巧攻法伪军据点。

法伪军一个大队百余人枪，驻守冷滩据点。我部独立中团①配合越南人民军第五十九、第九十八两个中团共 2600 多人，重机枪 3 挺、轻机枪 27 挺，其余全为步手枪，进攻冷滩。中越兵力进行了联合部署，采取夜间包围、拂晓攻击战术，趁敌不备发起攻击。战斗经过约 4 个小时，全歼守敌伪军大队长以下 100 多人，缴获轻机枪 3 挺、长短枪近 100 支、其他物资 1 批。我部牺牲 5 人，伤 7 人。至此，我部独立中团三打冷滩、四出海宁，连战连捷，有力地支援了越南人民的抗法斗争，越军总司令在越南召开的冬季战役总结大会上号召向我部独立中团学习。

（三十六）契忍伏击战，俘法中尉军官

1948 年 11 月初，在越南海宁省契忍地区，伏击法军行进部队。

法军在 13 号公路上行军。我部独立中团提前 5 小时获悉了敌情，决定在契忍地区伏击行进之敌。我部兵力 300 多人，配重机枪 1 挺、轻机枪 10 挺。战斗部署为 6 名手枪队员担任突击，埋伏于契忍地区公路旁边的树林里待命，百余人在后负责掩护。当敌行军到达契忍时，6 名手枪队员突然发起攻击。经 20 分钟战斗，击毙法军 10 多名，俘中尉军官 1 人，对其教育后予以释放，残敌仓皇逃跑。此

---

① 独立中团是越南军队的编制，相当于团级。

战缴获轻机枪1挺，冲锋枪、步枪9支。

（三十七）拉沟塘全歼敌营，扭转了战场形势①

1948年11月9日，在云南省广南县爽山冲拉沟塘地区，伏击敌保安团。

云南省保安第一团第三营约300人，配机枪14挺，在广南地霸车骑骝反动武装100多人的配合下，追击我部主力进入广南县，到达拉沟塘地区，妄图将我部独立大队和武工队一举歼灭。由于敌军对我部不了解，骄傲轻敌，深入我部游击区，情况有利于我部伏击。孙太甲和张鸿谋率领独立大队约300多人，配轻机枪15挺，以及武工队等地方游击武装，正活动于砚山县和广南地区，得到情报后遂利用峡谷有利地形等待战机。我部对敌情、地形、我情进行分析判断，认为这是歼敌的有利战机，决定伏击冒进之敌，并明确了作战部署。11月8日，我部抢在敌人到达之

---

① 1948年10月，为配合人民解放军的战略决战，中共中央香港分局电示集结于河阳整训的自救军第一支队与桂滇边部队第一支队合编，指定庄田、郑敦负责组织中共桂滇黔边工委前线委员会（简称"前委"），庄田任前委书记，朱家璧任司令员，到云南罗盘、弥泸地区，巩固和扩大根据地，钳制驻滇桂黔敌军。合编后的部队仍沿用云南人民讨蒋自救军番号。10月下旬，部队在前委率领下突破敌军封锁线，进入滇东南，于广南县拉沟塘、砚山县兔革、西畴县芹菜塘全歼敌军，三战三捷，打开了开广地区武装斗争的新局面。12月，桂滇边工委组建了中共滇东南（开广区）工委和滇东南指挥部。（参见中共云南省委党史资料征集委员会、中共广西区党史资料征集委员会、中共贵州省党史资料征集委员会编：《中国人民解放军滇桂黔边纵队》，云南民族出版社1989年版）

前设置了伏击圈。敌人进入伏击圈后，我部立即发起战斗，经过一整天战斗，毙敌 120 多人，伤敌 73 人，俘敌 153 人，缴获敌全部武器弹药及物资，缴获轻机枪 14 挺、长短枪 200 多支、电台 1 部、物资 1 批。我部伤亡战士 5 人。车骑骡地霸反动武装还未进入伏击圈，便仓皇逃逸。敌一副营长率残敌 17 人逃至拖百泥村，被我部独立大队回家探亲的小队长王鹤生带领民兵歼灭。此战有力地策应了前委行动，打开了滇东南局面，扭转了战场被动形势。前委为此发出了《旗开得胜》的战报。

（三十八）瓦渣、船头打袭击，地霸武装少反抗[①]

1948 年 11 月 12 日，在云南省马关县瓦渣、船头村地区，袭击反动恶霸据点。

马关县反动恶霸地主武装 100 多人，配轻机枪、步枪，在伪乡长恶霸周永发的指挥下，据守瓦渣、船头两村，欺压百姓，与我为敌。我滇东南指挥部率 1 个大队及马关县武工队共 300 多人，配轻重机枪 10 多挺，决心消除瓦渣、船头之敌。我部利用夜色包围、拂晓攻击战术，经过 1 个多小时的战斗，彻底捣毁了敌巢，除周永发逃跑外，毙敌

[①] 1948 年 11 月上旬，由唐才猷、饶华、岳世华、林杰率领的滇东南指挥部，由桂滇边部队主力第一支队第三营的 2 个连、第二营的 1 个连和自救军少数干部、战士组成的第一大队 200 多人（代号"健康"），从清水河进入云南马关。

20多人，俘敌50多人，缴获轻机枪1挺、步枪30多支。我部无一伤亡。此战沉重打击了地方反动势力的气焰，反动地主武装从此不敢抵抗了。

（三十九）袭扰百南，迫敌撤走

1948年11月中旬，广西镇边县百南乡百南圩，袭扰敌保安团。

敌保安团共500多人枪，配重机枪1挺、轻机枪10多挺，于1个月前即侵占百南圩，并在后山沟构筑了较为坚固的阵地，对我部造成一定威胁。我部教导连80多人，配轻机枪3挺，连续在后山的山洞里隐蔽了2天，观察百南圩的情况。通过2天的观察，教导连掌握了地形，确认了敌日间、夜晚哨兵的位置后，遂决定对敌进行袭扰，逼其撤走。教导连28日夜0时对敌发起袭扰战斗。敌因为已驻守了较长时间，一直没受到我部袭扰和打击，思想上麻痹松懈，所以毫无防备，被打了个措手不及。此次战斗持续约30分钟，敌伤亡7人。我部随后安全撤出战斗，无伤亡亦无缴获。敌人因遭到我部袭击，惊慌失措，2天后撤出百南。

（四十）智取马关城，威震滇东南

1948年11月20日，云南省马关县城，奇袭敌保安

（警备）队。

驻守县城的敌保安队、县警队、县城防队共200多人，配轻机枪2挺、步枪80多支。为配合全国战场的有利形势，我部决定袭击敌守军，解放马关城。经我部地下工作者策反，马关县议长刘弼卿，答应在县城做内应。根据当时情况，我部滇东南指挥部领导岳世华同志率领廖文达、林三、黄健生、陈蔡、梁展等武工队10多人，化装成刘弼卿的警卫队，先由刘带进县城家中。随后，刘以共商防共紧急事宜为由，邀请代县长欧阳河图和城防大队长杨国华到自己家开会。人员到齐后，我部武工队突然包围会场，敌人来不及反抗，只好下令缴械投诚。我军一枪不发就占领县城，共缴获机枪2挺、步枪80多支。当时，我部滇东南指挥部正位于县城附近一个村庄，翌日早晨由饶华、林杰率领部队200多人进城接管。马关县城第一次解放。中共滇东南工委随即召开群众大会，宣布马关县城解放。这一胜利鼓舞了我部军民信心，打击了敌人的嚣张气焰，震动了国民党在云南的营垒。此役是影响整个滇东南关键的一战，为开辟滇东南根据地创造了条件。

（四十一）保安团惊逃，新街镇截敌

1948年12月1日，在云南省西畴县新街镇，截击敌保安团。

敌保安团的1个排30多人，配轻机枪1挺，多为步枪，从西畴县城惊逃文山。我部武工队和护乡大队约有150人枪，正在新街开展群众工作。敌进入新街后，不知我军已在此开展工作，便懵头懵脑地进入乡公所做饭吃。我部发现敌情后迅速勒令敌人放下武器，一枪未发就迫使敌人缴械投诚。缴获轻机枪1挺、步枪20多支，人员经教育后全部释放回文山。我部接着宣布成立西畴人民讨蒋自救军。

（四十二）吓走敌督办，解放麻栗坡

1948年12月6日，在云南省麻栗坡县，围攻守城敌军。

拉沟塘战后，前委率立功大队回师广南，于11月中旬在珠琳与独立大队会合。将独立大队、武工队及广南、砚山游击队合编为自救军第七支队，支队队长孙太甲，下辖6个大队、900多人枪。马关解放后，麻栗坡已成孤立之势。在我部强大攻势下，敌麻栗坡国民党少将督办谢崇琦于5日上午急忙撤走，仓皇往昆明逃窜。国民党地方反动派的别动队、马蹄寨的清帮武装70多人，于当天下午抢占了督办汛署。我部武工队和民兵200多人，于当夜包围了麻栗坡城。天明后，我部派人送信给敌别动队和清帮头领，勒令他们缴械投降，保证他们人身安全，释放他们回家，否则即行消灭。敌人看到已被包围,无法逃脱,即一枪未发,缴械投降。缴获重机枪2挺、六〇炮1门、长短枪40多支、炮弹30箱、子弹数千发。敌我双方都无伤亡,麻栗坡城回归人民群众手中。

(四十三) 伪县长逃跑,西畴获解放

1948年12月6日,在云南省西畴县,围攻敌据县城。

敌西畴县常备队和地霸武装百余人枪,在县长杨履坤的率领下,据守县城。我西畴人民讨蒋自救军第一大队200多人,配轻机枪2挺,多为步枪,决定对其发动进攻。我部首先占领了县城周围村寨,拔除了周边据点,随后组织30名突击队员,计划自牌坊脚发起进攻,突进县城街道,首先攻占县政府机关。伪县长杨履坤闻信后惊慌失措,率领县常备队和地霸武装,在我部攻击开始前便逃往定果。西畴县城遂告解放。

(四十四) 兔董截击战,活捉督办谢崇琦

1948年12月7日,在云南省砚山县兔董地区,截击敌逃跑保安团(巡逻队)。砚山兔董战斗要图见下图。

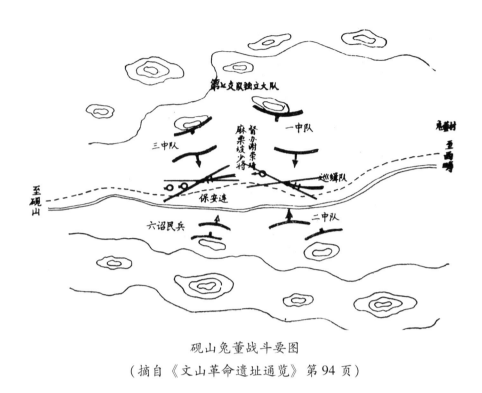

砚山兔董战斗要图

(摘自《文山革命遗址通览》第94页)

敌麻栗坡、国民党少将督办谢崇琦率其保安连和汛署巡缉中队共200人枪,在我部的攻势下向昆明败逃,沿途经砚山县兔董地区。根据前委指示,自救军第七支队的2个中队及武工队、砚山县民兵共350多人,配轻机枪7挺。我部获悉情报后,火速从六诏赶往兔董地区准备截击。我部到达兔董时,敌距离伏击阵地只有3公里。我部迅速展开行动,占领阵地,等待敌人。下午1时,敌进入我部伏击圈后,我部迅速发起进攻,经约1小时激战,俘少将督办谢崇琦以下102人,毙敌35人,伤敌16人;缴获六〇炮2门、轻机枪3挺、长短枪150支、弹药5000多发、骡马12匹、物资1批。此战震动全省,敌此后不敢出动,只固守县城了。

(四十五)炭果遭遇战,敌败退文山城

1948年12月9日,在云南省西畴县炭果村,遭遇敌保安队。

12月6日,我部围攻云南省西畴县城,敌西畴县县长杨履坤率其保安队不战而逃,鼠窜至炭果村时还剩下70~80人枪。我部自救军第七支队的2个大队共300多人,配轻重机枪10多挺,到达炭果村时遭遇保安队,随即发起攻击,经约半小时战斗,敌败退逃回文山城。此战毙敌1人,伤敌7人,缴获步枪7支,我部无伤亡。

(四十六)诱敌深入,芹菜塘伏击歼敌

1948年12月15日,在云南省西畴县董马乡芹菜塘村,伏击敌第二十六军第五七八团第三营。西畴芹菜塘伏击战斗要图见下图。

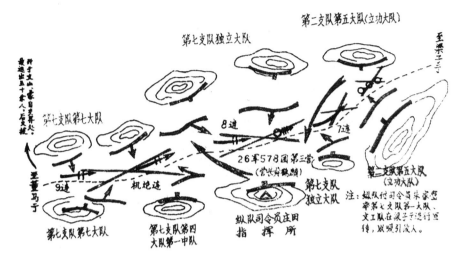

西畴芹菜塘伏击战斗要图

（摘自《文山革命遗址通览》第133页）

敌第二十六军第五七八团第三营约400人，配八二迫击炮、六〇迫击炮各3门，重机枪3挺，轻机枪24挺，长短枪300多支，携带大批弹药和物资，追击我前委立功大队和自救军第七支队、西畴游击武装，于12月12日追至西畴县董马街地区。我部共500多人，仅有重机枪1挺、轻机枪25挺，经梁子街一带向麻栗坡转移。由于我部在边界地区连续行军数天而十分疲劳，此时敌第二营又经平地塘迂回包围梁子街，对我部形成合围之势，形势对我部不利。

我部先于敌抵达董马，通过做工作，争取董马乡乡长陈天恩靠拢我部，为我部提供情报。敌人抵达董马乡后，为敌担任向导的陈天恩一面表面应付，一面派人送来情报，提前告知我部敌行军计划和方向。根据情报，前委首长决定诱敌深入，利用有利地形对敌进行伏击。前委确定，由朱家璧率领第七支队第一大队、政工队和非战斗人员，在梁子街开展宣传活动，诱敌深入；由庄田指挥立功大队和第七支队（缺第四、第七大队各1部）在董马和梁子街之间的芹菜塘设伏；我部与陈天恩约定，由他假装为敌担任向导，诱敌进入伏击圈。

12月13日，参战兵力即进入伏击阵地，做好了伏击准备。敌第三营毫无察觉，于15日中午进入我部伏击圈。我部随即发起火力袭击。敌突然遭到我部袭击，不知所措，只好应战。敌我双方激战5小时，敌除未进入伏击圈的70多人外，全部被歼。我部毙敌营长以下118人，伤敌60多人，俘敌130多人，缴获其全部武器，我部牺牲4人。这一战歼灭了国民党正规军的1个加强营，极大地振奋了军心、民心。

（四十七）董干之敌惊逃，人民政权成立

1948年12月25日，在云南省西畴县董干地区，袭击敌反动势力。

敌伪对汛处处长率30多人枪据守董干地区。我部的1个大队200多人，配轻机枪5挺，多为步枪，进攻董干之敌。敌闻我部发动进攻，一枪不发便带队仓皇逃跑。我部兵不血刃，解放了董干地区，随后发动人民群众，成立区

政权和共产党特别支部,继续深入开展群众工作。

(四十八)二攻麻栗坡,敌军匪合救督办

1948年12月26日,在云南省麻栗坡县,围攻敌据县城。

敌云南省保安队80多人枪,护送国民党新督办汪佩清上任,进驻麻栗坡县城。我部西畴人民武装、麻栗坡武工队及民兵近1000人枪,全力围攻县城,激战7天7夜,由于没有重武器,攻不进去。此时,敌第二十六军第五七八团一部和邱北县的罗四反动武装等300多人枪增援,救出汪佩清,退回文山据点,麻栗坡第二次解放。从此以后,麻栗坡为我部所控制。

(四十九)内外配合,攻占广南城

1948年12月28日,在云南省广南县,袭击敌城防大队。

敌城防大队100多人,配轻机枪3挺,余为步枪,据守广南县城。我部云南人民讨蒋自救军第一支队配合第七支队共500多人,配轻重机枪13挺,余为步枪、短枪,准备解放广南。经我部派人争取,敌城防队队长依天祥率领150多人枪投诚。我部在起义部队的配合下,内外夹击,攻占广南县城,活捉伪县长曹星辉以下200多人,处决了中

统特务广南组组长蒋祝安，缴获电台1部、长短枪130支、子弹15000多发，敌伤亡10人，我伤亡3人。第二天，我部撤出县城。

（五十）解放田蓬特区，鼓舞靖镇斗争

1948年12月30日，在云南省麻栗坡田蓬特区（中华人民共和国成立后划归富宁县），袭击敌保安团、民团。

敌省保安队和民团近100人枪，配重机枪1挺、轻机枪3挺、步枪60多支，据守田蓬街。我滇东南指挥部指挥员唐才猷、参谋长林杰率领的主力一部，及谢森指挥的靖镇区第二支队的2个大队共300多人，配轻机枪6挺、步枪250多支，于29日夜间秘密将敌包围，采用拂晓袭击战术发起战斗，经过约1小时的战斗，敌全部缴械投降。此战毙敌5人，伤敌7人，俘敌50多人，缴获重机枪1挺、轻机枪3挺、长短枪60多支，我部无伤亡。田蓬特区获得解放。此地是云南和广西毗连地区，它的解放对广西靖镇区反"扫荡"斗争起了支援作用。

（五十一）官坝办学，培训滇东南干部

1948年12月—1949年2月，滇东南指挥部在中越边境的官坝地区，集中马关、麻栗坡、西畴、砚山进步青年进行训练，培训滇东南年轻干部。参加培训的学员共250人，

分为 4 个区队，区分不同对象和形势需要进行训练。周楠、饶华、孙康、李文亮同志分别负责培训授课工作，为学员们系统讲解了《中国革命与中国共产党》《新民主主义论》《怎样划分阶级——1933 年的两个文件》《减租减息条例》等理论知识，课后还组织学员联系实际进行讨论。通过培训教育，为解放滇东南储备了一批青年干部，打下了良好的干部基础。

（五十二）成立地都医疗站，巧妙躲过敌"扫荡"

1948 年 12 月，我部在云南省砚山县的地都村成立了部队医疗站。

医疗站由玉侨俊同志领导，医护人员只有 5 人，担负着收容、治疗伤病员的重任。从 1948 年底至 1949 年 12 月整整 1 年时间里，敌保安第一团配合国民党第二十六军第七五九团对砚山周边地区进行了反复"扫荡"。地都村离敌据点只有 20 多公里，医疗站随时都面临着被敌人发现的危险。面对敌人"扫荡"，站长玉侨俊带领医疗站巧妙地与敌人周旋，在群众的掩护下把伤病员抬进山洞隐蔽。在人民群众和当地党组织的大力支持下，医疗站躲过了敌人的一次次"扫荡"和"围剿"。在敌"扫荡"期间，医疗站一次性护送的伤病员达 30 多人，前后共有 100 多人，后均安全康复返回部队参加战斗，为保存我部战斗力做出突出贡献。

（五十三）北渡南盘江，会师板桥镇

1948年底，根据形势的发展变化，前委在广南北郊召开会议，决定兵分两路：由朱家璧、黄景文率领立功大队第一连，打通弥泸、盘江两岸通道，使两岸根据地连成一片；庄田、郑敦率领立功大队第二、第三连北渡盘江，与罗盘地区游击部队会合。1949年1月初，庄田率领我一部主力在云南省邱北县与广南县间渡过南盘江北上，到达罗平县的板桥镇，与在滇东罗平地区坚持武装斗争的刘清同志率领的部队胜利会师。这一行动使滇东与滇东南两个解放区连成一片，大大扩大了我部的影响，推动了革命形势的发展，鼓舞群众进一步发动起来，建立地方政权。

（五十四）富宁开展工作，整训起义部队

1948年冬，广西靖镇区军事部部长廖华率领1支武工队从六蓬、十蓬到富宁的七村九弄指导当地斗争。当时，国民党富宁县常备队中队长梁学政曾在红七军第二十一师第六十二团担任班长。红七军北上以后，原红七军第二十一师第六十二团政治处主任何静山（滕静夫）与梁学政等人留下坚持斗争。后来，梁学政通过社会关系进入国民党

开展工作，担任县常备中队队长。1948年底，靖镇区派李兴等到七村九弄，通过何静山（滕静夫）与梁学政取得联系。1949年3月，李兴、梁学政教育争取了县常备队中的班、排骨干力量发动起义，用隐蔽手段除掉了军统特务林俊军，将部队拉到七村九弄的着利村。为了牢牢掌握这支队伍，廖华等人将所属武工队12人编入梁学政中队，并发动七村九弄民兵骨干参加部队，合编为富宁大队，梁学政任大队长，约100人。部队合编后进行了为期近1个月的整训。整训科目包括以学习人民军队本质为主要内容的政治形势教育和以射击及班、排教练为主要内容的军事训练。

（五十五）成立桂滇黔边纵队，召开边区党委会

1949年1月1日，根据党中央的指示，中国人民解放军总司令部命令将云南人民讨蒋自救军第一纵队，云南开广区、弥泸区、罗盘区所属的部队，黔西南地区的游击部队合编为中国人民解放军桂滇黔边纵队。1949年2月上旬，中共桂滇边工委在麻栗坡集中传达中国人民解放军总部命令，组建桂滇黔边纵队，纵队司、政、后机关主要领导和第一支队主要领导及滇东南的党、政、军主要领导参加了宣布命令大会。新成立的桂滇黔边纵队，庄田任纵队司令员，周楠任政委，朱家璧任副司令员，郑敦任副政委，黄景文后任参谋长，杨德华（后为张子斋）任政治部主任。

中国人民解放军桂滇黔边纵队的成立，极大地鼓舞了边区广大指战员和各族人民群众，推动了武装斗争向前发展。

7月初，中共滇桂黔边区党委在云南省砚山县的阿猛召开扩大会议。会议决定将所属党组织统建为12个地委、1个市委，确定了地市委的人选；根据主力部队、地方游击队和民兵三结合的原则，将全区部队编为12个支队和2个独立团，分别任命了司令员和政委。此外，为加强根据地政权建设，组建了9个行政专员公署。各地和部队党组织坚决执行边区党委的决定，开展整党、建党、整军、建军工作。在此基础上，部队主动出击，攻占敌据点，控制交通要道，准备迎接大部队南下，解放全边区。

（五十六）锡板遭遇战，敌退文山城

1949年1月20日，在云南西畴县莲花塘乡锡板地区，与敌第二十六军第五七八团一部遭遇战斗。

1949年1月，中国人民解放军桂滇黔边纵队正式成立。中共桂滇边工委领导机关从边境丛林转移驻麻栗坡，滇东南指挥部第一、第二大队和第七支队奉命向麻栗坡集结。两支部队在西畴县城会合。敌第二十六军第五七八团的1个营（熊营）欲进驻西畴县城。我部第七支队的独立大队和彭大同率领的西畴护乡团共500多人枪，配轻重机枪9挺，由西畴向锡板开进，与敌第五七八团前卫连的尖兵相遇，发生激战。战斗持续约20分钟，毙敌4名，伤敌数名，缴获步枪6支，我部无伤亡。敌军退回文山县城，我部也撤离战场。

（五十七）袭击砚山，活捉伪县长

1949年1月20日，在云南省砚山县城，袭击敌政警队。

敌政警队百余人，配轻机枪2挺、长短枪70多支，驻守砚山县城。我部第七支队的2个大队共300多人，配轻机枪6挺、步枪250多支，奉命进攻砚山之敌。当时，敌县政警队队长李德昌已经被我部地下工作者争取过来。他率领所部亲信50多人在我部发起进攻时起义，配合我部袭击行动。战斗历时1小时，我部顺利攻占了砚山县政府，活捉伪县长杨苑珍以下34人，毙敌5人，缴获轻机枪3挺、长短枪30多支。我部无伤亡。砚山县城解放。

（五十八）蚌谷遭遇战，双方撤离战场

1949年1月21日，在云南省西畴县蚌谷，与敌第二十六军第四八一团一部遭遇战斗。

敌第二十六军第四八一团的1个营（陈营），兵力为500多人枪。我部第七支队和西畴县彭大同率领的护乡团共500多人，配轻重机枪10多挺，余为步枪，在返回西畴

县途中，与敌在蚌谷地区相遇。战斗持续到天黑，经过4个多小时的激战，毙伤敌80多人。我部牺牲7人，伤10人。敌人退回文山县城，我部安全撤返麻栗坡。第七支队、立功大队、健康大队在麻栗坡会合。

（五十九）再攻西畴，蚌谷激战

1949年1月21日，在云南省西畴县城，诱歼敌第五七八、第四八一团一部。

第七支队在西畴活动期间，与滇东南指挥部第一、第二大队会合后占领西畴县城。敌第二十六军第五七八、第四八一团各1个营向西畴开进。我部滇东南指挥部主力部队第一、第二大队和第七支队，共700多人，配重机枪2挺、轻机枪21挺、六〇炮2门，余为长短枪。为了调动敌人，我部主动撤出西畴，以便在运动中寻机歼灭敌人。敌进入县城。我部按预先作战部署，先以六〇炮射击县城，同时做出进攻文山的态势。敌急调西畴2个营撤回文山固守。1月20日，敌先离开西畴的1个营与我部在小锡板遭遇，敌边抵抗边逃跑，回到文山县城。1月21日，我部又与敌第四八一团的1个加强营在蚌谷遭遇，发生激战。我部利用地形对敌造成沉重打击，但因没有机动兵力无法消灭敌人，战斗形成僵局。双方激战到黄昏，敌军撤出战斗，退回文山城，我部亦停止了追击。此战敌伤亡不详，我部牺牲战士5人，无缴获。1月26日，我部解放了西畴县城，活捉了县长伙心丛。

（六十）二战马关城，炸死伪县长

1949年2月4日，在云南省马关县城，强攻敌据县城。

1948年12月初，敌委任王恩隆为马关县县长，并由敌军护送其向马关县城进攻，我部撤出马关县城。随后，敌在马关县城驻常备队200多人，配轻机枪1挺、长短枪150多支。我部马关护乡第一团，配合林杰、梁家率领的主力1个大队共约500人，配重机枪1挺、轻机枪15挺，进攻马关县城。我部采用夜间包围、拂晓进攻战术，对马关县城实施强攻战，迅速突入县城。敌拒不投降，并以城内建筑为掩护，负隅顽抗。县长王恩隆率领常备队退入玉皇阁固守，我部久攻不下。最后，我部即对玉皇阁实施爆破，将玉皇阁炸毁，敌王恩隆以下20多人被炸死。经过一天战斗，毙敌县长王恩隆和常备队长以下20多人，俘敌100多人，缴获轻机枪1挺、长短枪100多支、弹药1批。余敌扔掉枪化装躲藏起来了。此战打开了开广地区的新局面，随后，马关县人民政府成立，宋启华任县长，张仲梁任副县长。

（六十一）二战瓦渣，伪乡长伤后自杀

1949年2月6日，在云南省马关县瓦渣村，袭击敌反动据点。

敌伪乡长周永发率反动武装200多人驻守瓦渣村。我滇东南指挥部指挥员唐才猷、参谋长林杰率2个大队共300多人，配轻重机枪12挺，袭击驻瓦渣村之敌。经过约1小时的战斗，周永发负伤后自杀，其余50人投降，缴获轻机枪2挺、长短枪100多支。我部无伤亡。此战震撼全马关县和省城昆明。

（六十二）袭击南树屯，全歼守敌

1949年2月某日，在越南海宁省南树屯，袭击法军据点。

30多名法军在南树屯驻守，并设置了据点，配轻机枪2挺，余为步枪。我部参战兵力为陆锦西率领的越南独立中团海宁华侨独立大队150多人，配轻机枪2挺，余为步手枪。参战部队于夜间对法军据点进行包围，拂晓发动进攻。经过约1个小时的战斗，全歼守敌，缴获轻机枪2挺、步枪20多支、弹药1箱，毙敌8人，俘敌20多人，经教育后全部释放。

（六十三）部队两次整编，成立边纵第四支队

1949年2月和7月，中共滇东南工委根据中共桂滇黔边委员会指示和形势发展的需要，对滇东南地区的武装力量进行了两次整编。

2月上旬，在云南省文山县，根据上级命令，将活动于滇东南地区的主力第一、第二大队编为中国人民解放军桂滇黔边纵队第一团，黄建涵任团长，梁家任政委，主要由两广的"老一团"及部分华侨武装部队组成；第七支队改编为中国人民解放军桂滇黔边纵队第七团（简称"解一团"）和护乡第七团。第七团团长孙太甲，政委陆琼辉（陆毅）（后梁家）；护乡第七团团长杨宇屏，政委陆琼辉（陆毅）。此外，将马关、西畴、麻栗坡、田蓬等地的武装编为第一、第三、第五共3个护乡团、2500多人枪。3月，将砚山县、邱北县的武装编为护乡第四团。4月初，将活动于邱北的地方部队编为护乡第十一团。

1949年7月，根据中共滇桂黔边委员会决定，将滇东南指挥部及所属部队，统一整编为中国人民解放军滇桂黔边纵队第四支队，廖华任司令员，饶华任政委，张鸿谋任参谋长，李文亮任政治部主任。随后又陆续对下辖部队进行了整编：7月，在砚山县将第八团、第九团和第十一团一部整编为第三十一团，张鸿谋（兼）任团长，唐森任政

委；7月30日，在砚山县将边纵第十团和第十一团的第一、第二营编为第三十二团，彭大同任团长，陈熙古（后郑均）任政委；同月，在广南，将护乡第五团、第七团和广南独立大队整编为第三十五团，杨宇屏任团长，陆琼辉（陆毅）任政委，组建了护乡第八团；同时，将中共滇东南工委直属警卫大队与邱北县警卫大队合编，组建警备团，杨增亮任团长，李耀东任政委。9月，将护乡第十一团整编为第三十七团，肖屏任团长，梁涛明任政委。11月，将护乡第二团、第三团合编，组建第三十三团，邓为任（代）团长，陈熙古任政委。此外，还对文山和马关等地的反蒋地方武装进行了整编。整编后的边纵第四支队辖6个团和2个独立营，共5700多人枪。

经过这两次整编，理顺了部队的指挥体制，大大提高了部队的组织纪律性和战斗能力，为以后扩大战果、解放云南打下了基础。

（六十四）二进广南，伪县长逃窜

1949年2月上旬，在云南省广南县，进攻敌据县城。

我部在滇东南连战连捷，为了与我部对抗，敌企图利用地方实力派与我部对抗。为加强广南防务，敌将富宁县县长李匡时调任广南县县长。我部第七支队第一次解放广南县城后，撤出县城。陆毅、杨宇屏率领第七支队第二、

第四大队等部在珠琳集中。1949年2月5日，陆毅、杨宇屏等同志再次率部向广南县城开进。当时敌伪县长李匡时率县警队及民团200多人守城，外围有恶霸反动武装及正规军第二十六军的1个团支援。我部进攻兵力为第七支队共700多人，配轻重机枪25挺，余为步手枪。进攻发起前，我部先由内应配合打开城门，参战部队迅速攻入城内。李匡时见势不好，率部分县警队及民团狼狈撤离。2月8日，我部入城，广南县城第二次获得解放。

（六十五）伪装保安团，轻取大吉厂

1949年2月中旬，在云南省西畴县大吉厂，智袭恶霸地主武装。

1949年2月，由滇东南指挥部所属边纵第七支队改编的第七团奉命消灭文山县联防司令宋伯蛟部，拔除大吉厂据点。我部开进至西畴蚌谷时，宋伯蛟派其第三子宋孝增率武装100多人，携数十支已损坏的枪向我部伪降。与此同时，宋伯蛟一面暗令其长子宋孝仔率武装300多人，配备精良武器，分跨大吉厂和仰天窝，囤积粮食，构筑工事，企图据险顽抗；一面派遣心腹潜出文山县告急求援。我部识破了敌人的阴谋并将计就计，派第七团300多人，配轻重机枪15挺，伪装成文山县保安团前来支援，骗过敌人的守卫进入仰天窝据点，一枪不发就俘获了宋孝仔及全部人员武装，缴获轻机枪 1 挺、步枪 100 多支，并没收其财产分给贫苦农民。西畴全境遂解放，群众纷纷发动起来，对地主恶霸进行斗争。

（六十六）三进西畴，擒敌司令宋伯蛟

1949 年 2 月下旬，在云南省西畴县，歼灭敌保安（联防）队。

敌开广区联防司令宋伯蛟，率其保安队及联防队约 200 人枪，驻守西畴县城，命其长子调集武装 300 多人在其老巢仰天窝据守，次子在大吉厂向我军假投降。其阴谋被我部识破后，他的两个儿子分别在大吉厂、仰天窝被我部计擒，他在西畴县城闻讯后不知所措。我部决定趁机对其予以歼灭，遂命第一团和第七团共 1000 多人，配重机枪 2 挺、轻机枪 20 多挺、长短枪 800 多支，迅速向西畴进发。参战兵力刚到达西畴的蚌谷，就对宋部发动进攻。宋伯蛟对我部的突然到达毫无防备，无从抵抗，束手待擒，并表示向我部投降。此战，我部缴获长短枪 100 多支，无伤亡。我部占领西畴后，开仓济贫，大快人心。后第七团开往广南县发动斗争。

（六十七）双龙营开会，掩护部队遭袭

1949 年 2 月 12 日，云南省邱北县老鸦屯，突破敌第二

十六军第四八一团包围战斗。

1949年2月，我部朱家璧、黄景文率部在邱北与张子斋会合，边纵领导在邱北双龙营、小水井开会，由云南人民讨蒋自救军第一支队副支队长龙于湘率第四大队300多人驻老鸦屯掩护。不料，敌第二十六军第一六一师第四八一团的2个营于夜间将掩护部队包围，我第四大队与敌展开激战。经过约1小时战斗，我第四大队最终突破敌人包围。此役共毙敌60多名，伤敌20名，我部在突围过程中牺牲54人。龙于湘、大队长常志高及指导员赵雄3人被俘后遇害，战士15人被俘。突围部队后编为护乡十一团。

（六十八）袭击下花塘，敌军增援我撤出

1949年3月中旬，在越南海宁省下花塘地区，袭击法军据点。

法军30多人驻守下花塘据点，有2挺轻机枪，余为步枪。我部陆锦西率领的华侨独立大队170多人枪，配轻机枪3挺，对据守法军发动袭击。战斗发起后，敌借助坚固碉堡的掩护对我部进攻猛烈抗击，经1小时的战斗，我部难以攻破。此时，敌援兵赶到，我部即撤出战斗。此役歼敌20多人，我部轻伤战士2人。从1947年1月起，到1948年秋止，我部南路第一团在越南整训期间，派出骨干支援越南抗法斗争，活跃在越北地区的华侨民众自卫团及后来的

独立中团，人员构成以"老一团"派出的干部和华侨为主。1949年，这些部队绝大部分回国参加解放战争。

（六十九）进攻旧莫受挫，我军伤亡较大

1949年3月16日，在云南省广南县旧莫村，进攻地霸武装。

我部两次占领广南后，广南大恶霸地主、伪县长王佩伦花钱搬来盘踞在滇桂黔边境的惯匪钟日山部对抗我部，自己率反动武装700多人，携有八二迫击炮2门、轻重机枪10多挺，余为步手枪，据守其老巢旧莫，并得到车骑骡等匪部支援。1949年3月，我部拔除宋伯蛟反动据点后，决定以第七团和护乡第七团为主，配轻重机枪20多挺，余为步手枪，乘胜进攻旧莫。

旧莫地形险要，敌依山构筑碉堡，易守难攻。我部进攻部署为：先由突击队在拂晓前攻占旧莫后山，肃清石碉堡内之敌；然后大队上山包围歼灭敌人。团部从第七团抽出60名官兵编成突击队，分成3个组对敌发起突击。3月16日拂晓，我部完成旧莫合围并发起攻击。但由于对敌据点周边地形和工事估计不足，战斗开始后才发现敌人据点十分险要难攻，修建的工事也相当坚固。历时半天战斗，始终无法攻克敌人防线，原"老一团"派出的第七团第二营教导员李昌菊和突击组组长廖能德牺牲，第四连连长昌

经卫（云南籍）负重伤。此时，据守广南县城的钟日山匪部增援旧莫，17日晨我部不得不撤出战斗。

王佩伦率其众匪追击，受到我部护乡第七团的顽强截击，王率众匪退回旧莫。此战敌伤亡不详，我部伤亡20人。进攻旧莫失利的原因，主要是对地形不熟，对敌情了解不够详细，组织战斗不具体，且无重武器，结果猛攻半天不下，终因伤亡大而撤出战斗。

（七十）马街反追击，回戈歼顽敌

1949年3月18日，在云南省广南县县长箐马街，反地霸武装追击。

在我部"围剿"反动地霸武装王佩伦的旧莫攻坚战中，与广南县地霸王佩伦联盟互相支援的广西惯匪钟日山部800多人枪，于17日增援旧莫，导致我部进攻旧莫之第七团和护乡第七团因失利撤出战斗。钟日山匪部见有机可乘，便追击我部到长箐马街，妄图将我部一举歼灭。我部第七团团长孙太甲率部及护乡第七团和广南县独立大队共1800多人枪，配轻重机枪20挺，决定杀一个回马枪，消灭这股气焰嚣张之敌。

17日黄昏，我部第七团突然出其不意地回师，包围长箐马街；护乡第七团和广南独立大队在接到通知后，也于当晚夜间赶到，对马街之敌形成了合围之势。战斗从夜里开始，激战至第二天（18日）下午3时，我部占领了周围制高点，但敌仍利用各种障碍物负隅顽抗。我部采用火攻，使用美制燃烧弹向敌人发射。敌人终于溃败，争先恐后向外逃窜。此役毙伤敌副旅长以下200多名，俘40名，其余逃散；缴获轻机枪2挺、长短枪100多支。惯匪钟日山率残部逃回广南县城。此役大伤钟日山匪帮之元气，他们窜回广西境内招兵买马，许久不敢出动骚扰。

（七十一）化装进攻芒街，内外配合歼敌[①]

1949年3月27日，在越南广宁省芒街，奇袭法伪军据点[②]。

越南广宁省芒街据点驻有敌法伪军1000多人，配迫击炮1门、火箭筒3具、轻重机枪15挺、长短枪500多支。为打击法军嚣张气焰，粉碎中越反动军队的联合"围剿"，中国人民解放军粤桂边纵队第三支队1200多人枪和独立中团海宁独立大队250人枪，装备有迫击炮2门、轻重机枪17挺，决定联合对芒街之敌进行打击。2月下旬，第三支队利用芒街越南伪军招兵的机会，选派12名连排干部分

[①] 6月27日，中国人民解放军总司令部批准以广东、广西边界地区活动的游击队为主，成立中国人民解放军粤桂边纵队，任命梁广为司令员兼政委，唐才猷为副司令员，杨应彬为参谋长，温焯华为政治部主任。边纵队先后组织了8个支队，其中在现广西辖区内活动的为第一、第三、第四、第七、第八5个支队。

[②] 组织芒街战斗的中国人民解放军粤桂边纵队第三支队副司令员黎攻（黎汉威）的回忆与廖华的叙述略有不同，突击队主要由第三支队精干人员组成。

批应征入伍充当内应。根据战斗部署,先由我部海宁独立大队抽调50人组成突击队,化装成法伪军混进芒街,后续部队在后掩护跟进,等突击队首先占领敌哨所和重机枪阵地,主力再发起进攻。行动开始后,突击队化装成法伪军成功接近敌人阵地,突然发起进攻。在内外配合下,经过1小时左右的激烈战斗,占领了敌哨所和重机枪阵地,在后面跟进的主力部队随即发起猛攻,又经过1个多小时激战,全歼守敌。此役毙法军中校副指挥以下50多人,击伤上校指挥官1人,俘敌140多人,其余人员逃散;缴获迫击炮1门、火箭筒3具、轻重机枪15挺、长短枪300多支、手榴弹1500多个、枪弹10万多发,其他物资1批。我部牺牲7人,轻伤7人。这次战斗震动了整个侵越法军,鼓舞了越南东北区军民的抗法意志。

(七十二)新老一团会师,汇成一支铁流

1949年3月下旬,在云南省砚山县六诏村,广东南路人民解放军新老第一团,在砚山县六诏村会师合编,全团共有1000人枪。

抗日战争结束后,国民党调集正规军对广东南路革命武装进行"扫荡"。为保存实力,广东南路人民抗日解放军第一团主力,于1945年10月初撤出南路,留下一批骨干在地方群众的配合下坚持斗争。留下来的力量在敌人的

"围剿"下顽强斗争，不但没有被消灭，反而在战斗中不断得到发展，后以"老一团"留下的同志为骨干，于1948年组建起"新一团"，由原"老一团"留下的第一营营长金耀烈同志任团长，率该团沿着"老一团"西进的路线，经十万大山进入越南，于1949年3月到达云南的砚山县六诏村，与"老一团"（桂滇黔边纵队第一团）会师。两团会师后，合编为桂滇黔边纵队第一团，辖3个营共1000多人枪。①

（七十三）夜袭威逼，智取富宁县城

1949年5月1日，在云南省富宁县城，进攻敌据县城。

富宁大队在七村九弄完成整训后，由七村九弄出发，迫近县城向敌发动进攻。当时，敌城防统领梁一栋、特务大队队长黄仲谋、警察局局长陈章达率县警队及民团共500多人枪，防守富宁县城。富宁大队仅有150多人，轻机枪3挺、步枪130支。考虑到敌强我弱，靠硬打不行，我部遂采取威逼夜袭的办法，于4月30日兵临富宁县城，占领附近高地，向富宁县政府发出敦降书，敦促敌统领率县警投降，否则将坚决消灭之。敌军摸不清我部底细，遂于4月30日夜半弃城逃跑往洞波。我部即于5月1日占领县

---

① 1949年4月，根据边委指示，正式组建中国人民解放军桂滇黔边纵队主力第一支队，下辖第一、第七团，共1700多人。

城，受到群众热烈欢迎。5月2日，谢森率领护乡第五团第一大队到达富宁县会师，随后第二大队也由广南赶到，富宁大队随即编入护乡第五团第三大队，梁学政任大队长。准备迎击敌人反扑。

（七十四）那谢歼敌，吓跑黄少臣

1949年5月10日，云南省富宁县城以东10公里的那谢村，夜围晓攻敌民团战斗。

我部占领富宁县后，敌遂纠集力量准备反扑。敌富宁县警察局局长陈章达率县警队近百人打头阵，于5月9日晚进驻那谢村，黄少臣率民团400多人，配轻重机枪10多挺，在后支援进攻。我部护乡第五团的3个大队共500多人，配轻机枪8挺，余为步枪，进行战斗准备。战前召开作战会议分析认为，敌我兵力不相上下，但我部士气高，战斗力强，如乘敌刚到立足未稳之机，对其进行分割袭击，先打那谢之敌，其余民团可不战即退，县城亦可巩固。我部立即于当晚部署战斗，乘夜间包围那谢之敌，10日拂晓发起攻击，经40分钟战斗，毙敌警察局局长陈章达以下10多人，俘敌20多人，余敌冲出村庄逃跑；黄少臣闻讯率民团逃回板伦老巢。此战缴获轻机枪1挺、步枪20多支。

（七十五）皈朝歼敌，活捉民团长

1949年5月16日，在云南省富宁县皈朝乡，歼灭敌民团总队。

敌黄少臣率民团总队约400人，轻重机枪4挺，余为步枪，从板伦退至皈朝据险防守。我部护乡第五团400多人，配轻机枪15挺，从板伦追击到达毛衣那旦，获悉敌在皈朝街的实际情况，便根据情况组织战斗，决定长途奔袭，乘黑夜分三路包围皈朝敌人，拂晓攻击歼敌，三大队占领北边山岭掩护。两路兵力按时到达，只有东南一路因天黑山路难行，未能按时到达预定位置，因此只能由西向东进攻，无法对敌形成包围。拂晓，我部发起进攻后，第二营终于到达后龙山顶，闻枪响后派出1个排占领东西山，控制了由剥隘的来路。战斗持续到下午3时结束，毙敌150多人，俘敌200多人，活捉敌团长黄少臣；缴获重机枪1挺、轻机枪3挺、步枪300多支，余敌部分渡河逃走，少数隐藏在群众家以后逃出。这次战斗大获全胜，解放了皈朝乡，开创了富宁县新局势。战后我党发展群众组织，建立县区人民政权，使滇东南与桂西靖镇连成一片，互相支持战斗。

（七十六）进攻高良，全歼守敌

1949年5月中旬，在云南省广南县盘江南岸高良地区，打通盘江南北渡口。

为贯彻桂滇边工委使滇东南与滇东连成一片的决定，周楠率领桂滇黔边第一支队、滇东南指挥部第八团分两路北上，准备从高良和五洛河北渡盘江与前委会合。高良、五洛河是滇东南与滇东之重要通道，被恶霸何廷珍、何廷显兄弟及王家太盘踞，堵住了盘江南北渡口，阻断了滇东南和滇东两大解放区的联系。我纵队要打通盘江南北通路，必须消灭这两股反动势力。

国民党恶霸首领何廷珍及其弟何廷显率领百余人，配轻机枪3挺，余为步手枪，驻守邱北、师宗、罗平三县结合部的反动据点高良。为打通盘江通路，根据前委指示，首先歼灭高良之敌。桂滇黔边纵队第一支队与兄弟部队领导召开联合会议研究敌情，确定战斗部署为：第一支队第一团主攻高良，邱北护乡第十一团进攻蚌别，师宗独立团攻占江北之五洛河。其中，第一团参战兵力700多人，配轻重机枪20挺；邱北护乡第十一团有500多人枪，配轻机枪10挺，余为步枪；师宗独立团300多人，配轻机枪15挺。

5月13日，桂滇黔边纵队第一团于拂晓前包围了高良，何廷珍、何廷显据险顽抗，战斗持续了一天一夜，双方进入胶着状态。第二天，战斗较前一天更为激烈，我攻坚部队在群众的支援下，到中午突破敌人防线，进入高良据点，活捉何廷显、何廷芳、何廷珍之子何小芳及师爷张玉书等，全歼守敌。何廷珍率10多人枪逃出高良，但逃到小佘汪村即被击毙。此战缴获轻机枪3挺、长短枪60多支、子弹万余发、物资40多驮、骡马30多匹。我部第一团第一营第二连副连长林济通及战士2人牺牲。我部拔除了高良反动据点，打通了盘江南北通路，第一团随即渡江进入罗平。

（七十七）歼敌五洛河，两区成一片

1949年5月中旬，云南省盘江沿岸之五洛河地区，进攻恶霸反动据点战斗。

五洛河为挡在盘江南北通路上的另一个反动据点。恶霸首领王家太率反动武装百余人枪，配轻机枪2挺，据守据点，残害当地人民，与我部为敌。为彻底打通盘江通路，前委命令师宗独立团进攻五洛河反动据点，歼灭该敌，夺取渡口。我边纵师宗独立团300多人，配轻机枪15挺，余为步枪，奉命向五洛河进发。该团用夜间包围、拂晓攻击战术，经约2小时战斗，全歼守敌，缴获轻机枪2挺、步手枪70多支。我部牺牲中队以下干部2人，伤5人，其中2名战士轻伤。此战清除了盘江渡口之顽敌，打通了盘江南北通路。我部顺利渡江北上，滇东与滇东南两区连成一片。

（七十八）三塘阻敌，工委与前委会合

1949年5月中旬，云南省广南县盘江沿岸之三塘地区，防御敌第二十六军第四八一团进攻战斗。

我桂滇黔边纵队第一支队第七团和滇东南指挥部第八团在边工委的率领下，按预订计划前出飞土渡口。敌第二十六军第四八一团第二营往飞土渡口进发，企图占领渡口，截击我部渡河北上罗盘地区。我边纵第一支队第七团第二、第三营迅速北上，冒雨连夜急行军抢占盘江沿岸之三塘，阻击来犯之敌。等敌到达时，我部已占领阵地，向敌射击，毙敌60多人，敌龟缩附近村寨固守。此战虽无缴获，也无伤亡，但完成了把滇东南与滇东两地区连成一片的战略任务。由周楠率领的边工委在第七、第八团的护卫下渡江到达罗平县城与前委会合。

（七十九）准备反"扫荡"斗争，巩固地方政权

1949年6—7月，中国人民解放军在华东、华中、西北发动了强大攻势，迅速向西南、华南挺进。蒋介石反动集团极力拉拢地方势力，力图"绥靖"后方，妄想以云南为

据点，作为盘踞大陆的最后基地，于是集中兵力进行"扫荡"，妄图在野战军进入云南之前消灭边纵。为此，敌第二十六军集中了第一六一师3个团的兵力，向我滇东南地区大规模"扫荡"，除寻找我部主力决战外，还企图依靠各地反动武装，恢复各县反动政权。我部第四支队遂开展了艰苦的反"扫荡"斗争。

1949年6月1日，根据上级指示，我党在云南省西畴县成立滇东南行政专员公署，由宋启华同志任专员。公署随即发布《为本署奉命筹组成立》："于6月4日启用印章事第一号布告，号召滇东南各县人民同心同德，不畏艰难努力前进……"专署下设5个科：秘书科、行政科、财政税务科、人事科、管理科，任命各科科长，在西畴县开始办公。在敌人"扫荡"进攻期间，专署办公地点随第四支队司令部（前身为滇东南指挥部）流动办公。① 直至我部粉碎敌军"扫荡"进攻后，专署办公地点才固定下来，开展工作。

---

① 敌第二十六军对我边区进行"扫荡"的部署为：第五八七团分布于砚山、广南一带，第四八二团（原第五七九团）分布于文山、西畴、马关一线，第四八一团（原第二七九团）分布于开远、平远街至邱北一线。针对敌情，我部的具体部署是：第三十一团随支队司令部在砚山、西畴、广南一带机动作战，牵制和袭击敌军；第三十二团开到马关、屏边、河口结合部一带，牵制和袭击敌军；第三十七团在邱北、砚山、开远东山一带袭扰并牵制和袭击敌军；第三十五团在广南、富宁一带，打击以王佩伦、钟日山等为首的地霸武装，保卫地方政权和人民生产。[参见中共文山州委党史资料征集委员会编：《中国人民解放军滇桂黔边纵队四支队简史》（内部资料）]

（八十）攻占底圩，二渡盘江北上

1949年7月某日，在云南省广南县底圩地区，歼灭地霸武装。

恶霸土匪武装王永明之子率百余人枪，驻守底圩反动据点。我部为发动该地区群众，决定发动进攻，消灭该敌。我滇桂黔边纵队第一支队第七团与护乡第七团共900多人，配轻重机枪21挺，余为步手枪，于当日夜间占领阵地，拂晓开始进攻。战斗持续到中午，敌伤亡惨重，王永明之子率众匪30多人突围逃跑，窜入广西境内。第七团进攻底圩时，镇守广南县城的王永明反动势力接到其子发出的求援信，派兵进行增援，我部遂决定采取围点打援的策略，派护乡第七团设伏歼灭王永明势力。但护乡第七团指挥失误，致使伏击战变成与敌遭遇战，导致敌仓皇退回广南县城。此战毙伤敌60多人，缴获长短枪百余支，没收了王永明在底圩的全部财产。我部伤3人。我部在纵队首长的率领下，二渡盘江北上，到陆良龙海山区与杨守笃（时任滇桂黔边纵队第三支队代司令员）率领的第三支队会师。

（八十一）弯刀寨遭遇战，杀敌后撤离

1949年8月4日，在云南省西畴县弯刀寨地区，遭遇敌第二十六军第三十九师某团。

敌国民党第二十六军第三十九师的1个团，从文山出发绕路向我部进攻。我部第四支队率第三十一团第一营、警备团的1个营、司令部机关、政治部及政工队700多人，配轻机枪9挺、步手枪300多支，于8月5日夜从西畴行军，5日拂晓前约2时到弯刀寨休息。拂晓时，哨兵向廖华司令员报告后山有敌人下来。司令员亲自去阵地观看，见到敌军陆续从山上下来，便布置第一营占领村南有利阵地，待敌进到有效射程内再行射击，阻击敌人，掩护撤退；同时，命令警卫营掩护司令部、政治部、政工队撤退。当部队上至后山时，敌人已到对面山脚下一块农田内集合，司令员马上指挥重机枪对正在集结的敌人进行射击。敌在开阔地上无处躲藏，当即死伤30多人。我部主力和机关在第一营的掩护下顺利撤退，撤退时被攻散的战士都安全回到集合地点。此战杀伤敌50多人，我部牺牲3人、伤7名战士、被俘炊事员2人。

（八十二）天生桥防御，粉碎敌人进攻

1949年8月12日，在云南省文山县天生桥地区，防御敌进攻战斗。

我部第四支队护乡第三团500多人，配轻重机枪13挺，余为步手枪，驻在接近文山城之天生桥附近村庄，做群众工作。敌闻讯后，派第二十六军的1个加强营400多人，配

轻重机枪近20挺,向我部驻天生桥之护乡第三团发动进攻。我部获悉敌情后,即占领天生桥有利阵地进行防御。经一天战斗,我部击退了敌之进攻,撤退转移至安全地区。此役计毙伤敌40多人,我部伤2人。这次战斗虽无缴获,但阻止了敌之进攻,削弱了敌人力量,粉碎了敌向我解放区进攻的企图。

(八十三)进攻潦浒石,歼敌伪镇长

1949年9月11日,在云南省罗平县与曲靖县、陆良县交界处的潦浒石镇,进攻恶霸武装。

反动据点潦浒石镇为两县交界处的重要据点,恶霸海中鳌(曾任国民党副团长)兄弟率反动武装200多人枪,建造坚固的堡垒,长期盘踞此地,勾结国民党反动派,袭扰我根据地,残害人民群众。国民党第二十六军第一九三师师部驻曲靖县城,该师下属第五七七团驻陆良县城,两地均距潦浒石镇约30公里,三处据点形成相互掎角之势,相互支援。我边纵第一支队奉边纵命令对这三股力量予以消灭。

我部根据敌军态势,决定采取围点打援、打援为主的战术,以进攻潦浒石之敌为诱饵,吸引曲靖之敌出援即消灭之。确定战斗部署为:由第十五团一部在陆良护乡第二团的配合下进攻潦浒石镇;以师宗独立团佯攻陆良机场,迷惑牵制陆良之敌，使之不敢出援；同时，集中第十五、第十六团之优势兵力，伏击曲靖之敌。

负责进攻潦浒石的是第十五团，兵力为 1000 多人枪，配重机枪 1 挺、轻机枪 19 挺，余为步手枪。9 月 11 日拂晓，我部第十五团（除第三营）在陆良护乡第二团一部的配合下，乘敌疏忽之时，突然发动袭击。敌据守碉堡负隅顽抗，并从街道两旁民房向我部投手榴弹，阻止我部前进。我部对敌发动猛烈进攻，经过一整天战斗，敌死守最后一个坚固据点，我部由于缺乏攻坚武器无法攻克，于天黑前撤出战斗。此役毙敌镇长以下 50 名，伤敌分队长以下 16 名，海中龙（沾县宁和）、海中麟及反动骨干大多伤亡，缴获轻机枪 2 挺、步手枪 50 多支及一部分物品。我部安全撤离，牺牲副连长 2 人、战士 2 人，伤 11 人。

同时，从曲靖出援的敌第二十六军兵力和陆良之敌由于受到我部阻击和牵制，无法前进。海中鳌乘夜率残部逃往曲靖县城。9 月 12 日，我部第十七团第三营第八连进入潦浒石镇据点。第十七团进驻潦浒石镇后，清扫战场，计缴获步枪 50 多支。

（八十四）攻战打援，石宝山设伏

1949 年 9 月 11 日，在云南省曲靖县石宝山地区，阻击敌第二十六军第一九三师驰援潦浒石镇。

不出所料，就在我部袭击潦浒石镇的同时，敌第二十六军第一九三师师长石补天率第五七八团的2个营，配轻重机枪25挺，余为步手枪，从曲靖县城乘汽车驰援潦浒石镇，经石宝山地区向前开进。担负打援任务的为我部第一支队第十六团，兵力1000多人，配轻重机枪20挺，余为步手枪。根据战前部署，该团在石宝山地区设伏待命，等待援敌。然而，出援之敌十分机警，似乎发现了我部埋伏，行进到距我部设伏阵地约1公里处时，即将兵力展开，并对我部实施反包围。我部遂发起攻击，战斗由消灭敌人为主的伏击战变成以阻击敌人救援为主的阵地战。敌为战斗较强的国民党正规军，以先进装备向我部疯狂进攻，我部则坚守阵地，打退敌人多次冲锋，致敌大面积伤亡，自身亦付出较大代价。至夜，敌始终无法突破我阵地，不得不退回曲靖城。我部第十六团成功完成了阻击任务，转移至龙海山区根据地集结，后又到达师宗石洞乡进行休整和战斗总评。师宗独立团也完成了牵制陆良城之敌的任务。此役击毙敌营长以下50多人，伤敌50多人；我部牺牲20人、伤10多人，损失卡宾枪1支、步枪4支。

（八十五）军统梁逃窜，皈朝至妈然阻击战

1949年10月3日，在云南省富宁县皈朝至瓦窑地区，阻击梁中介反动势力逃跑。

1949年10月1日，毛主席在天安门庄严宣布中华人民共和国成立，国民党在中国的统治宣告瓦解。然而，国民党白崇禧集团依然妄想依托云南、广西等边远地区负隅顽抗，伺机反扑。在此背景下，军统特务梁中介受白崇禧指使，组织成立东南亚民主党教导队特务武装，共有800多人枪、机关炮2门、轻重机枪5挺、火箭筒1个，余为步手枪，妄图到广南城会合王佩伦、钟日山匪部，再去滇西建立"卡瓦共和国"。梁部前去会合的途中须经过叛朝、那社、瓦窑等地。为阻止敌人的阴谋得逞，我第四支队第三十五团第三营和广南护乡团一部500多人枪奉命对敌阻击，迟滞敌人前进，以等待第一支队第十五、第十六团主力部队完成进攻珠琳任务后予以全歼。担任阻击任务的两支兵力采取了交替阻击的战术，一支部队阻击一段时间后，另一支部队上来掩护前一支兵力脱离与敌接触，并接替其投入战斗，如此循环交替。经过5天激战，梁部窜至妈然，被我部第四支队第三十五团第一营截住，再也无法前进一步。阻击战致梁部伤亡不清，但消耗很大，疲惫不堪。此战为我部第一支队第十五、第十六团尔后到达全歼敌人赢得了时间。

（八十六）进攻布标，恶霸武装被歼

1949年10月上旬，在云南省广南县布标地区，歼灭恶霸武装。

广南县布标地区驻有恶霸武装300多人，配轻机枪4挺、长短枪200多支，长期霸占该地区，压迫剥削人民群众，无恶不作。我部滇东南第四支队广南护乡团500多人，配轻重机枪14挺，余为步手枪，奉命歼灭布标之地头蛇恶霸武装。经过2个多小时的战斗，毙伤敌70多名，余匪逃窜。我部大队长李仁刚牺牲，战士8人负伤；缴获轻机枪1挺、冲锋枪8支、步枪60多支。此战肃清了该地区之残敌，鼓舞群众起来和地主恶霸做斗争。

（八十七）激战珠琳镇，歼灭龙树生匪部

1949年10月10日，在云南省广南县珠琳镇，围歼车骑骝、龙树生匪部。

我部铲除布标恶霸武装后，敌恶霸武装车骑骝、龙树生部共500多人枪，据守孤立据点珠琳重镇，四面无援。车骑骝、龙树生武装为滇东南地区惯匪，无恶不作，多次与革命力量作对，我部决定乘此有利时机予以消灭。我部参加兵力为第一支队第十五、第十六团各一部兵力，共2000多人，配轻重机枪38挺，余为步手枪，在当地民兵的配合下行动。10月9日，第十五、第十六团奉命从布凹星夜出发，急行军奔袭珠琳之车骑骝和龙树生匪部，10日完成合围珠琳部署。经过一天激战，我部毙敌48人，伤敌25人，俘敌75人，生俘匪首大队长龙树生；缴获全部武器，

计有轻机枪 2 挺、冲锋枪 1 支、长短枪 80 多支、子弹 15000 发。我部牺牲 2 人，伤 3 人。此战肃清了珠琳之敌，确保了广南至砚山交通线的安全。

（八十八）夜袭平远街，粉碎敌"扫荡"

1949 年 10 月 10 日，在云南省砚山县平远街，夜袭敌第二十六军第一六一师一部。

敌第二十六军第一六一师司令部及下辖 1 个营和直属队共 400 多人，配轻重机枪 20 多挺、迫击炮 2 门、六〇炮 4 门，余为步手枪，驻守砚山县平远街，指挥邱北、砚山、西畴、广南等县的进攻"扫荡"。我部决定采取黑虎掏心的战术，袭击敌第一六一师机关。我部第四支队第三十七团第一营副营长周家华从该营挑选了 21 名指战员组成突击队，在第一营主力的掩护下，经过长途奔袭，于 10 日夜间 1 时到达平远街，对敌指挥部发起进攻。经过约 20 分钟的战斗，毙敌排长以下 7 人，伤 4 人，我部无伤亡。敌师部一片混乱，四处胡乱射击，彻夜枪声不绝。敌人被我部突袭打得晕头转向，惶惶不安，拂晓后即撤离平远街，参加"扫荡"的正规部队也全线撤回文山、开远。这次袭击虽无缴获，但我部在敌后方袭击敌师指挥机构，发扬了我部主动出击的革命英雄主义精神，迫使敌师部撤回开远，极大地震慑了敌人，鼓舞了我方士气，政治意义十分重大。

（八十九）围攻妈然村，歼灭民主党教导队

1949年10月10—11日，在云南省广南县未湾妈然村，歼灭梁中介部。

10上旬，国民党军统特务梁中介组织成立东南亚民主党教导队特务武装，从广西进入云南，企图会合地霸、土匪、特务武装，再进入滇西建立"卡瓦共和国"。10月10日，经我部第四支队第三十五团和广南护乡团共7天的沿途轮流阻击，敌被我部迟滞在未湾妈然村，还剩下700多人枪、23毫米机关炮2门、轻重机枪11挺、长短枪500多支，已经疲惫不堪，无法前进。

此时，我边纵第一支队第十五、第十六团共2000多人，配轻重机枪38挺、迫击炮2门，已经完成歼灭珠琳镇车骑骝、龙树生部的任务，迅速转移至妈然村，将敌包围。我部迅速对敌发动围歼，经过一天一夜的激烈战斗，除梁中介率10多人提前仓皇逃脱外，余部全部被歼。此战击毙敌大队长以下150多名，俘敌参谋长梁亦株及曾被我部俘虏过的伪乡长陈君等以下约109名，逃散亡匪沿途大部分被群众捕杀；计缴获23毫米机关枪2门、六〇迫击炮3门、轻重机枪9挺、火箭筒1具、步手枪500多支、骡马30多匹、黄牛24头、红帮法规"海底"1驮、大事记1本、"卡瓦共和国"小旗1面、伪国印1枚。我部牺牲9

人，伤8人。

此战彻底打乱了白崇禧的逃跑计划，挫败了其会合广南惯匪钟日山、地霸王佩伦匪部逃窜滇西，建立所谓东南亚民主联盟"卡瓦共和国"的反动阴谋，对迅速解放全云南具有十分积极的意义。

（九十）二道箐诱伏战，我副团长牺牲

1949年10月13日，在云南省砚山县二道箐地区，诱歼敌第二十六军第一六一师一部。

敌军保安团及文山"剿共司令"龙开甲恶霸地主反动武装500多人枪，配轻重机枪10多挺，驻守砚山县长岑街地区；砚山县驻有进行"扫荡"的敌第二十六军第一六一师一部，两股势力形成相互支援之势。我部决定采取围点打援的战术，以边纵第四支队第三十七团围攻龙开甲部，迫诱砚山之敌来增援；以第三十一团700多人枪，配轻重机枪20多挺，在二道箐设伏以歼灭增援之敌。10月13日，第三十七团按计划战斗打响，砚山之敌果然派60多人枪兵力增援，进入我第三十一团在二道箐的伏击阵地。但由于我第三十一团组织伏击战斗不周，经3个多小时战斗，毙伤敌40多，未能全部歼敌，无缴获。我部牺牲第三十一团副团长以下2人，伤3人。敌增援后，我第三十七团即撤出战斗，敌也撤离长岑街。

（九十一）砚山围攻战，伪县长乘雨夜逃跑

1949年11月下旬，在云南省砚山县，围攻敌据县城。

11月下旬，国民党第二十六军驻守兵力在我部强大攻势下撤离砚山县城。文山"剿共司令"龙开甲的亲信王文朗率武装300多人，于第二十六军撤后来砚山县就任县长。我军决定消灭王文朗，解放砚山城。第四支队参谋长张鸿谋、县长李芬率第三十一团、第三十二团的1个营和砚山县大队共900多人，奉命将砚山之敌包围，对砚山城发起进攻。龙开甲匪部派200多人前来增援，我部遂在城外对敌展开顽强阻击，先后打退龙匪部3次进攻。经过4天战斗，王文朗冒着倾盆大雨，乘夜黑从水沟涉水逃跑回到秉烈老巢，砚山县城第二次解放。此战共俘敌中队长以下3名，缴获轻机枪1挺、步枪2支、子弹120多发。我部无伤亡。12月1日，该县人民政府和中共县委机关从者腊移驻县城，结束了国民党反动派在砚山的统治，迎来了人民群众当家做主的新时代。

（九十二）里应外合，和平解放河口市

1949年12月23日，在中越边界我方之河口市，解放河口。

在我解放大军强大攻势下，滇南残敌如丧家之犬，纷

纷向中越边境逃窜，企图进入越南境内。为此，我边纵所属部队配合第四野战军展开了追击逃敌、解放全滇南的行动。河口是云南通往越南的咽喉要道，是滇越铁路的边境出口站，要切断国民党军团由陆路逃往越南的道路，首先就要占领河口。

当时，河口驻有敌对汛处汛警50多人，配轻机枪3挺，余为步手枪。中共滇东南地委1949年9月派李维贵、李萍、李乐等干部和党员组成中共河口特支，由李萍担任书记，以马关县古林箐为基地向河口开展工作。经过争取，河口市南溪乡乡长朱启明投靠我部，并组成了40多人的武工队，在铁路沿线活动，与早先派到河口开展地下工作的季植岑同志取得联系。12月23日，我第三十三团和第三十二团在内线的配合下，进入并和平解放河口市，河口督办公署独立汛警队50多人缴械投降。我部缴获了仓库之枪支弹药，计有重机枪3挺、轻机枪4挺、步枪100多支、弹药3万多发，我部无损失。1950年1月11日凌晨，我第四野战军第一一四师第三四一团在浓雾中渡过南溪河到达河口，切断了敌人逃窜的后路。

（九十三）进攻文山城，敌向我解放大军投降

1950年1月7日，在云南省文山县（专区所在地），攻占敌据县城战斗。

敌文山专员罗廷标率保安团及地霸武装共700多人枪，配重机枪3挺、轻机枪7挺，余为步手枪，固守重镇文山。此时，我解放军第四野战军已长驱直入，南下到云南。① 12月29日晚，我边纵第四支队与第四野战军第一一四师会师于砚山城，举办了联欢晚会。与此同时，敌国民党专员罗廷标也于1949年12月29日派代表吴时辅到攀枝花我第四支队第三十二团指挥部与我部谈判。我部先头部队代表向吴交代政策，条件是放下武器、接受接管，我部保证保护其人员生命财产安全。罗拒绝接受，谈判无诚意。

我部决定攻占文山城敌专署据点。我部参战兵力为第四野战军第一一四师的1个团，第四支队第三十一团第一营配合，共1500多人，配轻重机枪37挺、迫击炮1门。我部采取夜围晓战的战术，在敌军丝毫未发觉的情况下，于1月7日拂晓完成对文山县城的包围，随即向敌下促降书，勒令敌罗廷标率众放下武装，否则即发动进攻。罗廷标开始以为是滇桂黔边纵队第四支队，企图负隅顽抗。罗抵抗半个多小时后，我部遂向城内专署所在地发射了

---

① 1949年12月，为支援卢汉起义，彻底解放云南，阻止国民党残敌逃往境外，中国人民解放军第二野战军第四兵团、第四野战军第三十八军一部在滇桂黔边纵队的配合下，发起滇南战役。从1949年12月27日开始，至1950年2月19日结束，历时55天，是中国人民解放军在解放战争时期在祖国大陆上进行的一次大规模的追歼战。1949年12月27日，左路部队由第四野战军一一四师和一五一师组成，在第三十八军副军长兼一一四师师长刘贤权的率领下，由广西进入云南，并于1950年1月8日在滇桂黔边纵队第一支队的配合下，解放文山县城。

483枚迫击炮弹,敌人这才发现解放大军已经来到城下,恐慌至极,立即接受投降,放下武器不再抵抗,我部随后入城。战斗至中午结束,计毙敌17名,俘敌专员罗廷标以下600多人,缴获重机枪3挺、轻机枪7挺及其他弹药、物资各1批。我部伤战士3人。我部对俘虏进行了集中教育后,交第十三军俘虏营训练教育处理,将罗廷标押送昆明交卢汉处理。

1月7日,中共滇东南地委、专署和第四支队司令部、政治部随第四野战军第一五一师于下午5时许列队进城。8日晚7时许,我部在开广中学操场召开军民联欢大会,庆祝文山城解放。滇东南地委书记饶华、第一五一师师长曹灿章在大会上讲话,宣布成立文山城军管会,军管会主任由饶华担任、副主任由廖华担任,当日开展工作。

(九十四)蒙自追歼战,夜袭飞机场

1950年1月14日,在云南省蒙自县城东约10公里,进攻。

蒙自为滇南重镇,敌军在蒙自修建了机场,停留飞机5架,担负敌军空中出逃任务。敌军在机场附近驻有第二十六军军部及1个团,共3000多人枪,负责蒙自机场和县城的防御。为堵住敌人出逃的空中航线,我滇桂黔边纵队第四支队第三十一团(欠一个营)配合第二野战军第三十八师的1个团共2000多人枪,奉命进攻蒙自。参战部队从文山出发，经一昼夜行军，于 15 日到达蒙自城东。15 日夜，我部歼灭敌第五七八团的 1 个营，并占领了敌据守的东北山阵地，同时以 2 个营的兵力绕过东北山向蒙自机场迂回。我部到达敌机场时，敌丝毫没有发现，我部乘夜对机场发起袭击。敌遭到突袭后，惊慌失措，丧失抵抗，大部分被我部俘虏。16 日凌晨 4 时，我部占领了机场，敌 1 架飞机于拂晓时逃跑，剩下 4 架正准备逃跑，未及起飞即被我部缴获，断掉了敌军从空中外逃的道路。此战共毙敌 60 多人，俘敌 2000 多人，缴获飞机 4 架、山炮 4 门、重机枪 8 挺、轻机枪 17 挺、物资 1 批。我部于当日解放了滇南重镇蒙自城。19 日，我部成立了临时军管会，由第四支队政委饶华任主任，第二野战军第三十七师政治部主任薛波任副主任。从此，蒙自在中国共产党的领导下进入经济恢复和建设工作。

（九十五）急行扑蛮耗，断敌逃越南

1950 年 1 月 14 日，在云南省蒙自县红河边之蛮耗镇，追歼敌第八军军部和反动武装作战。

解放军占领边境重镇河口后，敌人惊恐万状。敌第八军军部和所属的 2 个营及金平县反动武装共 2000 多人枪，在蛮耗渡口架浮桥渡河，计划逃跑进入越南自保。我滇桂黔边纵队第一支队第十六团第一营配合第四野战军第一五一师先头部队共 2000 多人枪，奉命追击残敌。经两天两夜急行军，猛扑蛮耗渡口。13 日夜，我部从敌人逃跑队伍的空隙中穿插超越，赶到敌人的前头，在未被敌人发现的情况下，挡住了敌人的去路。14 日凌晨，我部对敌发起攻击，从南渡头占领阵地，经 1 个小时的战斗，控制了蛮耗桥，截断了敌人逃往越南的渡口，全歼敌第八军军部和 2 个营及金屏瓦反动武装。此役共俘敌滇南八县剿共参谋长、金平县长以下 600 多人；缴获了其全部武器、弹药，计有重机枪 2 挺、轻机枪 17 挺、长短枪 500 多支、子弹 25 万发、完整军械仓库 1 座、银元 8 驮。我部随后即向冷水沟推进，继续追击。

（九十六）冷水沟追逃敌，歼灭后卫营

1950 年 1 月 15 日，在云南省蒙自县冷水沟地区，追歼敌第二十六军残部。

我部占领蒙自县城后，敌第二十六军残部向冷水沟方向逃跑。我边纵第一支队第十六团配合第四野战军第一五一师先头部队追击逃敌。我部配八二迫击炮 2 门、轻重机枪 30 多挺，余为步手枪。经过急行军，我部追上敌后卫营并将其大部歼灭。共毙敌 50 多人，伤敌 30 多人，俘敌 300 多人，缴获重机枪 1 挺、轻机枪 17 挺、长短枪 200 多支。我部继续向卡房追击。

（九十七）追击匪残部，蛮棒、蛮板歼敌

1950年1月20日，在云南省金平县蛮棒、蛮板地区，追歼敌保安团和地方反动武装。

在我解放军的凌厉攻势下，敌保安团及地方反动武装1000多人枪，妄图溃逃往越南，依附侵越法军。我边纵第一支队第十五、第十六团各一部共700多人枪，追击残敌到达蛮棒、蛮板地区，追上该敌。我部随即发起进攻，敌一击即溃，共歼敌500多人，余敌逃散，我部无伤亡。计缴获轻重机轮10多挺、步手枪400多支。随后，我部继续穷追敌人，敌无法退走越南境内。

（九十八）直插芭蕉河，歼八县副总指挥

1950年1月22日，在云南省金平县芭蕉河"老林"地区，追歼滇南地方反动武装残部。

经过我解放军第四野战军和边纵的"围剿"和追击，滇南大部分反动势力已被肃清。尚有滇南八县"剿匪副总指挥"贺光荣，盘踞金平县芭蕉河老巢，在我部政治攻势下，仍拒不投降，我部决定消灭之。边纵第一支队第十五、第十六团在第十支队的1个团的配合下担负进攻任务。参战部队在当地苗族群众的帮助下，克攻敌巢，贺光荣率残部逃入深山老林躲避。为彻底消灭这股势力，我部派出小

分队夜入老林深处，奇袭匪首及其残部，除贺光荣只身逃脱外，反动武装全部被歼。缴获六〇炮1门、重机枪1挺、轻机枪6挺、长短枪50多支、子弹5000多发、大烟15000多两、黄金17两、银元7500元、骡马20多匹。我部无损失。至此，我部在元江东岸胜利完成配合第四野战军阻歼逃敌任务。

（九十九）追至那法渡口，歼滇南八县总指挥

1950年1月23日，在云南省金平县那法渡口，追歼滇南地方反动武装残部。

当日，国民党滇南八县"剿匪副总指挥"兼金平县县长谭其第率其残部企图渡过红河，逃往越南避免被歼。我部第一支队命令第十六团迅速回师冷水沟，经蛮耗南渡红河，逆红河飞奔金平，追击逃敌；并令第十六团第一营攻占和封锁那法渡口。1月23日凌晨，第一营到达白石岩村，得知有敌300多人，已于22日晚逃至白石岩村，渡金水河逃窜越南境内。拂晓，我部第一营封锁了那法渡口，将正在渡河之敌国民党滇南八县"剿匪副总指挥"兼金平县县长谭其第等3人击毙，生俘上校参谋长以下70多人，缴获长短枪30多支、黄金2000多两、银元4驮、大烟17驮、骡马数10匹，我部无伤亡。

（一〇〇）两广支队回师，参加经济建设

1950年2月24日，云南宣告解放。在我解放军第四兵团和边纵的配合下，剿灭残敌的任务也基本完成，云南的形势已经稳定。1950年3月20日，在云南省昆明市，边纵第一、第四支队的两广籍指战员奉上级命令，除留下在云南工作的营、团以上干部100人外，包括地师级干部9人、县团级干部21人、区营级干部70多人，其余排以下干部和战士全部集中组成两广支队开回粤桂，参加两省的经济建设。回师部队由张鸿谋、陈熙古、李恒生3位同志率领，返回两广后即分散到地方参加各项建设工作。临行时，中共云南省委隆重召开欢送大会，热情欢送同志们返回粤桂参加经济建设。

编者注：《铁流边陲》是廖华晚年撰写的。他通过回忆亲历亲闻的战事，记录了广东南路人民抗日解放军第一团在抗日战争结束后，奉命西进突破国民党军"围剿"，在桂滇边区开辟革命根据地，支援越南人民抗法斗争，以及参加解放祖国西南地区的斗争历史。编著者考虑到手稿对研究广东南路人民革命斗争，桂滇边区革命斗争具有较高的史料价值，整理过程中，在忠于原著的基础上，通过查阅大量史料，对一些战斗的历史背景进行了补充完善，将部分有一定关联的资料作为注解进行了标注。此外，针对个别错漏文字，做了审慎的更正补充。

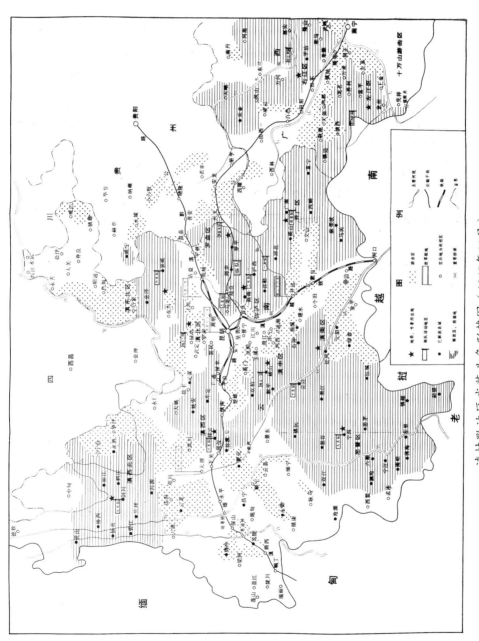

滇桂黔边区武装斗争形势图(1949年11月)

(摘自《中国人民解放军滇桂黔边纵队》,云南出版社1990年版)

边纵配合野战军歼灭滇黔蒋军要图

(1949年12月至1950年6月)

(摘自《中国人民解放军滇桂黔边纵队》,云南出版社1990年版)

二、夜袭遂溪飞机场

1945年8月日寇投降前后，国民党军队从大后方出来，进攻我人民武装控制的广东南路解放区，企图消灭我人民抗日武装，抢占胜利果实。为粉碎敌人的阴谋，我广东南路人民抗日解放军第一团，组织了夜袭遂溪飞机场的战斗。这次战斗，我部以牺牲1名战士的代价，全歼敌100多人，俘飞行、机务人员8人，缴获20毫米机关炮2门、重机枪3挺、飞机用机枪8挺、步枪130多支、子弹3万多发及其他军用物资1批。

在敌人重重包围、"扫荡"之下进行的这一奇袭，打乱了敌第四十六军的部署，粉碎了敌人妄图消灭我南路人民抗日武装的阴谋；使敌跟踪追击我部的1个师，不得不由廉江回师遂溪，从而保证了广东南路人民抗日解放军主力第一团顺利突围西进，到达粤桂边十万大山。

（一）

日寇投降时，我广东南路人民抗日解放军共5个团的兵力，集结于广州湾（今湛江市）周围地区，其第一团在遂溪县中、西区，准备接受日投降。这时，在抗战中逃跑到广西、贵州大后方的国民党第四十六军和第六十四军等部，已开进我广东南路解放区的边缘，向我解放区发动进攻。我解放区军民实行化整为零、分散隐蔽、保存力量、待机破敌的方针。敌人在遂溪县的村村寨寨几乎都驻了兵，大村多至1个营，小村少至1个班，把我抗日武装挤到野外的山林树丛里，或到甘蔗地里挖洞藏身，形势十分严峻，人民抗日武装有被各个歼灭的危险。

10月上旬，根据南路特委指示，我第一团奉命突围西进十万大山。因情况紧急，部队分散隐蔽各地，团部决定分两批突围。团长黄景文率团部和第一营为第一批首先突围，在遂溪县中区隐蔽的，以排、连为单位，边集结边行军，第一夜即突破敌包围圈，到达廉江县（今廉江市）新塘区。敌以1个师及保安第五团追击突围部队。10月11日，在廉江县（今廉江市）塘蓬山区，我部与敌追击部队激战一整天，敌伤亡50多人，我部伤亡3人，乘天黑各自撤离。10月13日，我部又在殷塘村一带与敌鏖战终日。10月15日，我部到达预定目的地——粤桂边境的马子嶂山区，隐蔽等待第二批部队时，敌追击部队被我部甩在廉江地区。

10月13日，团政委唐才猷同志集结了第一营第二连和第二、第三营隐蔽于遂溪县中区和西区一带，准备突围。此时，地方党组织送来的情报及第二连侦察证实：国民党军队正在接收遂溪机场和凤朗村的武器仓库，该仓库存放着一批武器弹药；机场附近驻有敌军1个师；仓库只有1个连的兵力守备，且有我群众在机场内当炊事员。我部袭击敌人的有利条件很多，如果袭击成功，既可夺取武器弹药装备自己，又能调动敌人，打乱敌人的"围剿"追击部署，我部便能转危为安。据此，我部下定决心，组织袭击遂溪机场战斗。

（二）

10月14日，唐才猷派5名侦察员化装成民夫混入机场进行侦察，和其他民夫一起搬运武器至凤朗村仓库。侦察员乘机查明了仓库位置、武器弹药及油料存放情况、敌军住房位置。同时，还派原凤朗村女青年党员返回该村，查明了敌夜间哨兵的位置及周围敌情。

10月15日，于拂晓前周密组织战斗，以团驳壳枪队为基础，和从连队选抽善于打袭击的干部、战士，组成25人的突击队；第三营第八连和由地方党组织的可靠群众共100多人的搬运队，准备接运武器弹药。

编组完毕，于15日上午，突击队化装成农民，从山内村一带出发，下午到达机场西南2公里的凤凰村附近潜伏，并与侦察员取得联系。侦察员报告情况：机场及其周围有敌军1个团分驻5个村庄，凤朗村为敌军1个连，警卫仓库及飞行员、机务人员；另有已缴械投降的日军400人驻大稔山，距风朗村及飞机跑道700～800米；还有未缴械投降的日军600多人驻上沙泥坡，距大稔山约1公里；风朗村周围夜间有哨兵5人。

10月15日20时30分，团政委唐才猷率第八连到达，了解情况后，即具体组织战斗。突击队分为4个分队：第一分队，以团驳壳枪队为主，12人组成，洪田任队长，负责突击敌警备驻地；第二分队，4人组成，赖二为队长，负责突击飞行、机务人员驻地；第三分队，5人组成，负责突击敌仓库；第四分队，4人组成，负责消灭西门哨兵，迎接搬运队进入仓库，并指挥搬运武器弹药。由左成同志率领第二连，位于遂城到风朗村公路距营门500米处，负责阻击遂城方向来援之敌。搬运队于风朗西门外待机，等到消灭哨兵、打开大门，按信号进入仓库，搬运武器弹药。现场指挥由第二连指导员沈杰负责。由唐才猷、陈炳崧同志组成的团指挥部位于风朗村西门外河边处。规定战斗打响后1小时内撤离战场。

（三）

10月15日23时，突击队出发。24时通过小河，登上彼岸，到达敌机场外围铁丝网跟前，剪网进入机场内，然后由大稔山、风朗村之间插到遂城至风朗村的公路上。这样，从遂城方向来突击敌东门，出敌意外，同时有利于迅速突击敌警备连的住处。

16日0时30分,除掉了路口的哨兵,突击队继续沿公路摸进。凌晨1时左右到东门20米处,1名敌兵持枪向前走来,我部第一战斗分队潜伏于路侧,准备当敌兵走近即捕捉之,但敌兵进至距我部5米处即折回,我部只好跟踪并将其击毙。随即以迅雷不及掩耳之势发起冲击,突进营门,各战斗分队按分工突击各个目标。第一分队直逼警备连住处,把房门、窗户都封锁住了并向屋内投手榴弹,激战10多分钟,敌3次企图冲出营房,均被消灭于门口。同时,第二分队突击了机务人员宿舍,俘敌8名。第三、第四分队打开武器库、油料库和西门,迎接搬运队进入搬运武器。这时,警备连残敌仍坚守住房,1名突击员从油料库搬1桶汽油,倒在破布、棉絮上,点燃了敌住房,房内的手榴弹、子弹连续爆炸,敌全部被消灭。16日凌晨2时战斗结束。16日2时10分,团政委唐才猷下达了撤离的命令。暂时用不上的笨重武器,沉于凤朗村西河潭深水处。部队分两路撤回,先后向南走约5公里,然后再向红家山、塘村、洋口仔村前进,当天快亮时即迅速隐蔽于山林中。同时,派出侦察员,化装成商人至遂城方向了解敌情。黄昏,我兵又分两路:驳壳枪队,向遂溪南地区活动,佯作主力返回,引诱廉江追击我突围之敌第四十六军的1个师转回遂溪,以便于我突围部队顺利到达马子嶂地区会合;

团政委率主力向遂溪西区洋青方向，联系第二、第三营的其余部队，组织第二批突围，经廉江向广西马子嶂山区进发，与第一批突围部队会合。果然不出所料，我部之行动调动了敌人，敌第四十六军的1个师从廉江赶忙调回遂溪。我第二批突围部队顺利地到达马子嶂山区。

我部能以小的代价换取这次大的胜利，主要原因有：一是抓住敌人的弱点，利用了矛盾。战后查明，当时敌认为是尚未缴械的日军抢占机场，未敢贸然行动；日军则认为是国民党军队向其发动进攻，而固守村内阵地，未敢出动。二是我部长期在这一带活动，情况熟悉，战前我部侦察员和地下党对敌情况又进行了详细的侦察，做到情况明、决心大，又有广大群众的支持和掩护。三是发扬了我部的优势，发挥了夜战、近战的优势，动作勇猛，攻其不备，战而胜之。四是突击点选得准确。敌人的西门防守较严，故选择从东门突入，出敌意外，因此一举歼敌。

（本文根据1981年6月洪田、沈杰、陈炳崧、唐才猷共同回忆，廖华整理。刊登于中共湛江市委党史研究室编《铁旅征程》）

（注：据当时《大光报》报道应为公历10月10日）

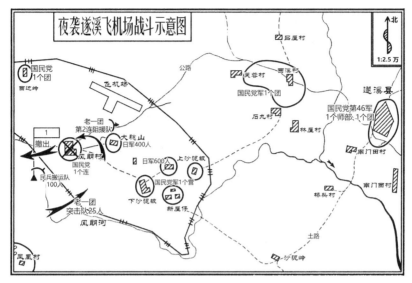

夜袭遂溪飞机场战斗示意图

（摘自中共湛江市委党史研究室编《铁旅征程》）

三、靖镇区武装解放斗争①（摘录）

1947年7月，中共粤桂边工委接收了左江、右江党的组织关系，中共粤桂边工委领导周楠、郑敦等在越南坑隐向我交代任务，要我带领陈庆芳、陈光荣、吕剑等几位到靖镇区，参加这个地方的党组织。在党的领导下，发动群众，进行武装斗争，创建新的根据地。接受任务后，我便来到靖镇区，参加了左江工委组织部部长邓心洋召开的靖镇特支会议。会议传达了中共香港分局提出的"放手小搞，

---

① 根据广东省党史研究室审读意见，鉴于此文与《铁流边陲》有较多重复之处，故对本文中的重复部分进行了省略删减。

准备大搞"的军事斗争方针。会议根据左江工委的决定，把原来的特支改建为靖镇工委，邓心洋任书记，我任军事委员，陈玉任宣传委员，梁桂庭任民运委员。会议还讨论了靖镇区如何开展武装斗争问题。当时，靖镇区边境各村武装基干队有五六十人枪，会后我带一部分武装进入弄猛、南坡、台峒（今北斗一带村庄）发动群众，准备起义。经过2个多月的准备工作，靖镇区武装斗争公开了。这个区的武装斗争经历了以下四个时期。

（一）武装起义和创建靖镇解放区时期

1947年9月初至1948年1月，是武装开辟、发展靖镇区的全盛时期。这个时期主要进行了以下战斗。

（1）平孟起义。1947年9月7日，由平孟一带村庄的农会武装，在天七坳伏击国民党平孟乡乡长唐彦。这一仗虽然是场小仗，但意义重大，它点燃了靖镇区武装斗争的火炬。

平孟起义后，我们组建了一支配1挺轻机枪、四五十人枪的武装基干队，并公开打出"左江靖镇区人民解放部队"的番号，武装宣传反"三征"，号召广大农民团结起来，推翻国民党反动统治，打倒贪官污吏，打倒恶霸地主、封建势力。

（2）孟达伏击战与夜袭平孟。平孟起义后，国民党镇边县县长兼民团总队队长方贵益和县自卫中队队长黄师禹，于9月中旬带着平孟汛警及民团共200多人，向平孟开来，企图恢复平孟街的统治。我们基干队和民兵100多人，在敌人进入伏击圈时猛烈开火，毙敌3人，伤敌数人，缴获敌3支步枪。敌人的第一次进攻被粉碎。

（3）果梨战斗。1947年9月底，国民党第六专区专员兼保安司令谢宗铿命令保安团及靖西、镇边两县县警及民团第二次进攻平孟。靖西保安团进驻惠仙、南坡。镇边方面，黄师禹带县自卫中队和民团，分三股向平孟进犯。

果梨之战，粉碎了敌人第二次进攻，把国民党军队的威风打了下去，为游击队主力部队进入靖镇区打开了大门。

（4）百合战斗。果梨战斗后10多天，南路主力"老一团"于1947年11月中旬回国，进入靖镇地区参战。

这场战斗，我没有参加。那时，我主要是带领靖镇部队在南坡，一方面警戒南坡方向之敌，以保障百合歼敌；另一方面侦察敌情，准备弄蓬战斗。

（5）袭击弄蓬。12月1日拂晓，游击队袭击弄蓬（蓬鸡）之敌。歼敌40多人，活捉副司令张绰然以下60多人；游击队缴获轻机枪2挺，步枪100多支。

与此同时，南坡的民兵乘胜打进南坡乡，赶走敌乡长，解放了南坡街。

靖镇区在军事上取得果梨、百合、弄蓬三战三捷后，解放了平孟、台峒、百南、清华、南坡、惠仙、葛麻等乡，使游击区连成一片。游击部队进入弄蓬后,又向惠仙、荣劳挺进,开展群众工作。当时主力部队和地方部队大发展,靖镇部队改称独立营,我任营长,项伯衡任政委,下辖3个连。陈庆芳是一连连长(其他记不清楚了)。这个独立营的番号是"左江地区人民解放军靖镇独立营"。

这个时期游击部队军威大振。惠仙、荣劳外围等几个乡,有几股土匪烟帮来和我们联系,愿意接受改编。约在12月底,有一个叫"龙马部队"的土匪武装共70多人带枪来到弄汤向我们缴械改编。在弄汤附近一个村庄缴械后,经审查有一部分较好的农民,我们吸收其进了部队,部分兵痞、流氓被遣散回家。他们的连长、排长等大小头目送平孟学习改造后才安排。但后来由于肃反政策扩大化的错误,部分被杀或处理回家了。

原来在南坡也有几股武装二三百人来联系改编。后来,我们杀了"龙马部队"大、小头目后,他们便依附于国民党,坚决反对我们。

12月底,部队进行整编,组成2个支队,第一支队以原广东南路主力为主编成,第二支队由第一支队抽调骨干,以靖镇独立营为主编成。第二支队支队长廖华、政委陈熙古(个把月就离开了),下辖2个大队,共500多人,以后又扩编为3个大队。

（二）粉碎国民党军队局部进犯时期

1948年元月至3月，是国民党开始纠集兵力局部向靖镇区进犯、游击队粉碎敌进攻的时期。这个时期主要战斗有：

（1）清华战斗。1948年1月初，国民党保安团企图进犯北斗。战斗从半夜打到第二天下午2时，毙敌30多人，伤敌不清，缴获轻机枪1挺、步枪10多支，游击队牺牲干部、战士5人，伤7人。这是我回国参战以来我部损失最大的一仗。

（2）德窝（今"德隆"）前线战斗。1948年1月，游击队准备进攻镇边县城，目的是使靖镇区成为一个有县城的根据地。从这时起，我部在战场上开始处于被动地位。

（3）弄获战斗。1948年2月初，敌保安团300多人，向边纵二支队住在弄获的第一大队第一连进攻。战斗终日，游击队中队长李昌福同志为掩护部队撤退而牺牲在阵地上，另一名战士也牺牲了。这次还击战，毙敌9人。后来敌侵占弄获村，烧毁民房60多间。

（4）南坡忠厚伏击战。1948年2月22日，获悉敌保安团400多人将侵占南坡，司令员庄田、政委周楠召开作战会议，第一、第二支队领导参加。会议决定第一、第二支队协同作战，伏击歼灭侵占南坡之敌。

（5）荣劳进攻战。打完南坡战斗后，2月中旬的一天，纵队决定进攻荣劳街之敌。街上驻敌一个保安连100多人。游击队以第一支队的1个主力连配合第二支队去进攻。

（6）弄银（英华）战斗。1948年2月中旬，我部决定以第一支队一营及二营的2个连袭击驻英华之敌，三连为主攻连。

回顾第一、第二个时期，军事、政治、经济、群众工作等都取得很大成绩，但也暴露了缺点、错误：一是执行过"左"的土改政策，侵犯了中农利益，孤立了自己；二是肃反扩大化，对土匪绿林武装实行关门主义；三是军事上总想集中力量打大仗，有片面军事观点，未能适时分散兵力深入敌后发动群众。这些错误造成后来反"扫荡"的许多困难，北斗扩大会议才开始改正。

（三）边委北斗扩大会议，游击部队小股坚持，大股插出时期

1948年3—9月，是敌全面"清剿"靖镇区，游击队主力转移时期。

2月初，国民党纠集正规军第一七四旅的2个团，广西保安第三、第六、第九3个团，加上地方警察、民团总共1万多兵力，由广西保安副司令莫树杰指挥，重点"清剿"靖镇区。当时，游击队在靖镇区的部队及基干民兵1500多

人,与敌集结兵力相比,明显处于劣势。同时,游击队在这个时期的军事行动比较被动。

面对这些形势,3月初,桂滇边工委在镇边北斗村召开第一次扩大会议,总结主力回国参战4个月来的经验,传达了中共香港分局的指示,分析靖镇区斗争形势,确定了"小股坚持,大股插出"的军事方针。

桂滇边工委北斗会议(1948年3月)旧址
(摘自《铁旅征程》)

边工委决定了这个方针后,便于当年3月初,调整了靖镇区工委,梁家任书记,邓心洋任副书记,谢森任组织部部长,我任军事部部长,陈玉任民运部部长,吕剑任宣传部部长。

调整靖镇区工委后,第二支队领导也做了些调整。支队部长是我不变,政委由梁家兼任,陈炳崧同志任副支队长兼第二大队长,调谢森同志任政治处主任。这样加强了第二支队的领导力量,以便于领导靖镇区人民武装斗争,粉碎敌人"扫荡"。

北斗会议结束后,边委机关及主力第一支队转移,撤出靖镇区,留梁家和我率领第二支队坚持靖镇区的斗争。这时靖镇区工委又开了一次会议,研究如何坚持斗争问题,做了三项决定:一是要坚持平孟、台峒、百南、南坡等基本区。在这些基本区,发动群众,坚壁清野,准备粉碎敌人"扫荡"。二是派出武工队插入敌后,进行骚扰,牵制敌人,联系群众,坚持斗争,同敌人接触,了解情况。三是在边缘区,动员坚定分子积极参加群众活动,和群众在一起坚持合理斗争。如敌人逼迫群众自新,可与群众一起集体进行,但要坚持原则,不暴露我们的组织和同志。

8月,第二支队根据边委命令,执行"小股坚持,大股插出"的方针,梁家率梁汝钦、李恒生大队转移到河江,协同第一支队开辟新区。9月,谢森又率领陈贵、李树华大队去河江,向云南转移开辟新区。这时,留下我带领地方基干队2个连组成的教导队100多人枪、2挺机枪,与靖镇区人民一起坚持斗争。

9月下旬,敌人占领二腊、果梨一带,并逐步侵占百南、北斗等地。那时,各路武工队已分散到敌后各村扰袭敌人，我率100多人、2挺机枪，在北斗一带村庄坚持掩护念井。当时敌众我寡，因此，我们的方针是以袭扰敌人为主，寻机歼灭小股之敌。这个时期的战斗是：

（1）夜袭北斗之敌。

（2）东江遭遇战。

（3）夜袭敌南坡粮站及伏击敌运粮队。

（4）吞达阻击战。

（5）袭扰百南之敌。

（四）总结经验，突出新区

1948年12月下旬，黄嘉从边委开会回来，在念井召开靖镇工委会议。这个会议开了5天，传达了当时桂滇边区工委关于靖镇区工作的决定，总结靖镇区坚持斗争、粉碎敌人"扫荡"的经验，分析形势，研究政策，布置工作。根据当时的形势，确定三个基本方案：一是恢复重建已被敌人破坏了的基本区的党政和群众组织。二是研究对个别人向敌自新的处理问题。即在边境地区，为了掩护自己的工作，跟随群众一起向敌自新的人，没有做过坏事的，回来讲清楚就行了，不追究处理。但党内外有别，党员必须按情节轻重，给予严格批评教育。如真正做了坏事，确实有带敌人杀害我们的革命同志、革命群众的，就进行严肃处理，如开除党籍等。三是派出得力的武工队向新区发展。

工委会议决定后，就重新组成四支武工队，分别插入敌后，开辟新游击区。一是以赵先治为队长，带领六七人枪经南坡、三合、龙临打出靖西去。这个队在三合时间较长，立住了脚，但未能打出去。二是以陈锦为指导员，隆建南为队长（后陈锦未出去）带七八人枪，从德窝向三蓬、敬德、魁圩方向发展，后又加派梁桂庭带领几个同志绕道七村九弄，再向魁圩、敬德县发展。三是以农汉华为队长，率领钟耀飘等七八人，从百南绕道过越南向十蓬、六蓬发展。四是以李兴、郑季传、张放等为领导，率领3个武工队向德窝、那桑及红军时期的根据地云南富宁县的七村九弄发展，迅速与富宁方面取得联系。

1949年2月初，我带领四五人枪去富宁与李兴等联系。这时，富宁县国民党常备中队长梁学政，经原红七军干部何尚刚的介绍，由李兴、郑季传、吴良康等做他的工作，他已把县中队拉出来了。我向李兴同志传达靖镇区工委的决定，研究该地工作，然后共同整训这支部队。

4月底，我调离靖镇区到滇东南工作，以后靖镇区的斗争，便在新成立的右江上游工委领导下进行。

1948年敌人"扫荡"靖镇区，实行"三光"政策。那时烧、杀、抢的很多，我们在念井开会总结时根据各村的汇报，敌人烧去的房子有1800多户。反"扫荡"开始以后，我们部队牺牲10多人，群众被杀10多人，总共30多人。我们反"扫荡"胜利后，迅速恢复地方工作。虽然有些群众害怕受压，但大多数群众革命还是很坚定的。

（摘自广西军区军事志办公室编《解放战争左江风云》，人民出版社2009年版）

四、滇东南指挥部和边纵第四支队斗争史纲

在中国共产党的领导下，滇东南指挥部，滇桂黔边纵队第四支队，在滇东南（开广地区）各族人民群众的支持配合下，于1948—1949年开展了轰轰烈烈的人民解放战争，解放了除文山城以外的7座县城及95%以上的集镇和农村。最后于1950年初，配合二野十三军三十七师、三十八师和四野一一四师、一五一师消灭了盘踞在开远、蒙自和逃窜到金平、屏边的敌第二十六军、新八军及地方反动保安团的残部，解放了滇南重滇——蒙自及金平、屏边、文山等城市，对云南的解放做出了一定贡献。

（一）滇东南工委及指挥部的成立，发动群众，开展斗争（1948年10月—1949年1月）

（1）1948年，全国人民解放战争转入全面反攻时期，国民党军队从全面进攻转入重点防御，南方各省的游击战

争蓬勃兴起。云南人民在中共云南省工委的领导和组织下，于1948年初，在弥勒的西山、路南的圭山一带举行了武装起义，揭开了云南人民武装斗争的序幕，解放了师宗和广南县城，在里达宣布成立了云南人民讨蒋自救军第一纵队。根据上级指示，为配合全国的反攻，朱家璧同志率领的部队到越南的河江（河阳）与桂滇边部队主力会师。会师后，在河阳召开了桂滇边工委扩大会议，总结了前段斗争经验，分析了形势，明确了任务，部队进行了整编训练。合编整训后，庄田、郑敦两位同志负责组织前委。于1948年10月率领主力挺进罗盘地区开展斗争。由饶华、岳世华、唐超等同志组成滇东南工委和滇东南指挥部（唐超任指挥员，林杰任参谋长），统一组织领导和指挥滇东南的斗争，以策应前委挺进罗盘地区，在此之前，从部队抽调郑均、谢森、唐森、牛琨、郭芳、钟卓、沈德、廖文达、李克武等同志组成武工队，在工委领导下进入麻栗坡、马关、富宁等县发动群众，开展斗争，以钳制敌人，策应前委渡过南盘江。

（2）在滇东南工委及滇东南指挥部的统一领导下，武工队进入滇东南上述地区后，宣传人民解放战争的伟大胜利和大好形势；发动群众控诉和揭露国民党反动派及其社会基础地霸、官僚残酷压迫剥削贫苦农民的罪行；组织农会、青年、妇女等群众组织；成立民兵基干队、护乡队等武装组织。以攻打伪区乡政府的缴获、向民间借枪、动员地方交枪和强迫地霸缴枪等方式获得武器武装自己。在经济上向地主提出减租减息，实行"二五"减租。

（3）为了打开滇东南工作的局面和实现前委率主力挺进滇桂黔中心地区开辟工作的计划，1948年冬，讨蒋自救军的独立大队在广南的拉沟塘组织了伏击战，在当地的游击队及群众的配合支持下，这次战斗全歼敌保安团的1个营（安营），接着又歼灭了麻栗坡国民党少将督办谢崇琦及其带领的1个保安连和1个巡缉中队，12月，前委又直接组织指挥了西畴县芹菜塘的伏击战，歼灭了敌二十六军的1个加强营（黄营）。这3次战斗具有关键性的作用，基本上打开了滇东南的局面，为主力挺进罗盘地区奠定了基础。还有第一次解放马关、麻栗坡、西畴和砚山等地的战斗，均取得了重大的胜利，实现了工委和指挥部的意图。

（4）根据桂西靖（西）镇（边）区的斗争经验，在发动依靠基本群众开展斗争为主的同时，十分注意进行统一战线工作。在开展斗争中，尽力争取和团结一切可以团结的力量，化阻力为助力。在开展斗争之初，在官坝、大坝举办了培训班，教育培养知识分子和统战干部，掌握政策，发动群众，使统战工作取得了很大的成功，争取了马关的刘弼卿、欧阳河图，砚山的杨福忠、李德昌等许多国民党的军政人员起义，或交（借）出武器，这是政策的力量、人民的力量。

(二)快速发展,建立政权,扩大武装
(1949年1月—1949年6月)

(1) 1949年1月1日,中国人民解放军总部发布命令成立中国人民解放军桂滇黔边纵队。滇东南地区的武装力量除随边纵队活动的以外,编为护乡四团(团长李鸿基、政委郭芳)、护乡三团(团长彭大同、政委陈熙古)、护乡一团(团长兼政委唐森)和若干护乡大队。在广南、田蓬、富宁地区还有唐森、陆毅、杨宇屏等同志领导的护乡五团、护乡七团等部队。3月,又把护乡四团改编为中国人民解放军桂滇黔边纵队第八团(团长李鸿基、副团长杨增亮、政治处主任张典择),护乡一团改编为边纵第九团(团长兼政委唐森、副团长李池),护乡三团改编为边纵第十团〔团长彭大同、政委陈熙古、副团长梁汝钦、政治处主任安朗(后杨坚)〕。4月又将活动于邱北的武装力量整编为护乡十一团,团长陈庆芳(后为肖屏)、政委刘振江、政治处主任向克勤。当时滇东南工委和指挥部指挥的武装力量有2000多人。

(2) 为适应斗争发展对干部的需要,除由边工委在官坝开办的政治训练班输送来的干部外,滇东南工委还于3—5月在麻栗坡太平庄开办了边区公学,培训干部。公学校长饶华,教育长孙康,各区队的领导人有苏少琳、丁黎、

李学英等同志，为快速发展的革命形势准备了大批干部和骨干力量。

（3）革命的基本问题是政权问题。局面打开以后，滇东南工委和指挥部立即着手进行建党建政工作。至1949年5月，8个县都建立了党的县委（或工委）和县政府（或筹办处）。麻栗坡县由郑均任书记，李文亮任县长；广南县由陆琼辉任书记兼县长；砚山县由张鸿谋任书记兼县长，李芬任副县长；马关县由唐森任书记，宋启华任县长，张仲梁任副县长；文山县由安朗任县长。富宁县5月1日解放，成立筹备处，由李兴任主任，麦先培任副主任；邱北县由马应明任书记兼县长，刘振江任副书记；西畴县由郭芳任书记，董英任县长。与此同时，还在部队和地方群众组织中，积极慎重地开展发展党员团员的工作。

（4）部队的发展扩大，同积极主动寻找战机、歼灭敌人是分不开的。在此期间，1949年1月下旬，第二次攻占麻栗坡，督办汪佩清逃往文山，我即成立麻栗坡特区民主政府筹办处，主任郭芳、副主任梁惠出了安民布告。3月，李文亮任县长，进行了解放富宁的战斗、那谢战斗、皈朝战斗。2月4日，我部第二次解放马关县城，拔除瓦渣据点，打垮县常备队，击毙县长王恩隆，俘常备队队长冯自坤、防卫队队长刘汉卿以下共100多人，缴获轻机枪1挺、长短枪100多支。我即成立马关县人民政府，宋启华任县长、张仲梁任副县长。

1月下旬，敌第二十六军第五七八团的2个营与我部于锡板、蚌谷遭遇，激战终日，毙伤敌80多人，残敌逃回文山。西畴县县长伙心崇察觉形势不利，正在策划如何对付，就被我部俘获。2月中旬，我部路经西畴，消灭了西畴反动头子宋伯蛟（曾任文山警备司令、防共委员会主任），将其反动武装200多人缴械，西畴县城第二次解放，接着成立了人民政府，董英任县长。2月下旬，我部第三次解放广南县城，县长李匡时弃城逃跑，我即在县城组织解放委员会，杨宇屏被推选为广南县民主政府县长。3月，我部围攻反动恶霸王佩伦的巢穴旧莫，未克。惯匪钟日山增援，我部撤出战斗，敌追赶到长箐马街，我部果断回师将敌包围，战斗1天，毙伤敌80多人，俘30多人，缴获轻机枪2挺、步手枪30多支。此外，还进行砚山战斗和攻打地霸武装据点弥勒湾、童干、大坪、平寨、飞土等战斗。经过这一系列战斗，歼灭部分正规军和保安团及许多地方反动武装，巩固和发展了解放区，保卫了新成立的人民政权。

1948年冬，广西靖镇区工委廖华率领1支武工队从六蓬、十蓬到富宁的七村九弄指导当地的斗争。……为了党能牢牢掌握这支部队，我把我带的武工队12人，编入梁学政中队，并发动七村九弄民兵骨干（何静山在此地组织的贫苦农民武装）出来参加部队，有50多人参加，这样就改变了常备中队的成分。后整编为1个大队，辖2个中队，梁学政任大队长。5月1日，我们就解放了富宁县城。翌日上午，谢森同志带领护乡五团的黄英大队到来，第三天，陈国万大队也从广南过来。这时我部在富宁就有3个大队，共500多人枪，由廖华和谢森指挥。我们抓住战机，当天就夜袭那谢，打死警察局局长陈章达以下10多人，俘虏20多人，缴获敌机枪2挺、步枪10多支，残敌乘黑夜逃跑了。在围攻战斗中全歼敌400多人，缴获重机枪1挺、轻机枪3挺、长短枪200多支。经过这次战斗，富宁的形势基本稳定下来，局面也打开了。[①]

（三）第四支队成立，开展反"扫荡"斗争，巩固解放区，保卫人民政权
（1949年7月—1949年11月）

（1）1949年7月，滇桂黔边区党委成立后，区党委决定进一步加强部队建设和党组织、政权建设，再次整编部队，滇东南工委改建为滇东南地委，饶华为书记，成员有廖华、庞自、李文亮、张鸿谋、唐森、宋启华、陆琼辉等。同时，滇东南行政专员公署成立，宋启华任专员。滇东南指挥部改为滇桂黔边纵队第四支队，廖华任第四支队司令

[①] 鉴于上述与《那谢皈朝战斗回忆》一文有较多重复的地方，故对重复部分进行了省略删减。

员，饶华任政委，张鸿谋任参谋长，李文亮任政治部主任。①

（2）部队正在整编之中，敌第二十六军集中1个正规师的兵力，纠集保安团及地方上的地霸武装七八千人，向我滇东南地区进行疯狂"扫荡"，对基层干部、积极分子和基本群众进行残酷屠杀，基层干部牺牲了近30人，敌先后曾攻占邱北、马关、麻栗坡、西畴、砚山、广南等县城。

针对上述敌情，滇东南地委及第四支队，根据边区党委和边纵队的指示，以第三十一团随支队部在砚山、西畴、广南、邱北一带机动作战，伺机歼敌；第三十二团活动于马关、屏边、蒙自结合部地区，从侧后袭扰打击从文山向我西畴、麻栗坡方向"扫荡"的敌人；第三十三团在文山、屏边、河口、蒙自结合部一带，钳制盘踞在蒙自的敌人，使其不敢贸然增援文山之敌；第三十七团在邱北、泸西、开远一带袭扰和钳制盘踞在开远之敌；第三十五团继续在广南、富宁一带活动，对付以梁中介、钟日山、卢桂才等为首的"东南亚民主党教导总队"的特务武装和地霸武装。

（3）各团队在滇东南地委和第四支队的指挥下，同各基干队、民兵相配合，开展为巩固滇东南根据地、保卫人民政权、保卫人民生命财产的反"扫荡"斗争。经过七月

---

① 详见《边纵第四支队建军的基本情况》中中国人民解放军滇桂黔边纵队第四支队编制序列表。

中旬至十一月初四近五个月的艰苦斗争，进行了麻栗坡的南油战斗，西畴弯刀寨遭遇战，天生桥阻击战，二打弥勒湾地霸据点，三打砚山以及长岭街二道箐围点打援，小分队袭击平远街敌军师部等多次战斗，终于粉碎了敌人的"扫荡"，迫敌后撤，胜利地完成了反"扫荡"的任务。

（四）开展迎军工作、配合野战军解放全省（1949年11月—1950年2月）

（1）1949年11月，滇东南地委、行署及第四支队，遵照边区党委和纵队的指示，一面进行反"扫荡"，一面迅速开展迎接野战军入滇的各项准备工作，配合野战军解放整个滇东南地区和云南全省。当时组织了以地委副书记庞自、第四支队政治部主任李文亮为正副团长的迎军工作团，从行署、支队和各县、团抽调一批干部，深入各县、区、乡、寨，宣传解放战争的伟大胜利和全国革命形势，野战军入滇，解放云南、统一全国的伟大意义，发动群众筹集粮草，迎接野战军，并在查清地主、富农粮食后开展了征粮工作。又通过各种群众组织发动农民准备柴草，发动妇女赶做军鞋。由于进行了广泛深入的宣传发动，广大人民群众积极行动起来，为野战军筹备和运集粮草，1个多月的时间，各县城和重要交通线的集镇，都集存了10万斤以上的粮食和数十万斤柴草，保证了野战军1个军部、5个师的部队过境时的供给。野战军路过的剥隘、富宁、八宝、广南、珠琳、珠街、阿猛、砚山等沿线城镇，不仅有充足的粮食、柴草，还有比较丰富的猪肉、鸡蛋、黄豆、布鞋、草鞋等物资供应部队。许多地方还组织了各种专门小组，慰劳伤病员，为部队借用东西，为战士洗衣服，为部队演出节目，同部队联欢，等等。野战军的同志说："到了滇东南地区，如同回到了老解放区一样。"

（2）1949年12月底到1950年1月，四野第一一四师、一五一师和二野第三十七师、第三十八师等部队相继向云南进军，第四支队第三十五团随纵队主力前往滇桂结合部的剥隘、富宁一带，迎接野战军入滇，同时担负从剥隘至广南沿途的警戒"剿匪"任务，以便使野战军顺利通过。第三十一团随支队部配合先期入滇的四野第一一四师、第一五一师和第一支队第十六团，解放文山城。第三十二团推进到文山蒙自结合部的戛洒、龙鸣鹫一带，监视和拖住盘踞于蒙自的敌人，野战军后续的第三十七师、第三十八师到达时，第三十一团、第三十二团各一部配合攻打蒙自飞机场，解放滇东南重镇蒙自和个旧。第三十三团配合第一一四师、第一五一师及第一支队的第十五团、十六团沿文山、马关、屏边的结合部直插河口，堵住敌人向越南逃跑的通道，歼灭了企图从河口逃往越南之敌，解放了屏边县城。第三十七团则向开远方向推进，监视和拖住盘踞开远的敌军，进而配合兄弟部队解放开远。

（3）文山、蒙自解放后，第四支队先后承担了接管文山、蒙自的工作，支队的领导饶华、廖华分别担任了军管会的主任和副主任。第四支队还同第三十七师、第三十八师、一一四师和一五一师进驻蒙自的部队联合举行了隆重的会师，政委饶华在会上讲话，介绍了滇东南地区的斗争情况，掀起了互相学习的热潮。

（五）第四支队整编，文山边防区成立（1950年3月—1950年4月）

（1）云南全省解放以后，第四支队所部奉命于1950年2月底3月初从蒙自返回文山，接替陆军第十三军三十九师防务（三十九师调防思茅地区），清剿残匪。

（2）1950年4月，遵照上级指示，以第四支队为基础整编为文山边防部队。杨江任边区的司令员兼政委，廖华任副司令员，张鸿谋任参谋长，谢森任政治部主任，并健全了司、政、后机关，部队合并整编为2个团和8个县警卫连（独一团由张崇文任团长，梁涛明任政委，李彰慈任参谋长，马丁任政治处主任；独二团由周剑华任团长，肖屏任政委，向克勤任政治处主任）。当时在边防区机关担任科团职务的有邓为、徐志学、刘开寿、张典桥、李学英、梁展、温华、吴辉、陈婉文等同志。整编结束后，大家即投入清剿残匪、保卫民主改革和巩固人民政权、守卫祖国边防的斗争。

五、边纵第四支队建军的基本情况

滇桂黔边纵队第四支队是边纵 11 个支队中的组成部分，是在中国共产党领导下，以全心全意为人民服务为宗旨的武装集团。它为配合全国的解放战争，为云南地区人民的解放，为开辟建立滇东南游击根据地，发展革命武装，打击地方反动势力，粉碎国民党军队在行将灭亡前的残酷"扫荡"，为迎接野战部队入滇，配合解放全云南，做了应有的贡献。

这支部队的产生和发展，是遵照毛泽东的建军路线，以古田会议的精神做指导，以中国人民解放军主力部队为榜样，以强有力的政治工作做保证建设起来的。因此，这是一支受到群众拥护、爱戴，作战勇敢，富于牺牲精神的人民军队。

（一）党的领导

党的领导，决定了部队的性质，决定了人民军队与其他军队的根本区别。

边纵第四支队的发展，从武工队、护乡团到解三十一团、三十二团、三十三团、三十五团、三十七团、警备团，都是在边委、滇东南工委、支队党委的领导下进行的，党在部队中的领导是第一位的。

（1）武工队阶段。有的单位人少党员少，就成立党小组；有的单位人多党员多，就成立支部和党的特支来领导部队。

（2）护乡团阶段。逐步做到团、营有党委，连有支部。党员少的护乡团成立党委，营建立支部，但这种情况是暂时的，后想办法从别的单位调来党员干部加强，或者抓紧发展新党员来健全党的组织，加强党的领导。

（3）发展到编为滇桂黔边纵主力部队阶段。党的组织更加健全，团、营有党委，连有党支部，有的排有党小组。解决部队重大问题、作战方案、发展党员、提拔调动干部等，都要经过党委或党支部讨论决定。各级党委和支部还经常研究干部、战士的思想动态，提出部队政治思想工作意见。

为了保证党的领导，充实党的新生力量，提高党的战斗力，各级党委、党支部重视发展党员工作，将各个时期涌现出来的积极分子，通过教育、培养、考核，本着积极慎重发展的原则，坚持个人写申请、支部讨论通过、党委批准的程序，把符合党员条件的同志，分期分批地发展到党内来。我们的党员无论在战斗中、工作中还是在艰苦环境中，绝大部分都能起到先锋作用、模范作用、带头作用，吃苦在前、享受在后，密切联系群众，带动群众去完成任务。

（二）干部的组织成员

1. 骨干来源

（1）两广部队调来的。这部分骨干，大部分参加过抗日战争，转战过两省各地，在越南打过法国鬼子，经过长期的艰苦锻炼和考验，有较高的政治觉悟和军事素养。营、团以上干部有廖华、饶华、唐森、李鸿基、张鸿谋、谢森、陈婉文、李学英、张典桥、杨笙、廖文达、李翔等46人，连以下骨干百余人。

（2）党派来的地下党员。他们多数是知识分子，文化程度高，接受了马列主义教育，痛恨国民党政府的黑暗统治，忧国忧民，为了追求真理，冒着风险参加地下党的活动，经过考验，发展成为光荣的地下党员，为着革命的需要，被派往滇东南地区，开展工作，发展武装，他们密切联系群众，有思想教育工作经验。如李文亮、陆毅、刘振江、杨宇屏、李芬、马丁、安朗、李维贵等营团级以上干部47人。

（3）讨蒋自救军调来的。他们经过路南西山、弥勒圭山武装起义等斗争的锻炼，作战勇敢，到过河阳整训，政治军事素质都得到进一步提高。如肖屏、向克勤、黄波、赵前象、李铣、张洪鼎、王白、罗明、朱建民等营团级干部10多人。

（4）通过斗争锻炼，培养成长起来的一大批本地干部、民族干部，大大充实了部队的骨干队伍。

这批骨干分布在各个部队，团结带领广大干部战士战斗、前进。

2. 部队成员

（1）部队成员绝大多数来自各民族中的工农积极分子和广大青年学生。在开辟新区工作时，通过宣传我党、我军的宗旨，宣传全国解放战争的胜利，揭露国民党反动派欺压、剥削劳动人民的罪行，启发他们有求解放的愿望，从而积极参加革命。如第三十三团战士马永良，14岁，出身佃农，听到"农家苦"的歌声："农家的苦，栽出了谷子，地主要收。农家的苦，栽出了谷子，官家要收。"很受启发，开了心窍，从牛背上放下鞭子，邀约伙伴投奔革命；还有像"打倒蒋介石，人人有饭吃""金凤子，开红花，一开开到穷人家，穷人家要翻身，世道才像话"等革命歌曲，都激励着许多贫苦大众自愿让自己的子女参军。西畴通心坡寨子，一次就有10多名青年来参军，有的年纪小，被动员回家还哭鼻子。另外，也有的青壮年，因反对国民党拉兵派夫，不愿为国民党卖命，也投奔到革命队伍里来。

（2）在反蒋统一战线政策的影响下，也有很少部分其他成员。云南是多民族地区，各种矛盾错综复杂，地方势力与国民党的矛盾尤为突出。为了缩小对立面，增加革命队伍的力量，孤立打击顽固势力，缩短战争进程，通过做细致工作，争取团结愿意反蒋、愿意接受党的领导、愿意接受党的教育改造的伪乡、保、镇武装，民族上层的武装，地富武装，他们把自己的"弟兄"、枪支和自己交给党统一领导、统一指挥、统一改编。有的首领先后被送往中越边境的官坝集训，"大坝公学"学习；其"弟兄"大部分是佃农和贫苦农民出身，原来只知道是跟××"老爹"出来的，但经过革命道理的教育、人民军队宗旨的教育、"三大纪律，八项注意"的教育，以及基本队伍的影响、带动，认识了为谁当兵、为谁打仗，端正了扛枪的动机。

实践证明，这部分成员大多数是可以改造过来的。这些武装经过整编、整训，并派党的干部加强领导，在打仗、遵守纪律、吃苦耐劳等各方面表现还是比较好的。解八团（后合编为第三十一团）副团长杨增亮同志（任过伪乡长）在一次部队宿营时，发现他带来的人没有经过当地老乡同意就拿木板、稻草来垫睡，当场就给这个战士一记耳光，并要开除他。这个战士立即跪着求饶，表示愿意改正。杨增亮同志的惩罚虽然有些不妥，但说明他要求战士严格遵守纪律。后来这个战士表现很好，也教育了其他战士。在与敌激战中，许多干部、战士都置生命于不顾：常志高同志（任过伪镇长，为我邱北护乡第十一团第一大队队长），在老鸦屯战斗中，为堵击敌人、掩护群众，在突围时不幸被敌人所俘，后于平远街英勇就义；杨福忠同志（任过文山县伪警察局局长，为我第三十一团副团长），在砚山道箐伏击战中，英勇作战，不幸中弹光荣牺牲；杨增亮同志、杨福忠同志、李彰慈同志（任过万保邦部队司令，为我第三十三团副团长）、侬天祥同志（世袭土司后裔，任过广南县伪城防大队队长，为我护第七团大队队长），他们经过党的教育提高、斗争锻炼考验，符合党员条件，被吸收到共产党组织来。

（三）政治工作

边纵四支队一开始就重视从思想上建军。政委代表党在部队中贯彻党的政治领导，做思想政治工作。

1. 有比较健全的政治机构

支队部有政委、政治部机关、艺宣队，油印《简报》，后发展为《战斗报》；团有政委、政治处机关、政工队；营有教导员；连有指导员、文化教员；排有政治服务员；有的班还有政治战士。这就保证了党在部队中的政治工作的顺利开展。

2. 党在部队中的政治工作是多方面的

(1) 注意以马列主义、毛泽东思想教育全体干部、战士，明确我党、我军的宗旨，端正参加革命武装斗争的动机。支队政委饶华不定期向主要干部做形势和任务报告，布置各个时期的政治思想工作，教育干部、战士。各级党委、支部经常教育干部、战士要有勇于自我牺牲、全心全意为人民服务的精神。平时抓紧时间组织军政学习，针对不同对象，学习《论联合政府》《为人民服务》《愚公移山》《反对自由主义》《论共产党员的修养》等有关毛泽东同志、刘少奇同志的著作，以提高干部、战士的政治觉悟。同时，结合作战需要，重点组织军事训练，如投弹、射击、爆破、进攻、防御等基本军事知识，并注重在战争中学习战争。

(2) 经常向全体干部、战士宣传国内外形势，宣传英模事迹，表扬好人好事，以鼓舞士气、提高斗志。对入伍的新战士，着重进行为谁扛枪、为谁打仗，遵守"三大纪律，八项注意"教育，对比忆苦教育。作战时必先进行战斗动员，向干部、战士讲清作战目的、意义，有利条件和困难，要求服从命令听指挥，勇敢杀敌，为人民立功，并交代俘虏政策，重申纪律；战后总结经验教训，开讲评会，表彰英模，等等。

(3) 政工队除了向广大群众做宣传外，还经常深入连队教战士唱歌跳舞，给战士演出，和战士联欢，苦中有乐，丰富了部队生活。行军途中,他们又是鼓动队,以快板书、顺口溜等形式鼓舞战士战胜疲劳、向前迈进。

(4)做细致的工作。在艰苦的环境里、激烈的战斗中,战士思想变化较多,有的想家,有的没有衣服穿,有的怕苦,有的战友之间不和,等等,都需要我们深入去发现,掌握思想动态,开展个别谈心,组织思想互助,或者开展民主生活会,解开思想疙瘩,稳定了部队。

因为我们重视思想建军,所以部队的发展是正常、健康的,战斗情绪是饱满的,政治空气是浓厚的,保证了部队各项任务的完成。

3. 对敌军的瓦解工作

我军除了在军事上打击敌人外,还注意了对敌的政治瓦解工作,采取了张贴标语、布告,散发传单等方式宣传我党、我军的对敌政策,利用亲友关系打进敌人内部搞策反工作,战地喊话、宽大俘虏、编唱分化敌军歌曲等,都起到一定的分化瓦解、削弱敌军战斗力的作用。

4. 以人民解放军的老大哥为榜样,继承和发扬了我军的光荣传统

(1)在官兵关系上,贯彻了官兵一致、上下一致的平等原则,是崭新的同志关系。在艰苦的岁月里,上至司令员、下至炊事员待遇一样,同吃一锅饭、同吃一种菜,每天3个铜板菜金,有时供应不上没有吃的,就共同饿肚子;

同住一样地方，同用一床形形色色的毡子；战时听从指挥，平时同甘共苦，亲密无间。在学习上，同学习、同操课，官教兵、兵教官，能者为师，互教互学；干部和战士之间互相关心、互相帮助、互相爱护。在行军途中，指挥员经常把自己的马让给伤病员骑，干部帮助伤病员、小同志扛枪、背米袋，给炊事员背行军锅更是常事。在战场上，在炮声隆隆的战火中，干部、战士团结战斗，战士冒着战火掩护干部指挥，战士负了伤干部上前抢救，官兵感到革命大家庭的温暖。

（2）在军民关系上，体现了军民鱼水情。我军每到一处，就帮助群众做好事，挑水、劈柴、打扫卫生、看病、插秧、收割庄稼，见什么做什么。教青年、儿童唱歌跳舞，与民同乐，还学习民族语言，等等，群众对我军拥护又欢迎。他们认识到我军是真正的人民军队，处处关怀着我们。为我军带路当向导，送情报，抬伤员，送饭送水上战场；为我部行动封锁消息，掩护伤员。特别感人的是在砚山地都村，那是一个四面高山耸立，壮族、苗族群众杂居的偏僻村庄，群众生活艰苦，可那里却有着我们从各个部队先后送去的83名伤员，大家只好称之为"地都医院"，而"医院"只有5个医护人员。如果没有群众基础，没有群众的支持和帮助，其困难处境可想而知。那时，敌人经常"扫荡"。一天，群众打听到敌军在阿猛"扫荡"了，他们像爱护自己的亲人一样，把伤病员转移到荒山野岭躲避，对较重的伤病员又是抬又是背。为了遮蔽风雨，群众砍枝、伐树、割茅草，搭棚子给伤病员住，并按时送饭、送水上山。在这段困难时间里，我们的伤病员除3人牺牲外，其余先后被治好归队。多么可亲可敬、敦厚朴实的老乡啊！他们为掩护、治疗这批伤病员，不知付出了多少辛苦和代价。

（3）在遵守我军"三大纪律，八项注意"方面。"三大纪律，八项注意"是我军铁的纪律，我们的干部、战士绝大多数都能做到。例如，在艰苦的弯刀寨遭遇战后，全体指战员已经一天没有吃饭了，大家又饿又渴。第三十一团七连路过老乡的苞谷地，眼看着地里又胖又长的黄瓜，可谁也没去摘。文化教员王辉饿得走不动了，多想吃一条呀！当他把手伸去摘黄瓜时，瓜刺已经戳到手上，可他突然想起"不拿群众一针一线"，又把手缩了回来。又如，邱北高粱战斗消灭何四麻子后，第三十七团七连负责打扫战场，搜出大量铜板、几罐银子，还有大烟、金子等。尽管那时大家都身无分文，但经指导员检查，没有人私拿一个铜板，做到了一切缴获都归公。部队行军作战夜晚宿营时，为了不打扰老乡，常常在屋外宿营。有的民族没有妇女住在楼上的规矩，为了尊重民族风俗习惯，我们的女同志就不住。对待俘虏，不搜腰包、不打不骂，愿意回家的发给路费。部队还有严格的纪律检查制度，由副指导员或文化教员负责检查，规定住宿必须经老乡同意，不准乱拿、用老乡的东西，借东西必须还，损坏东西必须赔，走时必须打扫卫生，把水缸挑满水。因此，部队赢得了群众的信任。

5. 艰苦的历程，光荣的使命

边纵四支队是按照毛泽东的建军路线建立起来的，它从小到大、从少到多、从弱到强，经历过不少艰苦磨炼、生死考验。他们穿的仅有一套衣服，吃的是临时筹集的大米、苞谷面和各种其他杂粮，没有固定的供应，没有津贴。提起"边纵支队"，便有"饿过肚子，长过虱子，打过摆子（疟疾）"之说。夜行军是家常便饭，高山密林做过宿营地，好多时候是头顶大雨、脚踏烂泥。许多女同志和弱小的同志摔过跤、滚过坡、跌过崖。但就是在这样艰苦的岁月里，干部、战士都充满革命的乐观主义精神。遇到战斗，指挥员一声令下，干部、战士便奋不顾身，英勇杀敌，涌现出许多可歌可泣的英雄事迹。第三十七团的一个由21人组成的突击队，于百里之外跑步夜行奇袭平远街敌第二十六军一六一师师部，把敌人的指挥部打得乱七八糟，敌人狼狈逃回开远县城。弯刀寨遭遇战，在敌强我弱的情况下，我部打得英勇顽强，敌军不但没有把我们吃掉，反而丢下几十具尸体。第三十五团奔袭王佩伦反动武装，在广南县县城开展激烈巷战，与敌拼搏，消灭敌人1个中队，我部牺牲11人，教导员段潜阵亡。在邱北老鸦屯，我护乡第十一团三大队被敌第二七九团突然包围，干部、战士浴血奋战，敌伤亡百余人，我部壮烈牺牲60多人，军民永远记住了这悲壮的老鸦屯战斗。在这些艰苦残酷的斗争中，我部涌现了不少英雄人物，如尤宁湘、廖文达、祝兰谷、赵兴林、王胜、徐顺林、李昌菊、张开佩等，还有不少同志无私无畏，抛头颅、洒热血，献出了宝贵的生命。

是什么思想在支撑着这支队伍不怕困难、不怕流血牺牲、奋勇向前？是广大干部、战士在马列主义、毛泽东思想的哺育下，为着人民的翻身解放，决心要消灭人剥削人的黑暗社会制度，要推翻压在人民头上的"三座大山"，建立新中国的光荣使命感、责任感。如果说边纵四支队建设是可以的，是有贡献的，那么应该归功于毛泽东建军路线的指导、党的领导、政治思想工作的活力、广大干部和战士的努力、地方政府和人民群众的支持。

由于这支部队建设的时间不长，因此还存在不同程度的薄弱环节、缺点和错误，在此就不评述。

（撰写于1983年10月28日）

附：

中国人民解放军滇桂黔边纵队第四支队编制序列表

(5700多人)

司 令 员：廖华

政　　委：饶华

参 谋 长：张鸿谋

政治部主任：李文亮

第三十一团（由原第八、第九团及第十一团部分部队合编）

团　　长：张鸿谋（兼）

政　　委：唐森

副团长：杨福中、邓为(后)、李彰慈(后)、金盛銮(后)

副政委：马丁

政治处主任：张典桥

参谋主任：陈贵

第三十二团（由原第十团和砚山护乡团一部合编）

团　　长：彭大同

政　　委：陈熙古、郑均（后）

副团长：梁汝钦

政治处主任：杨坚、陈光荣（后）

参谋主任：邓毅

第三十三团（由活动在文山、马关、屏边结合部的护乡团合编，1950年1月编入第三十一团）

  团　　长：邓为（代）
  政　　委：陈熙古
  副团长：李彰慈、金盛鎏
  副政委：安朗
  政治处主任：陈锦荣

第三十五团（由广、富、田地区的护乡第五、第七团合编）

  团　　长：杨宇屏、杨增亮（后）
  政　　委：陆毅、杨宇屏（后）
  副团长：陈国万、周剑华（后）
  副政委：谢森、周剑华（后兼）
  政治处主任：温华、李联（后）

第三十七团（由邱北护乡第十一团改编）

  团　　长：肖屏
  政　　委：梁涛明
  副团长：张春生、李铣（后）

政治处主任：向克勤

参谋主任：王廷基

警备团（由两个警卫连和砚山护乡团一部组成，1949年10月编入第三十二团）

团　长：杨增亮

政　委：李耀东

马关独立营

营长：田广禄

政委：尹玉全、张仲梁（后）

广南独立营

营　长：肖玉琨

教导员：唐贵谦、张鸿鼎（后）

六、那谢皈朝战斗回忆

1949年5月1日，富宁县城解放了，我们部队在人民群众的欢呼声中进入县城。国民党县参议长梁一栋、警察局局长陈章达等反动头目，于黑夜里率众弃城逃命，苟延残喘。中午，在田蓬活动的谢森同志，带领护乡五团黄英大队到达会师城郊。当即召开联席会议,交换意见和情况,分析形势。敌不战而走,力量尚存,可能很快就会反扑。当即共同决定:迅速开展城内外群众工作,并令护乡五团陈国万大队于5日前赶到集中,准备迎击敌人的反扑。

不出所料,5月10日,敌集中民团数百武装,以匪首黄少臣为总指挥、县警察队50多人为骨干,从板仑浩浩荡荡向县城扑来。下午5时许,其先头县警队进抵距县城约10公里的那谢村宿营,企图利用那谢作为进攻县城的跳板。我部获情报后,即召开有关干部会议,分析研究敌情。一致认为,民团是被逼来的贫苦农民,情绪低,战斗力弱;警察队多是兵痞流氓,有点战斗力。若先乘其不备,突然袭击,将其歼灭,敌就无力攻城了。当时我部集中于县城的兵力,共3个大队500多人,首先歼敌警察队是有把握的。指战员听到消息,个个摩拳擦掌,信心百倍。当即决定:当夜乘敌新到不备,首先把陈章达率领的县警察队歼灭掉,再视敌情决定以后的行动。天黑时,依据最后获悉的确实的敌情,进行袭击部署,组织战斗。以战斗骨干较强的黄英大队,抽调1个连担任突击,其余2个连为预备队;梁学政大队熟悉地形,担任两翼掩护,消灭逃出村外之敌;陈国万大队担任城防警卫,保护城镇开展工作。翌日1时饭毕出发,同时各部队到达位置。战斗4时30分打响,我军迅速占领了敌住地周围房屋,火力封锁敌住院大门口，把敌围在3间屋子里，争夺战激烈。我军突击组向敌院投进了手榴弹，敌慌忙翻墙逃跑。天亮后打扫战场，得知击毙警察局局长陈章达以下13人，俘敌20多人，缴获轻机枪1挺、长短枪20多支。我部2名战士受轻伤。那谢战斗虽歼敌不多，却打断了敌脊梁骨，挫败了敌人锐气，鼓舞了我军斗志，巩固了我县城人民政权，为之后歼敌创造了有利条件。那谢战斗后，敌人惊慌失措，退回黄少臣的老巢板仓。第三天侦探获悉，敌窜回板仓后只有民团300多人了，重机枪1挺，轻机枪3挺。当时，我们分析敌首战败北，士气不高，战斗力大减，应乘其喘息未定迅速追歼之，即决定由廖华、谢森、李兴、麦先培组成指挥组，率领护五团的2个大队和梁学政大队，共约500人，机枪9挺，进攻板仓。15日上午，我军抵板仓时得悉，敌已云集皈朝，决定以长途奔袭战歼之。

当天午后，即派人往皈朝探听虚实，约定于翌日晚返回皈朝约10公里的某村会合，听取他们的汇报。16日晚9时我部到达约定地点，休息做饭。不久，侦察组回来报告：在皈朝有黄少臣指挥的民团部队约400人，盘踞剥隘的梁超武匪部有增援皈朝的约定，企图固守，准备与我部决一雌雄。依此情况分析，敌我力量对比我们占优势，敌居地形虽然险要，易守难攻，但我部士气旺盛，战斗力强，战术灵活，有群众支持，我部出敌不意、攻敌不备，有足够的条件战胜敌人。经过讨论决定：乘黑夜将敌包围，拂晓突然强攻。部署兵分三路：黄英率第一大队沿大路正面由西向东主攻，消灭沿街之敌，占领控制全街的乡公所；陈国万率第二大队，由熟路的群众当向导（带路翻越后龙山），直插舨朝街东面，占领高地和建筑物，断敌后路，消灭逃敌，截击剥隘增援之敌；梁学政率第三大队，渡过普厅河，占领舨朝对面山坡，封锁敌人渡河，消灭逃窜之敌，并负责阻击洞波、剥隘方向的援敌。饭后，11时出发，按路程远近先后顺序为第三大队、第二大队、第一大队。路程较近的12时出发。

拂晓前，第一、第三大队均按时进入了阵地，唯独第二大队陈国万没有消息。派人联络已来不及，怎么办？打不打？若不打，天亮即会暴露。后来，决定仍按原定时间攻击，最多是敌人跑掉，对我部没有多大不利。拂晓时，我部第一大队的突击队到了街口和乡公所左侧高地，看到敌还未发现我部。天亮时，我部开始突击街门楼，敌死守未破，设在乡公所的敌指挥部更是顽固死守，战斗异常激烈，枪声大震。这时却听到东边也有枪响声，估计第二大队到达了。后来，他们来人联络说："当夜我们进入漆黑的深山幽谷，伸手不见五指，石山小路又非常难行，误了时间。后来由当地群众带路，由街后山的悬崖小路直插而下，正好是在乡公所东侧高地，火力完全可封锁逃敌，也可截断剥隘求援之敌，敌人完全处于我部包围之中了。"

战斗到9时许，敌仍顽强固守街门楼和乡公所，战斗进入胶着状态。为打破僵局，指挥组决定要坚决歼敌。由廖华到第一大队前面重新组织火力和突击队，从街门楼和乡公所侧后两个方向协同突破；谢森同志在指挥所指挥，综合各方面情况；李兴、麦先培两位同志督促后方送饭送水至前线，鼓励战士坚决勇敢作战，夺取全部胜利，各人按分工去执行。廖华到前面询问了具体情况，观察地形后，组织火力掩护，由2个突击组同时向街门楼和乡公所发起突击。11时，街门楼被突破，敌退守乡公所附近几间房屋。另一突击组在3挺机枪密集火力的掩护下，迅速接近后墙，向院内投进手榴弹。余敌退守东边1间房屋，我部突击队队员敏捷地接近墙角，从窗口投进一枚手榴弹，敌人的机枪"哑"了，他们从房内伸出白毛巾，放下武器投降。乡公所后院解决了，俘虏了几个敌兵。我部都拥向前院，敌已混乱，我部喊话："放下武器受优待！""保证性命安全！"有的敌人不射击了，有的敌人成群拥过街头，冲下河边，妄图渡河逃跑。正好对面山坡上我部第三大队的2挺机枪和许多步枪瞄准他们，一齐扫射，敌人倒于河中一大片，有被击毙的，有被淹死的。

下午1时，从剥隘增援来敌50多人，2挺机枪在离舨朝5里多的地方，被第三大队用机枪阻击，无法前进。敌远望战斗已结束,便迅速回溜了。全部战斗结束后,躲在老百姓家里的民团都出来接受优待,缴了枪。敌总指挥黄少臣化装混在群众中逃跑,躲在街后山的一个山洞里,谁知有群众盯住了他。一位老大爷来向我们报告,带我们战士去把他逮住,送上了人民的审判台。后清理战场,全歼敌400多人,毙150多人,俘210多人,缴获重机枪1挺、轻机枪3挺、长短枪230多支,弹药数千发,我部无伤亡。

这次战斗取得了辉煌的胜利,消灭了富宁县反动恶霸的主力,解放了全县乡镇,打开了新的局面,巩固了人民政权,使滇桂黔边区连成一片,为完成迎军阻敌任务打开了通路。

1984年9月6日

皈朝战斗旧址

[摘自中共富宁县委党史征研室编《中共富宁县党史资料(第一辑)》]

七、我的一些经历和回顾①

（一）在电白实践中学的活动情况

我于1939年秋至1940年底在电白实践中学读书，前后1年多时间。我在那里的活动主要有三个方面：①反对压迫和剥削，开展抗日救亡运动。当时我还不是党员，在党的周围工作，主要是下乡宣传，同农民一起收割、插秧，一边劳动一边向群众宣传抗日救亡的道理，宣传穷人之所以穷，是黑暗的社会、地主资本家压迫剥削造成的，要想过好日子，必须改革社会。②1941年皖南事变后，我们针对国民党发动的皖南事变，揭露他们投降反共的真相，宣传共产党才是真正抗日的力量，宣传坚持抗战，反对倒退，反对投降。我们组织以初中学生为主的读书会，在老师、共产党员李康寿、陈汉雄等的领导下，进行反对迫害抗日群众、反对反动军事教官（也是童子军的团长和军训教官）的斗争。③团结教育同学，发展党的组织。当时我们初中班还没有党员。1940年初从外地转来一个党员，他在班中组织同学们进行抗日宣传，看进步书报。1940年底，

---

① 廖华时任中国人民解放军军事学院训练部研究部部长。

我参加了党组织，介绍人是李康寿、陈汉雄。我们班的李鹏翔，高中班的李佐平也先后入党。我们3个人成立一个党小组，开展活动。放寒假时，我们到李佐平同志家里，在那里举办了一个党员训练班，共有5个同志参加，除了我还有另外4个同志。寒假后学校当局迫害进步教师，要革李锦波老师（共产党员）的职，学生起来罢课抗议，开学生大会挽留。当局妥协了，给李老师发了下个学期的工资。全校开大会欢送，我是学生会负责人之一，当局要抓我、要开除我，后经过组织同校长赖祥华（他受我党影响，有同情之心）交涉，决定不开除我了，但勒令我停学。当时在实践中学的进步学生中，我能记起的有杨坚、陈东、苏克、陈广杰等，进步教师有李康寿、陈汉雄、李锦波等，学校党的领导人是李康寿同志。我于1941年春节后转学到了遂溪南强中学。

（二）在遂溪寸金桥南强中学的活动情况

我于1941年春节后至1942年秋在南强中学读书。在南强中学的活动方式同在实践中学的差不多，要做三件事情。一是宣传抗战。我们利用皖南事变进行宣传。宣传"坚持抗战，反对投降；坚持团结，反对分裂；坚持进步，反对倒退"的口号。我们在学校组织读书会读进步书籍，讨论时事政局等，并组织宣传队下乡，到遂溪东、西区界炮至风朗、遂城一带进行抗日宣传,当时参加宣传的进步学生有沈潜、王卫莲、庞玉琼、陈沛龙(陈军)、陈佩珍、苏虹、杨娟娟(杨扬)、陈帼英等,宣传队有100多人,进行访贫问苦、助民劳动、演讲演戏等宣传活动。二是发动募捐,支援抗日将士。我们发动全校进步学生到赤坎要资本家、商人捐钱捐献寒衣给抗日将士。三是团结同学,发展党组织。南强中学当时党的力量比较强,高中班有党支部,初中班有党小组。我们组织起来,同学校里的反动组织"三青团"进行斗争。他们要我们参加"三青团",我们坚决反对,我班有70个同学,只有1人参加。为了加强党的思想建设,我们利用寒假或暑假在赤坎西更楼附近一个尼姑庙里办支部骨干训练班,对党员进行教育。当时南强中学的教导主任是国民党党员,还在党部里任职,比较反动,我们发动师生把他搞垮。南强中学的党员比较多,党组织中同我联系的有陈明时、沈潜、陈达仁(当时不在南强),还有黄建涵(他不直接同我联系,但大家都互相知道是党员,有什么事情都互相通知),后来还有金耀烈。同我一个班的党员有陈军、梁绍兴,差不多每个班都有1~2名党员,都有党小组。高中班我所知道的党员有陈平、沈潜、黄建涵、郑光锋、许力以、陈海等十几人。初中班我所知道的有7~8名党员,南强中学基本上是我党控制着。当时上级党组织领导学生运动的是南路特委委员兼青年部部长陈恩同志,他在支部骨干集训班上讲过课。

(三) 在雷州师范的活动情况

我从南强中学毕业后,1942年秋到雷州师范,在那里读了一个学期的书。我在雷州师范主要是搞学生运动,刚到时党组织中跟我联系的有我们班的周德安、陈达仁、李俊瑜(女)。当时学生运动的口号是坚持抗战到底,同时团结同学,发展党的组织。1943年3月,日本军队登陆,这时我正在农村搞宣传,从农村回来不久,日本人就到了法租界广州湾。[①] 党组织决定让我留在广州湾,坚持在赤坎开展党的活动,建立联络站。当时部分党员已撤退到农村,留在广州湾的党员大多是家在那里的、能坚持得下来、不易暴露的。我们在现寸金桥公园附近的地方开了一个叫"谊园"的小店,以开店做生意为名做掩护,进行党的联络工作。主要任务是了解日军活动情况,同时团结在赤坎、霞山走不开的同学坚持斗争。店里除我外,还有党员杨娟娟、苏虹,以及一个叫黄秀珠的进步女青年和郑××。小食店是我们几个同学筹款办的,陈海的妹妹陈某英在同学聚会上卖掉了金戒指,筹到200多块大洋。从1943年3月起不到半年时间,生意不好赔了本,租的房子、买的家具

---

① 1899年11月,法国胁迫清政府,将遂溪和吴川两县部分陆地、岛屿和海域划为法租界,统称"广州湾"。抗战胜利后收回该租界,定名湛江市。

都赔上了，6月初就收摊了。

（四）在遂溪东区的工作情况

1943年夏天至1944年秋天，我在遂溪东区的甘霖、水粉、田寮、龙湾、塘口、茅村和中区泥地一带活动，我们同风朗有联系，凡是从广州湾到西区或是西区到广州湾的同志都要经过我们这里和风朗。我到东区时，那里已经有党的组织。青年抗敌同志会在那里办夜校、开会、教功夫，影响较深，群众基础好。我到那里首先组织同心会、兄弟会，同时通过生产上的互相帮工、互相结合组成帮工队，组织农民到泥地开荒，一边搞生产，一边开展抗日宣传活动。当时一般村庄都有同心会或兄弟会组织，在群众中是公开的，但对外面是保密的。凡是经过口头教育同意打日本的、保守秘密的、互相帮助的都可以参加。我和梁汝新、陈贵3个人成立一个党支部。甘霖村有一个党支部，差不多每个村都有一个党小组，我们分工负责，甘霖、茅村、塘口一片由梁汝新负责，水粉、田寮、龙湾由我负责。上级主要是唐多慧同志同我们联系。后来，我们在同心会的基础上发展游击小组，开始建立武装。

（五）武装斗争的情况

在斗争中我们认识到光靠宣传不行，即光靠文的不行，还要有武的，要自己掌握武装。根据上级的指示，我们在各村成立了游击小组。当时同心会是普遍的组织，游击小组就不同了，它是有选择的，挑选进步的、能够拿枪打仗的青壮年。

1944年7—8月，我们在东区组织了一个中队，有70~80人，但只有十几支枪，其中有些打不响。另外，我们在国民党部队里"偷"了2箱新手榴弹。此外，就是一些大刀、长矛了。中队的名称是遂溪县抗日游击队东区中队，中队队长是从西区调来的，打过仗的，名叫梁贵。我当指导员，梁汝新当副中队长。中队成立后，开展训练，镇压恶霸地主汉奸，杀了四五个坏人。1944年10月，我们中队与日伪军打第一仗，是打崩家塘伪军税站（在麻章公路至志满公路之间），有几个日本人在里面。太阳下山时出发，我们到达他们住的祠堂边大约是22时。祠堂的门是晚上9时许关的，我们到那里时门已关了。当时我们的部署是乘敌人大门未关，一边扔手榴弹，一边往里冲，但敌人已关了大门，我们只好改变作战方案，爬墙进入消灭敌人。我和中队队长、两个分队队长首先爬上墙，我们3个人都爬墙跳下去了，中队队长还在墙上拉后来的同志，被敌人发现了，敌人开枪将他打中，他当场牺牲。我们一边向敌人的哨兵和驻地扔手榴弹，一边往前冲，但手榴弹是过期的，一个也没响。入后打了10多分钟，一个分队队长牺牲了，接着一个战士也牺牲了，我负了重伤昏倒。当时，在里面的同志撤不出来。梁汝新同志带部队在墙外挖了一个洞，但敌人封锁洞口，里面冲不出去，外面也冲不进来。我已昏过去10多分钟了，枪打完子弹后抛到墙外去了。敌人见没有什么声响，就从房间里出来。牺牲的几个同志压着我，敌人踢我两脚，以为我死了，拿走我的怀表就回屋里去。我醒来，乘敌人没防备，爬起来冲出了洞口。这时敌人发现了，就跟着追，边追边射击，我跑进蔗林里面藏起来，敌人没办法只好回去。天刚蒙蒙亮时我回到了水粉村，这时大家正在为我和牺牲的其他同志开追悼会，一见我回来，眼都大了。这一仗，我们牺牲了1个中队队长、2个分队队长和1名战士。这次战斗失利，主要是我们没有战斗经验，加上枪支、弹药少，只有2支驳壳枪、3支手枪、十几二十发子弹，手榴弹一个都不响。我负伤后，留下来养伤，部队拉到西区参加集训。11月，我的伤基本好了，就到西区，在一团当宣传队长。我原来的中队编入了第一支队一营第三中队，团长唐才猷、政委陈恩。当时部队准备开上廉江直到化县中垌，去同吴川、化县起义部队会师。11月6日，部队到达金屋地时，有情报说敌人在青平，要出动截击我们。我们得到情报，部队第二天凌晨3时许就吃了早饭等敌人来，但等到天亮很久还不见敌人来，大家都松懈了。8时左右，敌人来到了村口我们才发现。敌人是戴朝恩的挺进队，共四五百人，他们包围了我们。我们有3个大队，一大队队长洪荣、政委沈潜，二大队队长郑世英、政委王平，三大队队长黄建涵、政委庄梅寿。我们和戴朝恩的部队在金屋地打了一天，我们牺牲了3个同志，伤16人。敌人死了6人，伤16人，俘虏2人。这一仗虽打胜了，但收获不大。金屋地一仗后，我们乘机向廉江城挺进。当时，我武装已相继在廉江、吴川起义。

1945年2月6日（农历十二月廿四日），黄景文带领廉江起义部队二支队和遂溪洪荣大队会师三合圩。会师时部队很混乱，那天早上敌人袭击我们，敌人冲到街头了，我们来个反冲锋把敌人赶出街去，但敌人反攻回来，敌我双方从天亮一直打到天黑。我当时是政工队队长，带七八十个同志住在圩里的1间庙里。枪一响，我就不带他们了，跑到我的部队去打仗。天黑以后，敌人退了。当时敌人有国民党的正规军，有廉江自卫队，有戴朝恩的挺进队，共1000多人，我部也有1000多人。这一仗打得比较好，打死敌人二三十人，伤十几人；我部牺牲3人，伤5人。打完仗后，部队整编，把遂溪的洪荣大队编入二支队，以洪荣大队为骨干，支队队长仍是黄景文，政委是张世聪。支队除抽出洪荣大队，其余2个大队拉回遂溪活动。二支队一大队是遂溪洪荣大队；二大队是廉江的部队，大队长涂沙，政委林敬武。三大队是吴川的部队。2月7日（农历十二月廿五日），二支队准备开往合浦，西进六万大山，开辟革命根据地。我由政工队调到二支队一大队第二连当指导员，于春节期间，到达合浦白石水地区。1945年2月，部队打下灵山的伯劳圩，我们开仓济贫，把稻谷分给群众。当时国民党第一一五师从广西开来进攻我们。那时部队很艰苦，白天打仗，晚上行军。3月18日（农历二月初五）中午过后，部队到达武利江边的谷埠圩，16时我连过江，住在黄麂坪村，离江边400～500米，等待司令部过江。到晚上8时许还不见动静，当时主要是司令部对过江犹豫不决，参谋长指挥不善，延迟过江。9时左右，驻大成圩的保安团到了江边截击，敌人到了村边我们才发现。这时敌第一一五师追击离谷埠也只有十几里了，形成了前后夹攻的态势。我带一排打掩护，洪大队长带部队过江，我掩护部队到达江边后准备过江，但听说洪大队长和一些同志被淹死了，我们就决定不再过江。沿江边而下，兜了个圈子转到敌侧的平垌了，我们就撤到山上去。这次掩护部队我连一排（主力排）牺牲了29名同志。黄景文同志未过江，带领部队向西场进发，我们还在武利江东边，我带的30多人同部队失去了联系。我们在江东依靠地方党和群众，活动了1个月，白天藏在山上，晚上出来袭击敌人。敌人以为我们是主力部队。1个多月后，我们同黄景文同志带的主力部队在六万大山区的百花涧会合。当时，因为战斗有些失利，部队思家的多，在那里很难坚持下去。于是，就留张世聪同志带一部分部队留在那里，以二支队名义继续活动，吴川、遂溪的部队拉回廉江新塘，与一支队在新塘会合整训了1个多月。当时有5个团兵力，遂溪1个团，廉江1个团，吴川、化县1个团，其余2个团不详。遂溪是一团，是主力团，人多、枪多，各方面比较健全。这个团就是大家后来说的"老一团"，团长黄景文，政委唐才猷。下面3个营，一营营长是金耀烈，政委是我；三营营长是黄建涵，政委是庄梅寿；二营营长是郑世英，政委是王平。部队整训后，"老一团"于1945年5月底6月初拉回遂溪打下了伪军据点。部队从上午打到下午四五时，攻下敌据点，一部分敌被消灭，一部分逃跑了。我当时负了重伤，被撤回中区泮塘，在中区医务所医治了1个多月。伤愈后我被调回一营接王平政委职（王在打合沟金围战斗中牺牲）。1945年8月，日本人投降，一团集中中区，准备入广州湾接收。但不过几天，国民党的2个军（其中一个是四十三军）进攻廉江、遂溪，几乎村村都驻有国民党的兵。情况非常危急，我们为了保存力量，主动退让化整为零，分散到山上，在蔗地里隐蔽，晚上出来活动，全靠群众送水送饭。

（六）西进十万大山的情况

1945年8月底9月初，"老一团"奉命突围挺进十万大山。团长黄景文带第一营以连、排为单位，第一批突围经廉江新塘，向广西进发。政委唐才猷收集分散的第三营后，第二批突围，会合地点是广西马子嶂山区。部队到新塘时，村里已驻满了国民党部队。我们的部队立即分散到村外的山岭上、山沟里、树林里隐蔽起来。我们在新塘外围山岭待了一天，没有被敌人发现，晚上我们悄悄集合转移。第二天我们到了塘蓬，敌人发现我们并追上来。我们在塘蓬同敌人打了一天，我们在山上，敌人在山下，他们多次冲锋都被我们打退，天黑时我们撤退。走了约20里路，到了一条村庄，当时黄景文带团部和两个连住在3条村庄，部队天刚亮才进村，上午休息，下午敌人又追来了。我们同敌人先头部队战斗，掩护到黄昏后撤退。敌人来得多，我们就边打边撤。金耀烈同志受了伤，我带一个连掩护他撤退。我们同黄景文同志失去了联系，到广西边境一条村时，村上也驻了敌军，我们在村外山林里没被敌人发现。我们把金耀烈同志交地方同志护送走后，第三天同黄景文同志联系上，部队会合后开赴广西马子嶂山区。正在这时，唐才猷同志带的三营正在西区山内一带隐蔽，他们从情报中得知国民党正在接管遂溪机场，缴获了日本军队很多枪支弹药。当时日本军在遂溪有1000人左右，400多人缴了枪，还有600多人未缴枪。国民党的1个师部和3个团驻在机场附近，1个团驻在遂城，1个团驻在西溪一带，1个团驻在凤朗一带。分析当时形势，国民党虽然在机场周围驻有重兵，但机场正在接收，比较混乱，敌人估计不到我们会袭击他们。据此，我们决定来个攻其不备，夜袭飞机场，为西进准备更多的武器装备。整个战斗由唐才猷同志指挥，组织20多人的手枪队，负责突击任务，洪田同志任队长，沈杰同志任指导员。另一支80多人的队伍，负责支援和抢运武器装备。攻打机场后，除洪田同志带十几人在中区活动，以牵制敌人，其余部队由唐才猷同志带领突围到马子嶂与黄景文同志带的部队会合。部队会合后，就地整训了半个月左右，开始西进十万大山。部队一边向十万大山进军一边打仗。到贵台圩，我们打了国民党的区公所，那里住着国民党四五十人，我们打下区公所，开仓济贫。打完贵台，在伏牛山又打一仗。七连连长廖培南同志在这次战斗中牺牲了。后到防城。1945年12月（农历十一月），部队到了十万大山，在那里进行分散活动。国民党师长刘进湘的家在防城，我们派1支小部队打进刘的家，缴了十几支枪。后国民党又调了1个补充旅、5个保安团"围剿"我们。我们在十万大山活动了三四个月，感到活动困难，就请示中共南方局批准（听说是周总理批的），于1946年2月撤到越南去。当时仍是黄景文任团长，唐才猷任政委，黎汉威（后是林杰）任参谋室主任。一营营长是我，政委陈熙古，副营长陈炳崧、李鸿基；二营营长涂沙（涂明堃），政委林敬武；三营营长黄建涵，政委庄梅寿。一营一连连长黄英，指导员沈杰；二连连长陈庆芳，指导员朱日成；三连连长李炳发，指导员王奎。这次西进为开辟粤桂边、粤桂黔边，保存我主力起了很大的作用。

［摘自《湛江地区（南路、粤桂边区）党史研究资料之六》。根据廖华同志谈话记录（经本人审定）整理，中共遂溪县党史资料征集小组办公室编印］

中编

战友回忆

一、黎明前的决战（摘录）
——滇桂黔边纵队战斗历程回忆片段

庄　田①

这时，中国人民解放军夺取了国民党反革命统治中心南京后，又继续解放了上海、杭州、南昌、武汉、西安、福州等主要城市。在祖国大陆上的国民党残余军队，绝大部分聚集在华南和西南。他们组织所谓湘粤联防和西南防线，企图把广州、重庆、贵州和昆明等地作为在大陆上的据点，苟延残喘，负隅顽抗，幻想在美帝国主义的保护、支持下，卷土重来，重新统治中国。

蒋介石反动集团不惜任何代价，极力拉拢地方势力，妄图在云南结成蒋（介石）、卢（汉）反共反人民的战线，以便集中力量在我部南下解放军进入云南前，消灭我边纵部队，除其心腹之患。这样一来，云南上空乌云翻滚，反

---

① 中国人民解放军原广州军区副司令员、开国中将，时任中国人民解放军粤桂边区司令员、中国人民解放军滇桂黔边纵队司令员。

动当局大肆逮捕爱国人士，摧残爱国民主运动，并向滇桂黔边游击根据地发起了大规模的"清剿"。与此同时，他们还以卢汉的名义，在报刊上发表了所谓《告官绅父老书》，企图愚弄群众，骗取社会的支持。

新的斗争又考验着滇桂黔边的革命战士和人民。为了粉碎敌人的"清剿"计划，滇桂黔边党委和边区纵队，立即召开了紧急会议，研究和制订对付敌人"清剿"计划的措施。根据各种情报和种种迹象判断，会议认为，敌人这次进攻的特点是：以"肃清平原、围困山地"为中心，一方面以主力组成若干机动兵团实施重点进攻，企图歼灭我主力；另一方面又加紧组织地方反动武装，分区联防，划区"清剿"，巩固其现有的统治，肃清我平原力量，与我做军事政治的斗争，以配合其机动兵团的进攻。

会议进一步分析我们能够粉碎敌人进攻计划的有利条件。大家指出：敌人本身仍然有其基本矛盾，不易解决。第一，前线不断吃败仗，留在后方的几个补充旅没法保证调到前方去补充。第二，钱财、粮食和械弹的补充也极为困难，有的部队至今未领到一钱一谷、一枪一弹。随着战争的发展，其困难将随之增加。第三，反动阵营内部的派系纷争日趋剧烈，蒋介石与卢汉之间的矛盾必然不可避免地继续发展。第四，蒋介石下令没收不肯积极反共的地方实力派的财产，不断引起地方士绅的对立与反抗。第五，蒋匪军极力进行搜刮，其结果只能加速工商业之破产，人民濒于更大的穷困，而"三征"加紧，军纪败坏，政治黑暗，也将加深人民对国民党反动派的仇恨，使之孤立无援。

针对上述情况，我们决定了如下作战方针和原则：①坚持平原游击战，以掩护山地边区建立根据地。例如，当平原仍适合大部队活动时，即以小部队去开辟山地，以大部队坚持平原游击战争，使之在群众中生根并取得中上层统战掩护，以便敌人来时主力得以转入山地作战，而平原又能坚持。②把粉碎敌人的"围剿"工作重点放在歼灭敌人有生力量的基点上，实行歼灭战，应以歼灭敌人有生力量为主，而不是以保守或夺取地方为主。敌进攻时，我部可主动放弃一些地方，诱敌深入，集中优势兵力，选择好打之敌，予以各个歼灭。一次歼敌以不超过一个连为宜，但不放弃有利条件下以歼敌一个营为目的。③我部的作战形式尽可能地采取运动战，在运动中消灭敌人。在广大人民群众的支援和掩护下，大踏步前进或后退，迅速地集中或分散，调动敌人，牵着敌人的鼻子，使之陷于被动挨打的不利境地，然后创造和捕捉良好战机，将其歼灭在运动战中。④充分发动群众，实行人民战争。要避免单纯依靠主力作战或单纯正面战场作战，应以一部分主力分散于各乡村，支持和配合民兵，开展破击战、伏击战和麻雀战，袭击敌人，打击敌人。

会议对如何粉碎敌人的"清剿"计划，亦做出了一些具体部署：第四支队以一部进入开远、文山、者腊三角地带，截击深入我开（远）、文（山）之敌，并相机打击龙开甲部；一部侧击文山、砚山一线之敌，并以主力团相机打击深入该地区之敌一部。第二支队仍坚持弥泸区，和民兵一起打击敌人，破坏滇越路，阻止敌人运动；罗盘支队以一部出击和破坏滇黔一线，相机出击黔境之敌。第六支队配合民兵组织不断出击和破坏川、滇道路，切断敌之交通线。为了加强战斗指挥，由我和郑敦、刘清、杨江领导罗盘支队主力，以罗盘根据地为轴心，采取诱敌深入、各个击破的作战方针，大量吸引敌人，消耗敌人，并机动使用兵力，消灭深入我根据地之敌的有生力量。由何现龙、祁山同志率领第二支队，坚持弥泸地区斗争，相机出击和破坏滇越路；由朱家璧、杨守笃同志率领第一、第六支队各1个团，挺进滇西、滇西北，配合第七、第八支队开展反"扫荡"斗争。由林杰、梁家、孙太甲、饶华等同志和我率领第一、第四支队挺进邱北、开远、文山、广南、砚山等地区，伺机打击敌人，牵制敌人。

会议以后，9月25日，滇桂黔边区党委，还专门向各地委和部队发出指示，要求各级党委和边纵各支队全体指战员，必须充分认识粉碎敌人的"清剿"计划，消灭敌人的有生力量，击退敌人进攻。指示说："这是一项非常重要的战略任务，这对于解放西南边疆、彻底消灭祖国大陆上的国民党残余军队，具有重大的意义。党的干部和全体军民，必须立即动员起来，迅速投入到这场斗争中去。"

反"清剿"、反"扫荡"部署完毕已是9月底了，这时，我部连续接到情报：各路敌人分成多路，向我革命根据地和游击区进犯。以敌第二十六军、第八十九军主力组成的中路军，分两路向罗盘根据地发起进攻；以敌第二十六军部分主力为左路，由昆明经宜良、路南、陆良、师宗进入罗平；以敌第八十九军部分主力为右路，由麻栗坡经西畴、广南、砚山、邱北、泸西，与进入罗平的敌第二十六军会合，企图寻找我部主力部队进行决战。当时，我罗平根据地建设已具相当规模，部队有了广大根据地人民的支持，又有了有利的地形，回旋余地大，行动自如。这一切都为我部和民兵歼灭来犯之敌准备了一个比较理想的战场。根据这种情况，我部决定采取诱敌深入的方针，把敌人消灭在我根据地。

当敌中路军进入我罗盘中心根据地后，我部和民兵便采取游击战和运动战相结合的方法，各个歼灭敌人。结果第一个回合就在盘江北岸一个村庄里，把敌人打得落花流水，取得歼敌800多人的胜利，从而揭开了反"围剿"、反"扫荡"斗争的序幕。

敌人主力部队在罗盘根据地被我部吸引和拖住以后，

进入我其他根据地和游击区的敌左、右两路军也就变成孤立的集团,到处被动挨打。这时,朱家璧、杨守笃同志率领的第一、第六支队各1个团,向滇西、滇西北做大迂回的挺进,并配合我第七、第八支队封锁滇缅公路,广泛开展游击战、伏击战、麻雀战、破击战,各个歼灭敌人。他们坚持打巧仗、打小仗、积小胜为大胜的原则,积极打击小股敌人,打得敌人措手不及。敌第七十四军7个团和第九十三军5个团等部,气势汹汹地向我滇西北根据地扑来,企图对我部进行南北夹击、东西合围,将我部一举消灭于澜沧江以东和金沙江以西之间的三角地带。朱家璧、杨守笃同志立即指挥第一、第六支队各1个团,趁敌人尚未合拢之际,跳出敌包围圈,直插滇缅公路沿线的保山、腾冲、龙陵等地,炸毁功果、惠通两座重要公路大桥,截断敌人进攻的道路。同时,在沿途全歼了龙陵、腾冲两个常备中队,并镇压了龙陵大恶霸王建。这样,就完全打乱了敌人的进攻部署,有力地支援了我部在滇西北的第七支队和在滇西的第八支队的反"围剿"斗争。

我部在其他各个战场也加紧向敌人展开反"扫荡"斗争。如由林杰、梁家、孙太甲等同志率领的第一支队,饶华等同志和我率领的第四支队纵横驰骋于广南、砚山之间的广大地区,一举围歼盘踞广南珠琳一带的地主恶霸武装车骑骝部共300多人,活捉敌大队长龙树生;接着,又围攻长岭街地主恶霸武装龙开甲部，伏击敌第二十六军第四八二团的增援部队，歼敌 100 多人。他们还在广南境内的妈然村，歼梁中介"东南亚民主党教导队"850 多人，俘敌副总队长赵钟秀以下 200 多人。缴获机关炮 2 门、重机枪 1 挺、美造火箭筒 1 具、长短枪 100 多支，给来犯之敌以极大的打击。敌首梁中介、钟日山见势不妙，便率部慌忙逃往广西百色。在胜利的欢呼声中，林杰等同志率领第一支队渡过盘江北上与前委率领的主力部队会师于罗平。

我部和民兵经过 1 个月的反"清剿"斗争，取得了辉煌的战绩，共歼敌 2000 多人，缴获长短枪 2000 多支，轻重机枪 30 多挺，各种炮 12 门，还有大量弹药和军需物资。

金风送暑，田野飘香，秋收的季节来到了，滇桂黔边区的军民用战斗迎来了收获的时节。这时，敌人因遭我部沉重打击，损失惨重，只好仓皇败退，将其主力龟缩于重要的点线上，实行所谓的"分区防御"。至此，我部基本上完成了封锁中缅和中越边界的任务，形成了在云南境内关门打狗的态势。

反"清剿"、反"扫荡"斗争胜利结束后，边区党委认真总结了经验，认为：边区党委和边纵队从战略、战役和战术的全局上分析敌我双方形势，制定的作战方针和原则是正确的。大家指出，我边区军民战胜了人数众多的国民党反动军队，最生动地表明了人民力量的伟大，毛泽东军事思想的伟大。我们只要坚定贯彻执行党中央和毛主席的指示和策略思想，紧紧依靠人民群众，就一定能够继续克服任何艰险困难，战胜强大敌人，从胜利走向胜利。大家还提出，我军所取得的胜利，从夺取滇桂黔边革命斗争的胜利和彻底解放华南、西南边疆的全局来说，还只是初步的胜利，我们一定要百倍提高革命警惕，鼓起更大的战斗勇气，再接再厉，争取更大的胜利。会后，边委和边纵做出加强迎接大军入滇作战的决定，还向各级党委和各级部队下发了"乘胜前进，为争取更大胜利"的指示，号召边区党政军民为彻底打败国民党反动派、解放华南和西南边疆而努力奋斗。

（摘自中共党史资料《中国人民解放军滇桂黔边纵队》，云南民族出版社1989年版）

二、回忆"老一团"西进（摘录）

陈 恩[①]

1945年春，中共南路特委发动的全面武装起义遭受了挫折。4月、5月间，黄景文同志率西进合浦的部队回到雷州半岛敌后，根据特委的指示，对南路部队进行了整编，

[①] 中共广州市委统战部原副部长，时任中共桂滇边工委常委。

成立5个团，2000多人，其中以党的基础较好、战斗力较强的遂溪部队为主建立南路主力第一团，800多人。团长黄景文，政委唐才猷，政治处主任李廉东。特委主要领导人周楠要我作为特委和司令部的代表，加强对第一团的领导。部队整编后进行了军事、政治训练。经过总结经验教训，改进了工作，部队和地方的工作都发展很快，我控制地区不断向外围扩大，在遂溪西部和廉江南部连成一片的包括约10万人口①的地区里建立了政权。

从1945年7月中旬开始，国民党第四十六军、"新一军"和第六十四军先后从缅甸和云贵内地经由广西开往廉江外围一带，向我控制和活动地区迫进。面对这种局势，特委决定把当时集结在雷州半岛整训和作战的南路各县部队迅速转回本县，依靠当地群众基础分散活动，坚持斗争，以避开敌人的大部队；主力第一团则在雷州半岛当地坚持斗争。这个决定正在执行过程中，日本宣布投降。由于当时我们还未接到上级的指示，对于当时形势和整个斗争的发展，是要打内战，还是实现和平，思想上是不明确的。

---

① 应为约20万人口。

但是，面对国民党大军压境，有一点是清楚的，这就是部队无论如何不能让国民党消灭，力量必须用一切办法保存下来。此时，国民党军队已占领了遂溪全境，部队活动陷于极大困难。9月间，为了弄清全区情况与研究对策，周楠同我离开部队返回湛江，与温焯华同志会合，解决与上级联系和按照情况建立特委机关工作等问题。其间，第一团的领导干部认为，部队在雷州半岛地区被动挨打是不行的，提出要从内线打出去。根据南路当时的情况，十万大山一带地形较好，我党的工作、武装斗争也有一定基础，国民党军队又不是集中在那个地区，并且有越南边界可以做依托及作为回旋的余地，等等，特委便决定第一团转移到那边去。1945年冬，周楠到区党委开会，他回南路后讲过，他在与尹林平同志讨论第一团应向何处转移发展问题时，尹初时主张到郁林（玉林）六万大山去，周认为第一团对那里情况比较陌生，没有基础，不如到十万大山好，最后尹同意了这样办。

第一团从雷州半岛突围西进到达十万大山前后，南路特委分别派庞自、王次华同志去越南与越南党联系部队撤入越南休整、建立我后方基地的问题。经越共中央同意，第一团于1946年春入越，随后，由周楠同志派往越南同部队联络的叶秀森向广东区党委汇报了部队入越情况。区党委又将部队入越问题报告中央。中央随即以周恩来同志的名义发来一封电报，内容大意是：我们的部队最好在国内坚持斗争，不要入越；如果不得已而入越了，就要十分谨慎，不要影响越南的革命。入越后应将全部人枪交给越南党。教育我们的干部、战士发扬国际主义精神，参加越南革命。当时区党委决定派干部去越南传达中央这一指示，处理好入越部队的问题。周楠向区党委提出派我去，尹林平同志同意了（我本来是从南路到香港准备参加北撤的）。周楠向我布置去越南的任务，他口述了中央电报的内容，要我记住，到越南后正式向越共中央口头转达和向部队传达，并负责处理好将部队转交给越共中央的问题，任务完成后再回港参加北撤。4月、5月间，我同周楠派的交通叶秀森一起到了海防，见到南路特委派往越南的庞自、王次华等同志，并通过越南党发电报通知第一团团长黄景文、政委唐才猷来海防会面。在我了解了入越部队的情况后，便与黄、唐和庞自等去见黄文欢（当时越南党北圻党委书记）。黄文欢说，此事重大，要由中央处理。接着我们又会见了越南党中央派来的代表黎德寿（当时越南党中央组织部部长），转达我中央和广东区党委关于处理入越部队的意见。黎德寿说此事要向越南党中央汇报，待讨论决定后才能答复。不久，越共中央总书记长征接见了我们。长征说中央对部队入越的处理意见体谅了他们的困难，对此表示感谢。越共中央的意见是不要我们的人枪，但要求我们在越南境内时要隐蔽好，不能暴露让国民党知道，引起外交上的麻烦，待将来时机成熟打回国内去，把武装斗争发动起来，认为这样对他们会更好。在越期间部队的给养由他们按人民军的标准供给。当时越南在胡志明的领导下，刚获独立，困难很多，在这种情况下让我们部队进去隐蔽，供给粮食、被服和补充部分弹药武器，使部队的实力得以保存，这对我们是很大的帮助。在得到越共中央的答复后，部队决定从谅山转移到高平建营整训。

1945年5月底，正当我准备回香港向区党委汇报时，周楠等从香港到了越南，当时内战已经爆发，区党委认为广东可能出现"十年、十五年黑暗世界"的局面，要准备在最坏的情况下坚持长期艰苦的斗争，考虑到广东各地由于部队北撤后，许多在当地暴露无法立足的人员需要转移隐蔽，准备利用越南这个解放了的国家，建立起一个收容和培训这些人员的基地；区党委本身也要精减、疏散人员。因此，派周楠担任区党委驻越共中央的联络员，任务是领导撤入越南的"老一团"及筹办上述基地，为区党委筹款和开展华侨工作等。周到达越南后，便决定部队进行全面整训，在干部中进行整风学习（后又应越方要求，派部队和干部帮助开展华侨工作及培训越南部队）。这是一团建团来第一次比较认真的整训，效果显著，尤其是军事训练方面。不足的地方是在总结南路斗争的经验教训时，未能在路线、方针、政策上系统地提高。以后在桂西靖镇区斗争暴露的问题，与此不无关系。如果当时抓好这方面的工作，靖镇区的斗争就可能搞得更好些。

1946年底，法越战争爆发，周楠陪同并掩护越南民主共和国出席联大的代表到香港，同时向香港分局汇报工作。1947年5月间，周楠从香港回到越南高平，传达分局关于在华南各省国民党统治区恢复武装斗争，贯彻"放手小搞，准备大搞"的方针；成立粤桂边区工作委员会（分局的意见是包括广西左江、右江、桂东南和广东南路等地区）；一团回国以打开边区武装斗争局面等指示。周楠等到达高平后，接收了广西左江、右江党的关系；由郑敦传达党的"七大"精神，武装干部、战士思想；抓紧干部审查等，为回国参加解放战争积极做好各方面的准备。

1947年7月间，周楠率领部分干部下越南北江省的保夏，准备从十万大山方向回国。先行派出的小部队先遣队，已经安全抵达目的地，后因谅山被法军占领，大部队通过法占区有困难，部队在保夏停留了一段时间。在请示分局后，分局同意从靖镇区打出，向桂西和云南、贵州方向发展，粤桂边工委改为桂滇边工委。南路方面，分局另行派人前往成立粤桂边委，领导南路和桂东南等地区的工作。

1947年11月间，桂滇边工委率一团的500多人打回广西靖镇地区。"老一团"作为边委的主力，仍是一个团的建制，团长、政委仍是黄景文、唐才猷，由桂滇边工委周楠、庄田直接指挥。是年冬，边委决定成立桂西地委，由我任书记①，在部队活动的地区内实行统一领导。主力部队回国后打了几次胜仗。仗是打得很好的，地方工作也有一些开展，但是未能抓住有利时机，迅速打开局面，敌人兵力又逐渐集中对付我们。在干部普遍的要求下，边委暂时退回越南，并于10月间召开边工委第二次扩大会议，总结经验教训。这时云南省已发动武装起义，起义部队也转到越南边境来。分局根据这一情况，指示边委主力转向云南方面，与云南省的起义部队相结合，共同向云南方向发展。这时分局要边工委派人汇报工作，边工委决定由我去分局汇报。1948年9月②，我离开部队去香港，汇报完后就被留在分局工作。③（黄其英、陈杰整理）

1982年3月

（摘自中共湛江市委党史研究室编《铁旅征程》）

---

① 据《滇桂黔边委十八个月工作报告》，桂西地委由陈恩、唐才猷、黄景文、饶华、邓心洋5人组成，陈恩为书记。

② 应为公历10月。

③ 这是原中共雷州特派员陈恩同志关于"老一团"西进的谈话记录。

三、"老一团"西进大事记(第一章)(摘录)

黄景文[①]

(一)"老一团"的诞生

略。

(二)突破包围千里西进

略。

(三)十万大山的斗争

我们能不能在十万大山站住脚,并开辟这个地区,最重要的条件是我们能不能取得广大群众的支持。为此,在十万大山,我们必须高举反对国民党反共内战的旗帜,高举建立人民民主政府的旗帜和高举民族平等(十万大山区少数民族很多)的旗帜。

---

① 中国人民解放军海军第二十三基地原副司令员,时任广东南路人民抗日解放军第一团团长、中国人民解放军滇桂黔边纵队参谋长。

1. 贵台、马屘山战斗

我们在灵山与小董之间和钦县党和人民武装领导人卢文、朱守刚等会了面。在他们的热情帮助下，我们了解了各方面情况，因此顺利地越过陆屋、小董等地，到达十万大山东境大门——贵台乡。贵台地势险要，易守难攻。我们以1个营轻装远程疾进，避开险要，从侧面高山突然袭击，顺利地俘乡长以下60多人枪。在贵台开仓济贫，召开群众大会，宣传反对国民党反共内战。这个地方反动地主武装较多，第二天他们配合广西保安团和我们打了一天。我们受了轻微损失。

马屘山战斗是我们进军中较大的一次战斗，打的是保安团的1个团。战斗了一整天，我第三营英勇地打退了敌人十几次冲锋，歼敌百余人，比较沉重地打击了敌人。战斗中我牺牲连长廖培南以下3人，伤数人。此后的10多天，我们甩掉了这条"尾巴"。

2. 大勉会师

1945年冬至前后，"老一团"到达了十万大山中段山脚的大勉，和以沈鸿周为大队长、以彭扬为政委的防城地方部队胜利会师了。

早在1944年秋，根据特委指示，防城党组织已开始组织游击小组。大勉是防城地方武装活动的中心。为了迎接"老一团"，特委温焯华曾亲自找中共防城特派员谢王岗同志做了布置。为了迎接未来的艰苦战斗，防城党组织派了刘镇夏同志打入国民党刘镇湘第一五六旅收集情报等。这一工作为"老一团"坚持十万大山斗争起了重要作用。防城地区党组织还补给了"老一团"一批枪弹。他们这些有效的工作，给远道而来的言语不通、地理不熟的"老一团"全体同志以极大的温暖和鼓舞。

会师后，经过研究，决定把尾追我们的保安团的"牛鼻子"牵进山区尽头的中越边境的峒中，因为那里地形更险要，更利于打击敌人。

十万大山东起钦县的贵台，西到防城峒中，并向越南境内伸延，连绵300多里，纵深40～50里，悬崖峭壁，像一条长蛇一样横卧在广东、广西的分界线上。峒中就是在十万大山的最西头和越南交界处。

到了峒中，杨甫同志主持召开了防城县党组织负责人谢王岗和"老一团"唐才猷、黄景文、李廉东等人参加的领导干部会议，讨论斗争方针有关问题。会议决定：在军事上，整个地区武装力量由"老一团"统一指挥。根据当时敌人强大（一共有3～4个团兵力）和防城又是军阀陈济棠的家乡，恶霸豪绅相当多的情况；根据山区有地形复杂、利于防守、利于发挥游击战术的特点；根据山区地少人贫，人民千百年来为军阀官僚恶霸残酷压迫，富有革命传统的特点；根据山区人民缺粮缺物资的特点，决定把部队分散，运用游击战术开展对敌斗争，绝对避免过早和敌人决战或打大仗。为此，把部队3个营分为3个作战区。第一营配合刘仲曼、黄奎、张贤等地方中队，挺进滑石、那梭地区。第二营配合郑云、罗北、陆英林等地方中队活动于滩散、峒中地区。第三营配合黄彪、项世英等的地方中队在北仑扶隆地区的斗争。一般情况下以班、排、连为单位作战。在这作战方针的指导下，我们除了在滩散竹叶坳遭受到敌保安大队袭击，牺牲第三营政委林敬武同志（林敬武同志的牺牲是我们西进中最大的损失之一）以下十几人外，作战4个月，我们部队没有多大损失。我们采取夜袭、远程奔袭、麻雀战等战术，给予敌人一定的打击。我们用地雷炸破了极为坚固的反动豪绅陈树尧的地主庄园，使整个防城地区震动极大。地方部队作战也很有成绩，为了阻击刘镇湘正规军进入峒中，少数民族的民兵大队队长黄志瑞同志利用险要，一个人血战一天，打死打伤敌人10多人，打退了一个连的进攻，而他自己仅负轻伤。地方游击中队也成功地袭击了反动地主陈树雄、杨鼎忠等的据点，缴获物资很多。坚持十万大山的游击战争，就是在这一斗争方针的指导下展开的。

3. 贯彻中共中央民族政策，成立民族团结的峒中人民民主政府

十万大山的少数民族群众很多，他们近几十年在国民

党军阀地主豪绅的压迫下,受到奴隶般的歧视,受尽残酷的榨取和剥削,生活特别苦,他们十分痛恨国民党反动派,历史上有不断反抗官吏斗争的光荣传统。抗日战争期间,他们受到我们党的抗日民族统一战线的影响,对我党我军是有好感的。在十万大山的斗争中,能否团结少数民族群众是一个关系到斗争胜利的重大问题。我们到峒中以后,开展了反对国民党反共内战、坚持民族平等和建立民主政府的宣传,派重要干部积极做好少数民族上层工作。党的民族政策和我们的一些具体主张,很快获得了他们的拥护。于是,1945年农历十二月中旬,我们在峒中成立了人民民主政府。乡长为黄礼德(汉族),副乡长为黄志瑞(壮族)、马文初(壮族)等同志。还成立了少数民族地方部队。乡政府成立的那一天,少数民族群众敲锣打鼓,穿着节日盛装,开了几千人的大会,热烈庆祝自己的节日。沈鸿周同志和三营政委庄梅寿同志还按照该地少数民族的习惯和应他们上层人士的要求,与黄志瑞、马文初等人歃血为盟,结为兄弟,定下了永远反对蒋介石的盟约。黄志瑞、马文初等壮族领导上层人士及其率领的少数民族部队,对当时的十万大山斗争和以后的解放战争都起了十分积极的作用。党的少数民族政策那时就在十万大山中开了花。

4. 军民团结战胜困难

部队一方面对敌军作战,一方面又要和许多困难做斗争。寒冷、饥饿、疾病严重地威胁着我们，我们如何克服这些困难呢？最根本的经验就是狠抓政治思想工作，特别是强调领导干部以身作则，强调政治、军事、经济民主，强调军内军外的团结，干部与战士同甘共苦。部队在十万大山活动时期已是寒风刺骨的隆冬季节，加上山高林密经常下雨，天气特别寒冷，我们突围时穿的都是夏装（因有些冬装仓库给敌人"扫荡"了），战士、干部每人一般只有2件单衣，一个班一般只有三四条毯子，在树林宿营，大家只好围着火堆睡觉。遇上下雨天，毯子做了帐篷，连盖的也没有了。因此，病号成倍地增加。那时药物又奇缺，只好用山草药治病和用盐水医治伤病。"巧妇难为无米之炊"，但我们的医生和护士却个个比"巧妇"还巧，他们能有效地用草药、盐水治好许多伤病员，他们是带着病、饿着肚子去采药和救护病伤号的啊！山区人穷地少，粮食短缺，且敌军和反动势力威迫老百姓对我们"坚壁清野"，我军所到的许多新区，群众逃跑上山不敢卖粮给我们，加上敌人仿效日寇的烧杀政策，搞并村围集，把百十家人的小村合并到大村子去，重兵守备以割断我军民关系和粮食来源，因此我们经常饿着肚子，有时一天只有一二两米和着野菜煮粥汤和竹笋过日子。但战士们却打趣地说"我们吃的翡翠珍珠汤"。那时部队没有津贴，干部、战士待遇一个样，除了事务长外，谁也没有钱，即使这样艰苦，但他们仍怡然自得，毫无怨言，始终是上下紧密团结得像一个人，不怕苦不怕死，乐观地战斗着。第一营有两个战士，他们是父子，儿子叫李福田，是班长；父亲叫李育兴，同在一个班当兵。父亲和儿子经常互相鼓励"要坚持革命到底，不打败蒋光头不回家"。党支部不断地动员战士互相做思想工作。整个时期部队纪律非常严明，严格按"三大纪律，八项注意"办事。在钦防和十万大山地区的冬季，农村里红彤彤的橘子、橙子还是经常可见到的，但部队很少发生采摘群众水果的事。有时群众不在家，事务长采了他们的青菜，也按时价留下钱和条子在地里，从未发生过私拿群众东西的事。正因为这样，许多群众越来越多地摆脱反动派的欺骗宣传，从害怕变为拥护我们。我们有些掉队的伤病员，往往得到群众掩护才免于被敌人杀害。敌人袭击我军时，有好几次都是群众主动给我们送情报，我们才免遭损失。国民党反动派想在十万大山消灭我们部队的阴谋，最后在军民团结的铁拳下失败了。

（四）入越

1946年农历二月中旬，正当我们艰苦战斗但又能以小股兵力有效地困扰袭击敌人并取得不少胜利的时候，中共南路特委派谢王岗同志来传达上级指示，说经与越共中央联系，准许我们以小股部队坚持十万大山斗争，大部分部队转入越南整训，以利再战。

据周楠同志回忆描述，"老一团"入越一事"是温焯华同志事先向省委报告"，"经过省委研究后请示过中央的"。

在此以前，1946年1月间，我们根据中共南路特委关于必要时可以转入越南整训的指示精神，派了朱兰清同志入越和越方取得联系。朱兰清同志到河内后，受到越南党中央政治局委员黄文欢同志（那时化名为李光华）的接见，并很快得到越共中央同意"老一团"入越的答复。在我们接到谢王岗同志传达的上级指示后没几天，朱兰清同志也返回部队了。于是，我们就根据越共中央和越南海宁省委的安排，经洞模、平辽、新街、亭立、陆平，到谅山省七溪，秘密入越。因为要继续打击敌人，所以入越一共分3批。第一批是团部和第一、第三营，第二批是第二营，第三批是第四营（防城部队，入越后正式编为第一团第四营，营长沈鸿周，政委彭扬）。"老一团"入越前和防城党组织共同研究了小股坚持斗争的方案。此后，在钦防地方党的领导下，钦防地方部队有效地运用毛泽东军事思想，不断地打击敌人，使敌刘镇湘1个旅的1个主力团、保安团的2～3个团企图在十万大山消灭我军的阴谋彻底失败。钦防同志和钦防人民在粉碎国民党的"围剿"中，做出了令人钦佩的贡献。

部队进入越境后，受到越南人民的热情欢迎与照顾，充分体现了后来胡志明主席讲的中越人民是"同志加兄弟"的精神。我们部队沿途也节衣缩食，减轻越方负担，热爱越南人民的一草一木，严格执行军纪。一路上体现出中越两国人民的深厚友谊。

到达谅山后，组织决定让黄景文去河内找越共中央汇报我们的进军情况。在河内接见黄景文的也是黄文欢同志。会见后，黄文欢同志又指定我们到高平省坑嗯地区整训。部队全部供给由越方负责。

为了统一领导"老一团"和一批相继撤退到越南的南路干部，1946年6月，广东区党委派周楠同志为区党委驻越共中央联络员。

1946年7月、8月间，唐才猷和黄景文同志去河内，周楠同志指示我们按越共中央的要求把"老一团"分为三部分。一部分驻高平省，一部分转海宁省，一部分南下驻越南中圻（即中部）。三部分部队除整训外，都要协助越南做好华侨工作，打击土匪和安定地方，抗击法军。9月间，我们就按这个指示部署部队。

（1）在高平办干部训练班，在周楠同志的领导下，主要培训连队班排以上干部和机关干部，内容是政治整训，也有些军事课和文化课。

（2）由黄景文带领2个营6个连南下越南中圻（中

部）义安省。这部分部队以搞军事训练为主,以政治文化课为辅。

（3）涂明堃为营长,李鸿基为副营长,谢森为政委,严秋为副政委,率领第三营、第四营合编组成的一个营,进驻海宁省、广安省、北江省,以抗击法军、平定土匪、组织华侨为主要任务。

从此,"老一团"这支中国人民军队就在越南土地上为中越人民共同的革命事业而奋斗。

1. 狠狠打击法军

"老一团"在执行越南党中央所给予的新任务之后,部队进行了深入的思想政治动员,进一步进行了国际主义教育,提高热爱越南人民革命事业的思想,把支援越南人民从法国殖民主义者手中解放出来的事业,当作中国共产党员最光荣的任务。部队自入越以来,受到越南党和越南人民亲如手足的情谊的国际主义教育,部队阶级觉悟有了很大的提高。这些都为"老一团"以后比较好地完成各项任务打下了坚实的思想基础。

2. 胜利的战斗

越南民主共和国成立后不久,法国殖民军利用越法签订的条约,进入了越南所有大城市。他们和进入越南北部的蒋介石国民党军及土匪相勾结,危害越南政府和越南人民,其中以华侨众多的海宁省、广安省、北江省为甚。为此，我们部署了"老一团"第二营、第四营合编的涂营进驻海宁省等三省。为了更好地执行任务，周楠同志于1947年初委派余明炎、庞自等同志去加强这支部队。为了更有力地对敌人进行军事打击和政治瓦解，1947年春，他们吸收了200～300名华侨青年，成立"越南东北区（即海宁省、广安省、北江省地区）华侨民众自卫团"，团长黎汉威（黎攻），政委余明炎，政治部主任庞自。1947年秋，这个团又改为越北独立团。1948年秋，越南把这个中团命名为"越南卫国军（正规军）独立中团"。第一小团和第二小团（营）仍由"老一团"原第二营、第四营的部分干部和华侨组成，第三小团全部由越南部队改编。这支以第一团的干部为骨干的华侨武装在越南人民和当地华侨的支持下，有效地打击了法军，取得了许多振奋人心的胜利，其中较大的战斗有：

（1）1947年春，李锦章、陆锦西领导一个武工队在广罗—左堆公路上击毁法军军车1辆，歼灭法军30多人。这次战斗是越东北区敌后抗法初期少有的胜利，震动了整个地区。

（2）1949年春，陆锦西领导的海宁省华侨独立大队，消灭了中越边界法伪军据点南树屯，全歼了30多人。不久打下了塘花，又消灭了20多人。

（3）1949年农历二月廿八日，独立中团配合粤桂边纵第三支队（以防城部队为主）500多人，经过充分准备，采取里应外合的战法，只用4个多小时即攻下有近千法伪军驻守的海宁省省会芒街，击毙法军中校副指挥以下50多人，击伤上校指挥1人，俘120多人，击溃数百人，缴获八一迫击炮1门、火箭筒3具、轻重机枪15挺、步枪300多支，弹药一大批。这一胜利不仅轰动了越南，也轰动了巴黎，巴黎报纸均报道了这一消息。我们部队作战时打着"越南卫国军"（正规军）的旗号。事后越南报纸大力宣传和表扬了这支"越南卫国军"，越南这个战区的司令官还立功受奖了呢！

此外，用小股武工队形式进行伏击等打法，在海防、左堆等地区打击敌人的小仗是很多的。

这支部队经过与越军并肩战斗，反复打击法伪，再加上政治分化瓦解工作，至1949年上半年止，海宁省、广安省、北江省地区的越南反动武装和土匪大部被肃清了。法军受到多次打击之后，只能龟缩在几个大城市。越方曾多次表扬这支部队。

3. 动员组织华侨支援越南抗法斗争

越南全国华侨当时共有180多万人，在南越西贡（胡志明市）附近有120万人，中部约15万人，河内、太原、海防附近约15万人，中越边境海宁、广安、北江等省广大农村约30万人。华侨是越南抗战的一股很大的力量。

"老一团"入越不久，越共中央即要求我们派干部协助他们做好华侨的组织宣传工作。经过中共广东区党委驻越共中央联络员周楠批准，我们先后派出了5批人去做华侨工作。第一批是"老一团"第二营、第四营到海宁省等组织广大农村华侨，建立华侨自卫武装和群众抗法团体；第二批是×××、×××（未公开）等在河内、海防协助越方办华侨报纸、办华侨学校、搞文艺戏剧等宣传教育工作；第三批是派郭芳同志等人到海防工作；第四批是深入南部西贡和中部顺化等省市去工作；第五批是我们回国时留在越南华侨自卫团工作的部分干部。

现在简要谈谈第四批和第五批的情况。1946年7月、8月间，我们挑选了连级干部郑庄（原名郑南）、刘陶荣、沈醒民、翁泽民、李森、沈鸿欢等同志共16人，经过集训，介绍给越共中央。他们的党籍由中共管理，并保留最后调动权，行政工作由越南管理。他们先后被分配到南方第八、第九战区。他们虽然远离我党领导，但做出了卓越的贡献：①在南方各省成立"解联"，团结了广大华侨；②为越南军队和机关输送兵源和干部；③传送情报，接济物资；④动员华侨参加民兵组织，参加防奸、放哨、破路等工作；⑤发动华侨捐款献物慰劳越军；⑥发展华侨文化教育；⑦开展国民外交，办了"越华友谊会"的组织。他们工作发展很快，在抗法、抗美整个时期，组织了几百个省、县、区的华侨团体与数十万华侨，对越南解放事业做出了杰出贡献。

到现在为止，这批16位援越干部经过正式手续回国工作的有郑庄等7人，不明情况和未回国的7人，已去世的2人。据最近了解，除个别人外，其余均表现出对党无限忠诚，在极为艰苦的条件下认真完成党交给的任务。其中，翁泽民同志就是有代表性的人物之一。翁泽民同志于1948年被法国人逮捕，经受严刑拷打，打断了3根肋骨，坐了7年牢，始终守口如瓶，没有暴露机密。一直到1954年《日内瓦协议》的签订，越法交换政治犯时才获得释放。1959年回国，1980年经中央组织部批准恢复中共党籍。这些年，他一直按党员标准要求自己，经受了多方面的考验。

派出去的第五批干部是1947年夏以后调给越方的。当时根据中共香港分局的指示，第一团回国参加解放战争，独立中团和"老一团"的同志要随我团回国作战。但应越方要求，我们留下了一批骨干，继续领导这支华侨武装。

4. 部队整训和协助越军训练

"老一团"在越期间，认真贯彻执行上级的"入越整训，以利再战"的精神。

在政治训练上，首先抓好党员干部整风。在高平办了党员整党训练班，学习刘少奇同志的《论共产党员的修养》，学习党的组织原则、民主集中制和组织纪律等，还学习辩证唯物主义和军队政治工作等。在军事上，重点是南下中部的部队，普遍学习了毛泽东同志关于人民军队、人民战争方面的思想。在训练上，在严格训练、严格要求的方针下，在营连以下小部队攻防战术、夜间战斗和射击、投弹、刺杀三大技术及游泳（适应越南水网地带战斗）等科目方面狠下功夫。经过1年多的训练，军事素质有很大提高，以射击为例，优秀射击手达70%以上。

在文化教育方面，由连队战士50%是文盲提高到每人认识3000字左右，达到能读一般书籍的水平。

"老一团"的训练成绩大幅度提高，和越南领导干部的关怀是分不开的。越南党政治局委员黄文欢（1946年底，当我们部队到达义安省时，他调任越南中部中央分局书记），为我们驻义安省部队的党员讲过10多个小时的越南党史课；参加过我们中央红军二万五千里长征的越南中部第四战区司令员阮山（在中国名为洪水），也为我们讲过党课。曾参加过我党广州起义的越南中央委员胡××（未公开）为我们讲过广州起义的历史。我部队所在各地的各级领导经常到部队视察，他们的殷切教诲和关怀充分反映了中越两国人民的友谊。

越方邀请我们协助他们训练军队，我们采用派出去和请进来的办法。我们派出了黄景文到越南高级步兵学校（营、团干部学校）和第四战区步兵学校当顾问。派出廖华、林杰、黄英、陈庆芳、李恒山、彭扬等同志去越南太原省干部训练班任教。派陈炳崧等同志去越南义安省部队教军事课。请进来的就是请越南部队分散插进我们部队，各班占1/3。他们和我们同吃、同住、同劳动、同训练，搞传帮带，这种办法训练效果明显，很受他们欢迎。经受过训练的部队，在我们回国前对法军作战打了几次胜仗，他们还把一些胜利品送给我们做纪念。

5. 加强中越两国人民的友谊

"老一团"入越后无时不受到越南党、政、军和人民的热情关怀。像越南中圻（中部）中央分局的负责人黄国越、陈友翼等人，就常是我们驻中部部队的贵宾。群众也经常挑着点心、花生、香蕉、椰子等礼物前来慰问。为了进一步增进中越人民的友谊，我们部队不断地进行国际主义教育、人民军队光荣传统教育，持续高涨地开展爱民运动。我们有效地做了如下几方面的工作：

（1）助民劳动，即帮助越南农民从事生产劳动。我们广大战士均是庄稼汉，犁田、插秧、割稻不仅内行而且比他们做得又快又好。因为越南天气热，当地群众下午一般休息（不下地），而我们却不怕苦、不怕累，整天劳动，因此劳动进度大大超过他们，很受他们欢迎。我们每年帮助农民劳动的工作量都很大。

（2）医务人员送医上门，天天按时出诊，以中草药为主免费治愈许多越南群众。

（3）对军属、烈属、老人等农户，帮助他们打扫卫生、砍柴、担水，并形成了制度。

（4）部队严格执行"三大纪律，八项注意"，特别尊重越南人民的风俗习惯。有事外出和放哨等都必须2人以上同行。因此，"红军"（他们有些人是这样称呼我们的）信誉很高。

由于全体同志自觉性高，部队管理又严格，因此部队所到之处，都受到群众好评。越军经常派政治干部来部队考察见习。我们回国时许多群众送了一程又一程，有的依依不舍送了一二十里。

（五）兵分两路，回国参加解放战争

1947年夏，全国解放战争形势大好，刘邓大军渡黄河进行全面大反攻。中共中央香港分局命令"老一团"回国参战。

回国前，香港分局决定组建粤桂边区纵队，由原琼崖纵队副司令员庄田同志为纵队司令，由周楠同志任政委。最初计划是返回南路的，后来为了配合广西左江、右江起义，于是兵分两路：①"老一团"在周楠、庄田首长直接领导下，直插广西左江地区的靖西县，配合左江起义部队作战；②先后派了支仁山、李廉东、涂明堃、朱兰清、肖汉辉、沈鸿周、彭扬、黎攻、叶扬眉等同志和一部分部队回到钦防、南路地区。从此，经过1年8个月在越南整训与战斗的"老一团"又回到祖国的土地上，为解放事业贡献自己的力量。

1981年5月1日

（摘自中共湛江市委党史研究室编《铁旅征程》）

四、谈"老一团"西进①

唐才猷②

（一）广东南路人民抗日解放军第一团的组建和任务及活动情况

1944年冬，吴、化、廉、梅起义后，南路人民抗日解放军第一、第二支队宣告成立。不久，第一、第二支队主力由李筱峰、黄景文同志率领开向合浦。而我奉特委指示回到雷州半岛敌后的遂溪等地发展武装。返回遂溪后，以第一支队留下的同志为基础，很快便组织了一个团。团长唐才猷，政委陈恩，政治处主任黄其江。以遂（溪）、廉

---

① 这是唐才猷在1981年6月"老一团"团史座谈会上的发言，插话者黄景文时任第一团团长，肖汉辉时任第一团第三营第八连指导员。

② 中国人民解放军湖南省军区原副司令员，时任广东南路人民抗日解放军第一团政委、中国人民解放军粤桂边纵队副司令员。

（江）边境的新塘区为中心开展抗日游击战，建立人民政权。西进合浦的部队先后3批开回新塘区之后，特委于1945年5月、6月间在遂溪山家县决定将高雷部队整编，成立5个团。第一团团长黄景文，政委唐才猷，政治处主任李廉东，团部参谋黎汉威、林杰。政治处有个政工队，团部有个技术队。从部队的来源说，第一团主要包括三部分：从合浦回来的第一支队的同志，他们许多是参加过1944年7月老马村起义的（从合浦回来的第二支队的同志基本上被编入了其他兄弟团队）；从海康、徐闻回来的同志；在遂溪组织的这个团的同志。全团共800多人。后来群众惯称的"老一团"，就是在山家整编时组建的。当时特委的任务是要迅速发展敌后抗日游击战争，扩大部队、扩展新区。一团是主力团，根据特委的意图，可机动地在整个南路地区活动。但当时活动的重点是在遂溪、廉江，后扩展到海康，总的方向是向敌后发展。第一团组建后开展的第一个大行动是攻打日伪占领的杨柑，打开整个遂西区的局面。后来部队开向海康，途中听到日本投降书正式签字的消息，于是，我们赶快将部队拉回遂溪待命。

（二）第一团的西进斗争

第一团的西进包括三个阶段。第一阶段是突围西进十万大山坚持斗争。当时的情况是：全国范围的内战未爆发，但国民党了第四十六军、第六十四军及"新一军"压向雷州半岛地区，妄图一举歼灭我南路人民武装（黄景文："新一军"前卫部队在我从遂溪突围时到了廉江，但没有继续往南压，而是开向广州），然后到海南岛消灭琼崖人民武装，接收日军投降。一天晚上，我们正在遂溪泥地一个村庄隐蔽待命，突然接到特委送来的一封信，要我们将部队开到十万大山去，保存力量，开展十万山区的游击战争。当时，遂溪县城和城里、城外等处都驻满了第四十六军；而我部队则分散隐蔽，其中第二、第三营还在海康北上途中。我当即同黄景文同志商量决定：坚决执行特委指示，分批突围西进。先由黄景文带领团部及第一营突围，到达廉、博边境等候；我将其余部队收拢后再突围。第一批突围后，翌日拂晓敌人向我进攻，但由于我们行动迅速，隐蔽地点选择得好，群众协助封锁消息，敌人扑了个空。第一批突围队伍在廉江塘蓬与敌人打了一仗，击退了敌人的进攻，然后进入敌人包围圈外的山地——博白县马子嶂等候后续部队。第二批突围是20天后。中间主要是收拢部队，还进行了两个行动：一是打遂溪军用机场，二是伏击敌人汽车。伏击汽车除了缴获一大批钞票外，更重要的是弄到一张十万分之一的军用地图。接着，部队向廉江方向突围，最后在马子嶂与第一批的同志会合。在马子嶂我们主要做了两件事：一是派人到合浦、灵山与当地党组织联系；二是进行部队的整编和动员工作。此外，还在驻地附近打反动派，补充西进的给养。第一团在马子嶂前后活动了1个月时间，就是积极做好上面几方面的工作。当时特委很关心我们，派杨甫同志到马子嶂传达特委指示，对第一团的西进起了督促作用。杨甫抵达马子嶂时，我们同合灵部队也联系上了，于是我们继续向十万大山推进。沿途获得合浦、灵山、钦县地方党、武装和群众的支持、配合，部队较为顺利到达十万大山贵台地区。

在进入十万大山纵深地带之前，部队在钦县与防城交界地区的马鞍山进行一次较重要的战斗。

第一团进驻贵台圩后，附近的广东、广西民团接连3天前来骚扰。第四天，尾追的广东保安团又已迫近。我们连夜撤出贵台，向马鞍山方向转移。那里地形很好，利于防守，在群山之中又有一条隐蔽小路沿着十万大山南麓通向防城的小峰、大勉。翌日清晨，敌保安团在地方反动民团配合下向我部发起进攻。我们决定坚决还击（黄景文：力求在大面积杀伤来敌后利用夜幕掩护撤出战斗）。这一仗，全团都打得很坚决、勇猛，特别是第三营，打退了敌人多次冲锋，直到黄昏，敌人还冲锋了一次，也给打退了。可惜我团一个很好的连长廖培南同志牺牲了。但总的来说，我们伤亡仅几个人，敌伤亡100多人。我们坚守了一天阵地，达到了目的，晚上有秩序地安全转移。

　　进入防城的十万大山地区后，部队很快同地方党和武装取得联系。沈鸿周、彭扬等同志在大勉和我们一起商量部队拉向哪里好，沈、彭等建议继续挺进峒中。我们考虑：峒中靠近越南民主共和国的海宁省，可以利用中越边境周旋，但同越南的关系如果没有打通，进入峒中就像进了牛角尖。我同黄景文同志商量后，还是决定进去，至少可以看一看十万大山到底是什么样子。进入峒中后，部队休整了一下，敌人又追了上来。那里都是山地，敌人要消灭我们不容易，而我们要消灭敌人也不容易，如果要打，一定是场恶仗。我们考虑到，部队刚到，立足未稳，不能同敌人硬拼，便决定采取敌进我进的办法，根据地形情况将部队分散，以营为单位展开兵力：第二营在那良、滩散、峒中；第三营挺进十万大山的北仑、北基；第一营推向那湾、那梭方向，威胁敌人所在的县城。团部只带1个警卫连转移到中心地区大勉。现在看来，当时不同敌人硬拼，而将兵力分散，与地方武装相配合，发动群众，打击敌人，是对的，是打退敌人第一次"扫荡"的关键一着。部队一展开，首当其冲的是第二营。记得我们团部几个人最后离开峒中，到了六市坳第二营的指挥所时见到了林敬武同志。那里地形很险要，但发现山后有被折断了的树枝，像是一些标记，我们便提醒林敬武同志敌人可能企图从山后包抄过来。林也觉得要注意这个问题，决定天亮前撤离。果然，天亮前敌人正是从山后摸了上来。指挥部还没有转移，战斗便打响了，林敬武等10多个同志不幸牺牲。在北仑的北婆村，第八连也遇敌袭击，有的被冲散了，但伤亡不多（黄景文：我部牺牲4人，敌死8人。肖汉辉：轻机枪副射手袁马就在战斗中下肢被打断，为坚守阵地，掩护全连转移，多次谢绝战友的救援，被俘后遭敌杀害）。第一营进展比较顺利，取得一些小战斗的胜利。这样，敌人退了回去，对我部的第一次围攻被击破了。同时，我们在地方同志的支持配合下，开展群众工作，组织武装，发展部队，在峒中建立了乡政权和民兵大队，工作是有进展的。

不久，刘镇湘率正规军1个主力团和2个保安团及地方民团联合向我部围攻。我是在小峰接到情报的，当时说刘镇湘率1个正规师来"扫荡"。我同黄景文同志研究，敌人兵力太多，而十万大山纵深不大，如长期坚持补给有困难，决定暂时避过敌人锋芒，将部队撤入越南边境。

部队撤入越南，事前请示过上级，并得到越南党的同意。记得在粉碎敌人第一次"围剿"时，我同防城党组织负责人谢王岗研究过地方工作，还向特委汇报了几个月来的斗争情况，并提出当敌人发动更大规模进攻时，能否进入越南的问题。当时，我们还考虑到，为了坚持十万大山的斗争，必须利用中越边境开展活动，但这涉及中越两党的关系，于是派朱兰清同志入越同越南党联系。后来，朱兰清同志在河内见到黄文欢，黄代表越共中央答复说，如果我们坚持有困难，必要时可以进入越南。这样，当刘镇湘部队大举向我部进攻时，我们决定入越。当时，只是准备入越休整一下便打回来，故此部队驻在边界不远的地方，后来越共中央认为边境容易暴露，叫我们驻进高平、谅山一带。

从遂溪突围到十万大山，部队比较顺利地完成了特委交给的任务，只是在敌人力量过于强大的情况下才暂时入越休整。我认为这是必要的（当然不入越敌人不一定能把我们消灭，但会受到很大损失），而不是"十年浩劫"中某些人说的逃跑主义（黄景文：当时国民党不承认华南有我党领导的抗日武装，党中央对南方的方针是收缩、保存力量，广东各地的游击队正根据中央的方针准备北撤）。应该根据党中央总的意图和联系全局来看待这个问题，即使从局部来看，这也是必要的（黄景文：当时我们驻在边界不远的地方，以便一有机会随时可以打回来，后来越共中央要我们驻远一些，是怕国民党军队追过来）。

第二阶段，是入越整训和参加抗法斗争。入越后不久，我们根据越方的要求，将部队拉到谅山。他们问我们有什么要求和打算，并提出要我们派部分部队参加他们的卫国团（越人民军的前身），另一部分帮助他们做华侨工作。不久，周楠同志由上级派到越南，任广东区党委驻越共中央的联络员。经周同意，我们一部分队伍到了越南中部义安省，参加他们的卫国团，一部分到北江省开展华侨工作。我们考虑到将来要回国参加解放战争，开展边境地区工作，故决定在高平举办干部训练班。到义安去的是第一、第三营，由黄景文同志率领，军事训练、政治训练都搞得不错，部队素质有很大提高，射击技术大有进步，涌现不少神枪手，后进战士的转化工作也做得细致。部队组织纪律性很强，同越方部队的关系也很密切。高平训练班的学员除了原来第一团的同志外，还有从香港来的一些同志，经过学习，政治水平、军事技术等方面都有提高。此外，派到边界开展工作的一批同志也积极工作，为部队回国创造条件。

在参加越南人民抗法斗争方面，较为主要的，一是派干部和部分队伍做华侨工作，建立华侨武装，直接参加抗法战争。这项工作主要在北江、海宁、广安等省展开。因为这些地区华侨较集中，越南在这方面的工作又没做好，他们最感棘手的问题是同当地华侨关系不好。我们在宣传发动的基础上，逐步建立了华侨部队，后正式组建成独立中团，黄炳同志任团长。二是黄景文同志率领的部分队伍编进越南部队，增强了越南中部的战斗力（黄景文：两次准备参战，但没有打成）。三是派干部帮助越南办干部训练班，培养军政干部。记得胡志明曾写信要求我们替他写个训练计划，周楠把这个任务交到高平来，我便找了几个同志商量，拟了一个计划送去。四是派干部到越南敌后做情报工作。这些同志有的一直在中华人民共和国成立之后才回国。他们的工作做得很不错。上面几方面的工作，说明我们对越南的抗法战争是做出贡献的。

第三阶段是部队进入桂西、云南开展武装斗争。部队原来是决定回广东参加解放战争的，后来从保夏回国经过河内至谅山铁路时，敌人在我部拟通过地段增派了兵力。当时我们将行军路线向香港分局做了报告。分局发回一个电报，根据周楠同志传达，大意是：你们是否考虑不回广东，将部队改向广西、云南方向发展。周楠找了个别同志商量，认为分局提出这个问题值得考虑，从当时形势看，向西发展是必要的和有利的，因此同意分局的这个意见，改变了部队的发展方向。现在看，分局这个意见是正确的，具有战略眼光，对部队的发展和边区的斗争起了很大作用（黄景文：可以说这是个战略性的转变，是非常正确的）。广东南路原来就有基础，我们不回来影响不大。

在广西，主要是开展靖镇区的斗争，其次是派干部到左江、右江帮助地方党组织武装起义。

靖镇区的斗争，从军事上说打了许多胜仗——果梨、百合、弄蓬等，打开了一个小小的局面，这几场战斗打得很漂亮，基本上是歼灭战。当时我们在理论上懂得不多。从实践上看大多是采取晚上运动、拂晓袭击、四面围攻的战术。在主攻方向上力求避开敌人的正面而选择守敌之侧面或背后，出其不意实行突袭。这是符合毛主席的战术思想的。但在军事斗争上也有缺点。一是发展方向有问题。我们打下百合后，由于靖西那边打了几次胜仗，便想将主要方向转向靖西，而未能抓住在镇边的有利时机大力发展。镇边山高林大，敌较靖西薄弱，又有回旋余地，如果把这块地区拿下来回旋余地就更大了。但我们却向靖西方向打，虽然打了几次胜仗，但敌人很快便来了，我们才急忙转回镇边，转回镇边后不是兵分去发动群众，占领广大乡村，而是企图集中主力去进攻镇边城，在德窝前线与敌对峙致失去了时机。在指导思想上有些急于求成，企图集中力量一下子便将局面打开，但我们毕竟只有500多人，力量这么小搞得部队十分疲劳。总之，部队进入靖镇区打了好些胜仗，成绩是主要的，但也存在缺点。在地方工作上，进行了发动群众，但执行政策有过"左"的地方（黄景文：那是1948年，我们应该高举反蒋统一战线旗帜，凡是反蒋的都要尽可能争取团结过来，但我们没注意这一条，把小地主甚至一般的富农都作为打击对象。政策过"左"使我们严重脱离了群众。后来到云南就不同，因为总结了靖镇区的经验教训，团结一切反蒋的力量，发展就比较迅速）。那时候，打击面确实过大。肃反错杀了一些人，搞得群众都害怕，不敢接近我们。后来敌人从安徽调了一个旅来对付我们。由于敌人的压力太大，我们又执行了过"左"的政策脱离了群众，便决定不同敌人硬拼，而将主力撤出边境，留下廖华的第二支队坚持斗争。这也是对的，不是逃跑主义。

进入云南的情况大体是：入滇前，我们同云南朱家璧部队会师于越南河阳。会师后，中共桂滇边工委为开展边区游击战争，决定将我们这支部队分为两部分。第一团一部分和朱家璧部队大部，挺进盘江以北开辟滇东地区的斗争；另一部分和孙太甲同志率的一个大队结合起来，以中越边境为依托，发动对滇东南地区的斗争。两部分互相策应和配合。根据这个部署，到滇东去的这部分组织了前委，由庄田同志主要负责，主要领导人还有黄景文、郑敦、朱家璧等。他们在北渡盘江前于西畴观音伐芹菜塘打了一仗，消灭敌正规军1个营，对打开滇东南的局面起了很大作用。在滇东南活动的这部分组织了指挥部和滇东南工委（工委由唐才猷、饶华、岳太华组成，唐任工委书记兼指挥），在周楠直接的领导下开展工作。首先以武工队为先导，深入开展群众工作，接着在边境地区展开积极的军事行动，很快便打下马关、麻栗坡、董干、田蓬等据点，然后向纵深发展。在地方工作的密切配合下，滇东南的局面很快便基本打开。局面打开得较快的一个重要原因，是前委率部到滇东后把敌人力量吸引过去（黄景文：前委到盘江以北地区后，国民党正规军被吸引过盘江，滇东南只剩些地方反动武装）。总而言之，前委在滇东的胜利，为滇东南地区的开辟创造了条件，而滇东南地区的胜利对滇东地区的斗争起了策应作用。另一个重要原因，是地方工作方面吸取了广西靖镇区的教训，正确执行了党中央对新区的政策，特别是党的统战政策，联合一切反蒋力量，克服了"左"的错误，工作较顺利，很快便着手组织政权，发展扩大了地方武装。

除第一团（"老一团"）的西进外，后来还有"新一团"的西进。"新一团"的西进比"老一团"的西进更艰苦。"新一团"同"老一团"一样，都是战斗力较强的团队，它在1949年春天进入云南后与"老一团"会合，成为滇桂黔边区纵队的一个主力支队，也为开展边区的斗争做出自己的贡献。

第一团的西进，经过粤桂滇3个省，它拖不垮、打不烂，完成了上级交给的任务，主要原因是：

（1）这支部队是党领导的人民军队，党的领导比较坚强，党员人数多（一般连队占20%～30%），部队成员都是经过党长期教育的群众，有较高的思想政治觉悟。

（2）这支部队有上级的正确领导。上面提到的许多关键时刻的重要决策，都是中共香港分局、广东区党委、南路特委根据形势发展变化而做出的正确决定。例如，西进十万大山现在看来是有战略眼光的，因为那里除地形条件外，还有中越边界可以利用，而且地处偏远，属两国、两省交界，有回旋余地。又如，指示我们入越整训，不但保存了力量，粉碎了敌人消灭我南路主力的企图，而且对越南人民的抗法斗争起了一定作用，这也是正确的。可以设想，在这样一些重大问题上，如果没有上级党委的正确领导，我们要取得胜利是不可能的。

（3）形势发展对我们有利。当时，解放战争正在全国范围内进行。我们处在国民党统治区，如果没有全国斗争的大好形势，我们要生存发展是不可能的，取得这样的胜利更是不可能的。

（4）地方党组织、兄弟部队和人民群众的支持配合。无论是在雷州半岛、钦廉四属，还是在桂西、云南，我们都得到这些地区的党、武装部队和人民群众的爱护和帮助，没有这些，我们寸步难行，要生存、发展是不可能的。

（摘自中共湛江市委党史研究室编《铁旅征程》）

五、解放战争时期广西靖镇区的斗争概况

梁　家[①]

靖镇区是一个有着光荣革命斗争历史的地区。在第二次国内革命战争时期，这里是邓小平、张云逸同志领导的红七军、红八军的左江、右江革命根据地延伸的游击区的一部分。到了抗日战争时期，1943年夏天，中共广西地下党组织在这里建立了党组织并组织了农会。解放战争时期，我曾经参加过这个地区的革命斗争。

1947年秋，全国人民解放战争已经发展到一个转折点的时候，人民解放战争已经在几个战场上打退了蒋介石的进攻，迫使蒋介石转入防御阶段，人民解放军已转入全国规模的进攻。战争主要不在解放区里进行了，而在国民党统治区进行。我们就是在这个时候进入靖镇地区的。这是

[①] 中共云南省委原副书记、云南省政协原主席，时任中共靖镇区工委书记，人民解放军桂滇边部队第二支队政委，中国人民解放军滇桂黔边纵队第一支队政委。

解放战争时期，靖镇区开展武装斗争的历史背景和全国的大局。

1947年秋，在桂滇边工委的领导下，我们部队进入靖镇区以后，在过去地下党和第二次国内革命战争建立的群众基础上开展了工作。大概可分为四个时期，随着形势的发展，党的建设也不断发展和调整。

第一个时期，部队（"老一团"）进入靖镇区以后，三战三捷，重新打开了靖镇区武装斗争的局面。在这之前，该地区已建立了一个能联系群众、有战斗力的党的特别支部，这是抗战时期建立的支部。特别支部有群众基础，也有农会组织，使我们从广东南路来的主力部队一进入该地区，就具备了开展武装斗争和取得胜利的必要条件，因为地方党支部早就搜集和掌握了大量的敌情。11月左右，我奉桂滇边工委的指示，和唐森、郭方带1个连队，和一些政工干部60多人进入靖镇区，与廖华（比我先去）和地方支部研究，决定第三天就打第一仗，打果梨。成立了军事指挥组，廖华、唐森和我负责，打果梨的主要部队是第二支队的前身，叫独立营。这次战斗消灭了敌人1个县警备队和民团一部分，敌人被打死30多人，打伤和俘虏60多人。这一仗打开了靖镇区的大门，为迎接边工委领导机关和主力一团进入这个地区扫清了通道。第二仗是打百合，时间是在1947年11月20日左右，这时主力团已进入靖镇区，主力团（第一支队）和第二支队由黄景文、唐才猷、林杰负责指挥，这次战斗获得全胜，打得比较漂亮。第三仗打弄蓬，是1947年12月初，这一仗俘虏了敌民团的副司令张绰然，他举手投降，口里喊着："共产党万岁！"我们把他抓住了。后来，我们把他交给政治部做工作。因为我们主力团的战士来自广东南路，说话别人又听不懂，敌人曾以为我们是日本军队，于是派空军将日文传单投向靖镇区，传单上印有跪迎丈夫回国的日本妇女图片，以动摇日本士兵军心。三次战斗是在20多天之内完成的。三战三捷，除了部队英勇战斗之外，和地下党发动群众，做了大量配合工作、支前工作分不开。没有这块光荣土地上各族人民群众的广泛参与和支持，没有大量艰巨的山区后勤工作，没有群众提供准确的情报，我们就不可能一进去就取得三战三捷。

三战三捷为在整个靖镇区坚持斗争、建立根据地奠定了比较好的基础，这是第一个时期。

第二个时期，从1947年12月到1948年3月，主要斗争特点是两个相结合：主力部队与地方部队相结合，军事斗争与发动群众相结合。是靖镇区全面发展时期。弄蓬战斗结束后，1948年1月、2月间，成立了第一届靖镇工委，在此之前，曾决定成立桂西地委，准备陈恩（廖冲）当书记，架子搭起来了，由于条件不具备，与右江的联系还没有进行，因此桂西地委没有全面开展工作（这里需要说明，从主力进入，靖镇工委是第一届，以前，说左江工委曾把靖镇区特支改为靖镇工委，邓心洋当书记，但最近听黄嘉同志说，没有把特支改为靖镇工委）。这届靖镇工委是郑敦任书记，廖华任军事部部长，我任民运部部长。不久，郑敦就被边委派到香港向香港分局汇报。当时，我和陈玉与政治部派来的饶华在这里进行减退、土改工作。军事方面，又从主力一团抽一部分战士、干部，吸收当地的壮族、苗族、瑶族各族民兵，正式成立第二支队，其中成员主要是当地少数民族群众，500多人，由廖华指挥。在平孟（靠近越南边境的一个街）办了青干班，培养了一大批壮族、苗族、汉族等各民族的青年，搞得很热闹，小学成立少先队，全面开展了地方工作。这些工作由黄为、杨坚、荣德均、王慧莲等负责。这个青干班和少先队，为靖镇区的干部储备做出了很好的成绩。现在，在北京朝阳区和云南担任一定领导职务的不少干部，都是当年青干班少先队的学员。这些广西的少数民族干部、战士与云南和广西接界地区的少数民族群众来自同一个民族，因此，后来进入桂滇边，很快就打开了通路。这期间地方工作开展得比较全面，陈玉参加了这方面的工作，土改、发展农会、建立民主政权等都全面铺开了。全区成立了民主政府筹备处，主任是邓心洋，邓是早期在靖镇工作的老同志，后来去世了，副主任莫叶、陈云生。好些地方建立了乡政权，建立了党支部，农会组织、民兵组织全都搞起来了。靖镇区还成立了宣传队，叫"红旗队"，由李荃、曾雨岗负责。这届工委时间不长，是在边工委和桂滇边部队的直接领导下进行工作的，成绩比较显著。现在回忆起来，当时靖镇区的土改是在中央《关于情况通报》和毛主席《在晋绥干部会议上的讲话》之前进行的，执行的多是晋绥会议前的政策。当时有"贫雇农怎么说就怎么办"的口号，甚至把中农、贫农、雇农分为三等九级，以什么都没有的、几乎光着屁股的算"九等穷"，扎根"九等穷"组织农会。因此，依靠的对象少了，部分侵犯了中农的利益，结果在一定程度上孤立了自己。当时没有报纸，只有电台，抄收新华社的电讯，吸收了不少老区土改中"左"的做法。主要是由于我们当时没有经验，没有实事求是。另外，镇反肃反中也有扩大化的倾向，改编地方流寇部队存在关门主义。因此，导致有些地方群众分了土地，部队离开了，他们不敢要土地，要跟着部队走，这些是当年工作上一些"左"的错误表现。这个时期虽然犯了一些"左"的错误，但从总体来看应该一分为二，成绩是主要的，发动了各族人民群众，在过去的革命基础上扩大了革命根据地，扩大了部队，发展了地方党组织，打击了敌人，这些应该承认，而且储备和培养了大批干部。如发展起来的部队没有开小差的，都很坚定，后来有一批部队进入云南,这些战士大多成了部队的军、政骨干。这是主要的一个方面。第二个方面,敌人被我们打懵了,把我们当日本军看待,后来敌人从惊慌恐怖中醒过来,开始集结6000多人的兵力,向靖镇区压过来。我们从进攻阶段转入防御阶段,斗争遇到了困难。

第三个时期,从1948年3月边工委在北斗召开第一次扩大会议到同年8月。这个时期,根据桂滇边工委的决定,"小股坚持,大股插出",主动插出,转战外线,再重新从外地插进来。这时,边工委和"老一团"大股插出外线,小股部队在内线坚持,留下第二支队,由廖华和我率领,依靠靖镇区人民,开始了相当困难和艰苦的坚持斗争时期。边委北斗会议是在1948年3月,在敌人对我部逐步形成大包围的形势下召开的。会议重新估计形势,总结前一段的斗争经验,着重部署靖镇区的斗争方针。当时,党内生活很正常,有不同的意见,思想交锋,争论热烈,是很活跃的。经过讨论以后,统一了认识,总结的主要问题有三个方面:第一,肯定前段时期斗争的胜利和取得的成绩,发动了群众,在过去革命斗争的基础上,建立了靖镇区根据地,扩大了人民武装力量,扩大了第一支队,组建了第二支队,并建立了基干民兵组织,沉重地打击了敌人,钳制了敌人的一部分兵力。第二,指出当时虽然打了好几次胜仗,但过早暴露了主力,只注意集中兵力以打击敌人,没有及时兵分以发动群众。当敌人组织兵力压过来时，我们组织指挥上也存在一些失误，反映在德窝前线的对峙。第三，检查批判了执行政策上"左"的一些错误表现：土改中部分侵犯了中农利益，孤立了自己；肃反中有扩大化，出现一些逼供的现象。这些情况的出现，是和当时极端残酷的斗争条件下产生的报复情绪密切相关的。国民党白色恐怖大屠杀，群众对国民党的仇恨情绪是可以理解的，敌人抓住我们就杀，我们也照样惩办。当然，我们的领导在执行政策上存在主观主义，也缺乏经验。北斗会议以后，边工委决定成立新的靖镇工委，即第二届工委，由我、廖华、邓心洋、陈玉、谢森、吕剑6个同志组成，靖镇工委率领第二支队坚持靖镇区的斗争。工委分工：我任书记，邓心洋任副书记，但他在一两个月后就调到政治部去了。当时为了坚持斗争，取得反"扫荡"的胜利，决定把靖镇区划为几块小的游击区，部队分散为武工队形式插入敌占区活动。这就是1948年7月朱家璧、郑敦同志率云南人民讨蒋自救军到那里找不到我们主力部队的原因。我们坚持斗争的部队还在那里。当时地方工作由陈玉、梁桂庭负责。军事上，采取武工队的活动形式，由廖华、谢森负责。我另外带一支武工队，活动在靖西与镇边之间，联系部队和地方群众工作。由分散活动的武工队，配合地方党组织发动和联系群众，采取公开和隐蔽斗争相结合的办法。当时靖镇工委决定：第一，要号召群众起来坚壁清野，粉碎敌人的"扫荡"；第二，成立了五六个武工队，向东西两翼插入敌占区活动，分头打击敌人；第三，钳制敌人，掩护主力部队和边工委领导机关安全转移。为了钳制迷惑敌人，主力撤出之前，边工委派林杰率领主力1个连袭击水口，消灭敌人1个连。这个支队在靖镇区，不采取大部队集结活动，而采取武工队分散插入敌占区活动，在那个地区坚持斗争，坚持反"扫荡"。斗争确实比较艰苦，我们能够坚持下去，而且取得胜利，主要是依靠了党的地方组织和革命群众的基础，广泛联系了群众。当地组织和群众为我们做了几件很重要的事情：第一，搜集敌情；第二，封锁消息；第三，保证部队的给养；第四，配合部队出击敌人。没有地方党组织和群众的支援，是无法坚持斗争的，更谈不上胜利。我们在那时候吃苞谷稀饭，一大锅水，撒下些苞谷面，越吃越稀，9时吃稀饭，10时撒两泡尿就没了，都是水嘛，后来稀饭也吃不上了。在最困难的时候，我们部队住在峒蒙村，群众凑"百家饭"给我们部队吃，一家凑一碗，有白的有黄的，有苞谷，有稀饭，撮个簸箕送来给我们，我们的战士见到这个"百家饭"都掉下了眼泪。在最困难的那段时间，没有东西吃，连盐巴也没有了。敌人6个团包围，我们只有一小点地区，如果没有群众的支援，很难想象我们能在那儿站稳脚跟并坚持下去，这也说明部队与群众有深厚密切的联系。就这样,我们坚持斗争了半年左右。

第四个时期,粉碎敌人围攻,扩大革命根据地的时期。从1948年7月、8月开始,敌人扑空了,我们在外线钳制,敌人打不到主力,就开始逐步撤离。当时,我到河阳参加边工委第二次扩大会议,听了杨萍(杨德华)传达中共香港分局的指示,总结了前阶段工作,要求边工委加强领导,扩大武装力量,放手发动群众,迅速打开桂滇黔边区的局面,迎接全国解放。参加会议后,我回到靖镇区,召开了靖镇工委的扩大会议,传达了边工委河阳会议的精神,统一思想,明确任务,加强团结,准备新的斗争。12月底前后,奉边工委的命令,我把第二支队的主力营带到云南来了。1949年2月间,重新组成桂滇黔边纵队第一团,黄建涵任团长,我任政委,以后"新一团"进来和"老一团"合编,从600多人扩大到900多人。和云南的部队共同配合,在边工委和前委的领导下,打开了滇东南的局面,为创建滇东南根据地做出了努力。我进云南不久,谢森也带来一个大队,200多人,经过艰苦斗争,解放了富宁县城,打开了桂滇边界地区。从整个战略上讲,完成了"大股插出,小股坚持",粉碎了敌人的全面围攻。这时期成立了第三届靖镇工委,邓心洋担任工委书记。我们有些同志就陆续转到云南来开辟新区工作了。

怎样看待靖镇区的斗争，我们的理解是：边工委率部队进入靖镇区开展武装斗争是在全国解放战争的第二年，全国解放战争是在由防御转入进攻的大转折时期进行的，特别是有过去红军时期革命斗争的基础，因此就能迅速地连续打胜仗，打开了局面。这是第一个基本点。

第二个基本点是党的领导。在新民主主义革命总路线的指引下进行革命斗争，我们都是在党中央、中共香港（华南）分局规定的方针和政策及具体指导下，开展武装斗争的。

第三个基本点，靖镇区的斗争是胜利的斗争，不是失败的斗争，是在曲折斗争中发展壮大的。后来，我们还和云南、贵州的人民武装组合在一起，打开了滇桂黔边区的局面。

第四个基本点，这一段历史时期，我们曾经受过挫折，犯过一些错误，但最终还是依靠我们党、依靠群众、依靠我们自己纠正了这些错误，我们派干部向群众做了检讨，取得了群众的信任与支持，群众对我们始终有深厚的感情，我们才能坚持斗争，部队没有被消灭，而且获得了发展，靖镇区发展得更大，一直到全国胜利。

（本文摘自党史资料《中国人民解放军滇桂黔边纵队》，云南民族出版社1989年版）

六、回忆南路人民武装在斗争中成长（摘录）

——记"老一团"的战斗历程

林　杰[①]

林杰（中）、梁家（右）、李鸿基（左）1949年合照

广东南路人民子弟兵是在我党南路特委领导下的一支人民武装力量，是在广东南路抗日游击队的基础上，以老马村武装暴动大队为骨干，以雷州半岛较有战斗经验和党员较多的连队为主要成员组成的，按照我党建军路线、宗旨所建立起来的革命军队。在硝烟弥漫的战争岁月，这支活跃在广东、广西、云南等地区的人民武装，从抗日战争时期成立的南路抗日独立大队，到抗日战争结

[①] 中国人民解放军云南省军区司令部原副参谋长，时任南路人民抗日解放军第一团副团长，中国人民解放军滇桂黔边纵队第一支队司令员。

束时的南路人民解放军，从解放战争初期的粤桂边区人民解放军，到解放战争后期的滇桂黔边区纵队，这支部队在敌占区坚持了长期的游击战争，在强敌面前从不示弱，在作战指挥上比较少犯错误，经历了大小不同的上百次战斗，从小到大，从弱到强，在斗争中不断成长。同我们党所领导的敌后许多根据地的游击战争一样，南路人民子弟兵，在打败日寇和解放全中国的伟大事业中，用自己辉煌的战绩，为我国的解放事业谱写了光辉的篇章。

西进十万大山

日寇投降前后，国民党蒋介石为了攫取抗战胜利果实，以"接收""绥靖"为名，急调"新一军"、第四十六军、第六十四军到广东南路的高雷地区，重点"扫荡"遂溪地区，妄图一举歼灭南路人民武装，尔后渡海消灭琼崖纵队。9月下旬，国民党"新一军"的先头部队到达廉江，第四十六军和第六十四军从廉江并肩南下，直逼雷州半岛，将我游击区实施分割包围。

在此严重局势下，南路特委根据华南分局关于"主力西进，作战略转移"的指示，在遂溪召开会议，确定"老一团"突破敌人包围，向中越边境的十万大山地区挺进，依靠当地党组织和各族人民群众，坚持和发展游击战争。1945年10月初，"老一团"团长黄景文率团部和一营首批突围，部队从界炮、新塘方向突出，沿途同围堵追击之敌展开战斗，在廉江的新塘与敌保安第一师七团激战一天，歼敌70多人，我方牺牲3人，营长金耀烈负伤。10月中旬，首批突围部队到达廉江、博白边境的马子嶂。与此同时，"老一团"政委唐才猷为策应首批突围，组织以洪田、沈正杰为正副队长的25人突击组，以一个连为警戒，另一个连和洋青民兵百余人作预备队，在风朗村党支部的配合下，于10月16日深夜，对遂溪风朗机场守敌发起强袭，经数十分钟激战，全歼敌人100多人，俘日军曹长、飞行员、机务员8名，缴获七五加农炮1门、轻重机枪5挺、步枪130支，以及大批弹药和军用物资。我军牺牲1人。这次袭击对敌震动很大，打乱了敌人的"围剿"部署，有力地策应了首批突围行动，使正在追击我首批突围部队的第六十四军的1个师慌忙从廉江赶回。由唐才猷率领的2个营的第二批突围部队，乘敌空隙之际，突围成功，随之越过遂、廉边界北上，10月下旬到达马子嶂，与首批突围部队会合。参加西进的第三团涂明堃营，此时也已到达马子嶂，与两批突围部队会合。

各路部队会合后，一方面派出人员与合浦灵山地下党联络，另一方面部队进行休整。"老一团"原第一、第二营合编成第一营，营长廖华，政委陈熙古，副营长李鸿基、陈炳崧。一营辖2个连，一连连长黄英，政指沈杰；二连连长陈庆芳,政指王奎。原三团涂明堃营编为第二营,营长涂明堃,政指林敬武。二营辖2个连,四连连长何德,政指叶扬眉;五连连长黄洪。原三团一部编为第三营,营长黄建涵,副营长黄炳、廖培南。三营辖2个连,七连连长廖培南,政指李恒生;八连连长李仁廉,政指肖汉辉。团警卫连连长张鸿谋,政指梁焘明。这时"老一团"共有800多人。

不久,南路特委派杨甫到马子嶂催促部队西进,西进的路线是,从马子嶂取道灵山南部的古文水、陆屋,钦北的小董、贵台,然后进入十万大山。这是向敌人统治力量比较薄弱、对我又易于取得给养的进军路线。西进沿途,我在团首长的指示下,协助指挥各分队的战斗行动。11月上旬,到达灵山县南部的古文水地区,在地下党组织的协助下,顺利越过敌人的重要据点陆屋、小董,向钦北、贵台挺近。11月14日,我部攻占贵台,全歼伪乡长以下30多名民团。敌人为了将我部围歼在十万大山之前,调集3个保安团急速尾追我部,其中一个保安团近千人,已逼近贵台。我部当即撤出贵台,转移至马启山的那夜村、独马村一带待机行动。翌晨,敌保安第九团、第十团和反动武装3000多人蜂拥而至,我部立即占领阵地与敌激战,敌人在迫击炮、轻重机枪密集火力的掩护下,连续向牛屎岭山的三营阵地发起13次冲击,均被击退,战斗持续到晚上

9时。我部大面积杀伤敌人，并实施有力的反击，击溃了敌人的进攻。此战，敌伤亡200多人，我七连连长廖培南、机枪手张仔等牺牲。随后，我利用夜幕撤离战场，继续西进，取道钦州、防城交界的天堂，经大录、扶隆、小峰，于10月下旬到达那良的大勉村，与谢王岗、沈鸿周、彭扬等同志领导的地方游击队胜利会师。尔后，队伍转至峒中，尾随之敌又向我逼近，我们采取敌进我进的对策，部队以营、连为单位展开，在当地游击队的配合下，与敌人进行激战，打破了敌人的围攻。

1946年1月2日，三营八连和二营四连在北仑、北婆村、滩散竹叶坳一带，遭敌三四百人的袭击，二营政委林敬武、三营八连排长陈应理等14人牺牲，机枪手袁马就负伤被俘后在那良英勇就义，八连连长李仁廉、副连长巫池负伤。与此同时，其余多个部队战斗发展顺利。一营直插那湾、滑石、那呐一带，在刘仲曼领导的地方游击队的配合下，在滑石攻占了反动头子陈志强的老巢——老彪岭，然后向防城挺进，直接威胁敌人的后方指挥中心。在防城游击大队的配合下，于板真攻占了军阀陈济堂侄子、恶霸陈树雄的地主庄园。三营在那良、范河、那旧地方游击中队的配合下，袭击了国民党原师长的庄园。由我率领的林三突击小组，以炸药爆破，强攻军阀陈济堂的另一侄子、恶霸陈树尧的地主庄园，全歼守敌。至此，全团指战员经过1个多月的奋勇作战,粉碎了敌人的"围剿"。战后,成立了防城地方游击大队,大队长沈鸿周,政委彭扬,副政委严秋。

"老一团"深入十万大山地区以后,不断以小股兵力有效地袭扰敌人,取得了不少胜利,坚持发展了游击战争。蒋介石为了消灭我人民武装,继续调集整编第一五六旅的主力第四六七团、粤保安团、桂保安团及地方反动武装5000多人,向十万大山再次"围剿"。"围剿"和反"围剿"的斗争在激烈地进行。

[摘自《遂溪县老游击战士联谊会会志(1989—2017)》]

七、滇东南革命根据地记略

饶 华①

解放战争时期,云南人民不甘忍受蒋介石国民党反动派的奴役和压榨,在伟大的中国共产党的领导下,拿起武器反蒋自救,建立了大小数块革命根据地。滇东南根据地是建立较早、地区较大、历时较长的一块根据地,在动员团结边疆各族人民群众开展反

---

① 云南省社会科学院原副院长,时任滇东南指挥部和滇桂黔边纵队四支队政委。

蒋武装斗争，最后摧毁蒋介石在中国大陆的黑暗统治，迎接野战军入滇，保证滇南战役胜利等方面，都发挥了一定的作用。作为一名革命战士，我为有幸参加滇东南人民创建和发展革命根据地的斗争而感到很荣幸。现把我所回忆的有关情况提供出来，以供研究这方面情况的同志参考。由于时隔30多年，回忆中有错漏及不准确之处，望了解情况的同志给予指正。

（一）

抗日战争胜利后，蒋介石到处受降，原抗日游击区沦为蒋介石统治区，为了保存革命的有生力量，我党经过谈判，公开把东纵部分人枪撤到山东老区。活动在广东南路地区的一支部队在特委书记周楠同志的领导下，以雷州半岛为中心，一直打得很好，这时也撤了部分队伍进入广西十万大山。其中的2个团（1个主团、1个地方团）最后撤往中越边境整训。

1947年8月，当我解放大军渡过黄河以后，我们曾奉命组成回国干部队回国开辟"三省两国"（粤桂滇三省与越南接壤带的简称）边界根据地，全队共七八百人，周楠带出来的主力团也编进去了，庄田任司令员，周楠任政委。此外，还有陈恩、唐超等同志，我负责政治工作。我们先向十万大山进军，继而奉命折转到桂西，转战于桂滇边区，先在靖镇区歼灭了敌人大量的有生力量，建立了靖镇解放区，并在郑敦同志的主持下，开始在平孟、百合发动群众进行土改。在这有利形势下，成立了桂滇边区工委和桂滇边区部队。由于在土改中执行政策有些偏差，统战政策贯彻得不太好，靖镇解放区面临着很大的困难。加上地方小、地霸武装及反动力量较强，人民武装难以回旋。1948年春，桂滇边区工委在广西靖镇区北斗村召开工委扩大会议。不久后，桂滇边区纵队按照中共香港分局的指示，留下小股部队坚持靖镇区的斗争，主力部队经长途跋涉，穿越中越边境。是夏，我们开了工委第二次扩大会，中共香港分局派了杨萍等同志来，会议根据中共香港分局的指示，决定转往云南。会议期间，由司令员朱家璧同志、政委张子斋同志率领的云南人民讨蒋自救军一纵队在打下师宗、广南等县城后，奉命从滇东南前来。云南人民讨蒋自救军是在圭山、西山起义后拉起来的。虽是新部队，但在滇东南威名很大。两支部队胜利会师，大家都受到很大鼓舞。会师后，两支部队军威大振，士气高昂。云南省工委书记郑伯克同志派文山地下党负责人岳世华同志把开广区的党组织关系移交给桂滇边区工委。两支部队进行了合编，香港分局指示部队番号沿用"云南人民讨蒋自救军"一纵队，任命了庄田为书记的前委，下辖2个支队。加强整训，积极准备返云南作战。

10月中旬，纵队司、政机关在前委领导下进云南，经过滇东南地区，计划渡过南盘江到罗盘地区巩固扩大根据地。当时我是滇边区工委宣传部部长，随周楠留在中越边境的工委机关，留下的还有唐超等同志，我们把工委机关移到了更靠近云南边境的地区。

到边境不久，我们得知，数倍于我部的敌人前堵后追，主力部队在南盘江边受阻，未能渡江，处境危险。工委机关的同志立即召开会议，决定组织第二批部队进入滇东南地区，放手发动群众，广泛开展武装斗争，把敌人的部分兵力吸引过来，减轻主力压力，使他们能尽快抵达预定区域。如果敌人继续咬住主力不放，我们就乘机在滇东南地区建立根据地，在敌人的腹背插上一把拔不出来的钢刀。

我们就是在这样的情况下进入现文山壮族苗族自治州为主的滇东南地区，建立有战略作用的敌后根据地。

（二）

到边境后，我们面临着两个严重问题：一是主力把精壮人员和好一点的武器都带走了；二是敌人知道云南境外有大批共产党，对边境封锁很严。首先，我们把后方留守人员和基本痊愈的病员编成1个大队，番号为"健康大队"。健康大队的建立，由于有许多老战士做骨干，因此战斗力很强。之后，由我和黄建涵几个同志到边境附近，想办法同文山地区的地下工作人员联系,看能否找到机会进入云南。

经过调查,我们了解到,由于国民党反动派的腐败和封锁,以及地霸土匪的猖獗,食盐非常缺乏,一般穷苦人民,特别是边境少数民族人民根本吃不上盐巴,我们便以卖盐巴的办法,在边境开展活动。由于我们做买卖价钱便宜,态度诚恳,老百姓前来买盐,给我们提供了情报。我们在接触中选择了一些穷苦的瑶族同胞作为工作对象,和他们建立了联系。在他们的帮助下,我与七八个同志化装成瑶族群众,潜入云南,翻大山、穿老林,到瑶族村寨住了下来。我们一面卖盐巴,一面布置同志帮助群众收庄稼,做串联动员工作。附近瑶族同胞多是马关、麻栗坡交界地区的恶霸地主周永发的佃户,长期遭受着残酷的政治压迫和经济剥削,生活极端困苦。由于自卫的需要,村寨里有不少民间枪支,我们只用了几天工夫,便组织起了几百个民兵。每天,农民都要为周家守夜、警戒,于是,周家的内部情况实际上已控制在我们手中,我们很容易就把健康大队接来,准备迅速打开局面。

我们在深入发动群众的同时,认真分析了滇东南的各种政治势力及其矛盾,坚持争取多数、孤立少数的政策,开展反蒋统一战线的工作。我和岳世华曾带了几个人,步行数天,冒着危险,到马关法地科去和刘弼卿见面。刘是马关县的名流、县议长、教育局局长、省参议员。地下党干部岳世华同志亲自做刘的工作,在马关中学当教师的党员宋启华同志也做刘的工作,取得了互相信任。在我与刘的会面中,我向他谈了国内解放战争的形势,分析了国际上的民主潮流,劝他认清形势,看准要走的路。同时通知他,我们来了先头部队几千人,主要是消灭蒋介石反动派的军队。这次会面,他答应回去联络人,和我们配合。

健康大队到达后,民兵胆子更壮,敢于起来斗争了。我们决定乘胜出击,尽快打出旗号,产生一定影响。我们决定的第一个打击目标是马关瓦渣街周永发家。周是这一带的恶霸地主,瓦渣街修有碉堡、炮楼,寨墙坚固,而我们当时多是轻武器。我们正在商量如何攻坚时,到周永发家守夜的一个老人送来了情报,说周家知道"洋共"进来了,如果这次"洋共"有炮,他们就不敢抵抗。因此,我们立即调了1门八二炮,但炮架不配套用不成。我们叫战士抬着炮,有意暴露给周家知道。林杰亲自深入瓦渣街侦察,确定了战斗方案,战士们用绳子将八二炮弹三五个、三五个地捆成一串,乘黑夜送到炮楼边,用导火线引爆,在机枪密集射击中,"轰隆"几声炮响,周家果然吓跑了,我们开进瓦渣街,这是一次重大胜利。我们杀猪庆功,群众也自动前来分浮财,四乡都欢腾起来。当天夜里,我们占领瓦渣街的消息就传到了马关县城,刘弼卿本人受到了很大震动，当时就找马关代县长欧阳河图商量。他们知道，周家有几十挺机枪，而且人多墙厚，没有几千人是打不进瓦渣街的。欧阳河图很惊慌，但又怕上当，便战战兢兢地表示，如果打瓦渣街是"土共"就坚决抵抗，如果是"洋共"抵抗没有用，只好开城投诚。他们俩商量好，由刘弼卿负责弄清楚我们的虚实，欧阳河图留在城里。刘弼卿带着10名心腹卫士进了瓦渣街，见街上秩序井然，心里暗自敬佩。我们以礼相待，诚恳接谈，让他了解党的政策。刘问："街上怎么没有见到多少红军战士？"我说："我们纪律严，战士不得随便上街，在家组织学习。"他还半信半疑，问："你们究竟过来了多少人？"我说："不多，先后来的只是几千人。"我们在刘弼卿面前露面的人，全部军容整齐，武器精良。刘相信了，答应帮助我们劝说欧阳河图投诚。

当天我们挑选了10个勇敢机敏的战士，穿上了刘弼卿10名心腹卫士的衣服，随即跟着刘进了马关城。在刘的家里，我们的战士换上了有红五星的军装，背上二十响，一切准备就绪，刘去请欧阳河图到他家里来。交谈中我们10名战士突然出现，威风凛凛，礼貌周全，欧阳河图大吃一惊，赔笑道："不知同志们驾到，有失远迎，贵军是真正的八路军，小县愿意归顺。"当天夜里，欧阳河图命令杨国华把他的保安大队集中起来，宣布缴枪，政府的卫兵也换成了我们的人。天亮，我们的大队人马也来了，欧阳河图贴出了向我军投诚的安民告示，马关城就这样获得了解放。这是1948年11月19日的事。我部进了城，召开群众大会。会议未开完，项朝宗闻讯赶来了，我们请他上了主席台，他想要些武器，我给了他一点子弹，要他反蒋自卫。我部所到之处，老百姓摆出香案迎接，很感动人。马关小麻栗坡有名的田广禄也来了，是个眉清目秀的小伙子，带他组织的武装进城，随后瑶族寨子的民兵也来了，局面一下子打开，我们扩编成护乡一团，同时宣布成立我军的滇东南指挥部，唐超以军事指挥员的名义，我以滇东南民主政权筹办主任的名义，共同出了安民告示，对安定民生和鼓舞民气起了很大的作用。

（三）

马关解放不久，驻麻栗坡挂少将军衔的国民党督办谢崇琦被吓跑了，钟卓同志的武工队也迅速解放了麻栗坡，彭大同的武装解放了西畴。在马关烧起来的革命烈火，吓得敌人赶快从文山调来了反动军队，妄图把革命烈火扑灭。从力量对比来看，是敌强我弱，我们决定不和敌人接火，由我和唐超同志带着部队向西畴转移。转移时，我们从坚决要求参军的青年中补充了一些人，又留下一些人在马关、西畴坚持斗争，然后便挥戈折回麻栗坡。我们获得了物资装备的补充，除不少的轻武器外，还得到了几挺重机枪和大量炮弹，我们的力量也壮大了，发展到了上千人。在这前后，我部队主力在广南与砚山之间的拉沟塘及西畴的芹菜塘打了个漂亮的歼灭战，取得了2次战斗消灭敌人2个整营的胜利。敌少将督办谢崇琦带着1个保安连逃往砚山，途中也被全歼。谢被活捉，后逃跑被打死。这样一来，游击武装军威大振，威名远扬。第二批部队进入滇东南的决定圆满地得到执行，进云南作战的战略目标也初步达到。南盘江边受阻的部队这时也活跃起来，于1949年1月北渡盘江，到达了滇桂黔三省交界前进阵地——罗盘地区。而我们通过这一段的斗争，切实地了解了滇东南各个阶级、阶层和各种政治力量的基本情况，为以后的工作奠定了较好的基础。

1949年初，为了进一步打开局面，在放手发展武装力量的同时，我们也抓紧了干部力量的储备。农历新年前，我们集中了一批参加革命的青年，开办了训练班。训练班用延安精神办学，学员们自己砍树砍竹子盖房子。大家生活艰苦，学习紧张，但是精神愉快。当时云南存在着四种矛盾：农民和地主的矛盾、云南地方势力和蒋介石"中央"的矛盾、民族之间的矛盾、民主运动和法西斯专制的矛盾。阶级矛盾是基本的，而几种矛盾集中表现在反蒋这一点上，使反蒋斗争居于主导地位。因此，在云南建立反蒋统一战线的形势很好。经过学习，学员们的斗争觉悟和政策水平都大大提高，为根据地的发展储备了军队和地方干部。这时，我们调来了番号为"新一团"的1个团，可以在更大的范围去打击敌人了。

1949年1月，我们兵分两路，一路由我和黄建涵同志带领，经董干进广南；另一路由唐超和林杰带领，经田蓬到富宁，与靖镇区的武装会合，连成一片。我们打下董干后，马上与在广南活动的独立大队取得联系。在这之前，广南县城已经2次被人民武装占领，敌县长曹星辉曾被活捉。我们一部分队伍正向广南北路发展，另一部分部队则刚打下砚山县城。会师以后，我们又会师西畴。整个文山地区到此时，8个县城，其中有5个县城都已解放了，滇东南根据地已经初步建立起来，桂滇边区工委机关也搬迁回来。

在部队进云南时，边工委决定组成中共滇东南工委，由我任工委书记和滇东南部队政委，我当时化名李成之，兼任滇东南民主政府筹备处主任，当地群众叫我李主任（当时卢汉曾出重金要庄田、朱家璧、李成之的人头，李成之就是由此而来的）。工委副书记为岳世华同志。这时唐超同志奉调到滇桂边区部队任司令员，由廖华接替唐超任我部滇东南指挥员。此外，为了满足巩固和发展根据地对干部的需要，滇东南工委又在麻栗坡太平庄办了一个边区公学，为根据地的建设培养干部。

当时，解放战争已进入新的阶段，人民解放军在数量上和质量上都有优势。敌人后方空虚，兵力不足，国民党的中央军和保安团只能龟缩在开远和文山城，不敢轻易出动。我们利用时机，在大坝召开了滇东南工委扩大会议，决定继续深入农村，进一步发动贫雇农，建立农会，建立基层政权，同时进行统一战线工作，团结一切可以团结的力量，建立民兵，壮大部队，将滇东南地区的部队编成第七、第八、第九团共3个团，各个县都建立了护乡团。随着根据地的不断巩固，县区乡各级政权和滇东南行政专员公署也先后建立起来，群众组织的妇女会、儿童团等也很活跃。滇东南地区又连续解放了邱北、富宁两县城，除文山城以外连成一片，成了比较巩固的革命根据地。形势越来越好，滇东南地区的革命斗争进入了一个崭新的阶段。

（四）

1949年1月，中央军委决定建立中国人民解放军桂滇黔边纵队，但是由于战争正在进行，直至5月，中共华南分局领导人之一林李明同志从香港到昆明，又到滇东南召开了边区工委和省工委的联席会议，才实现了中央军委的这一战略部署，把桂滇边区工委与云南省工委合并为滇桂黔边区党委，把桂滇黔边纵队与云南全省反蒋人民武装部队统编为滇桂黔边纵队。有的回忆录说，改编时间是1949年1月，召开会议的地点是砚山阿猛，都不准确。1月是中央军委决定改编的时间，而不是实际改编的日期，召开的地点是邱北弥勒湾，会议由林李明同志主持，我是会议的秘书长。由于时间久了，有些事需要查对文件才能确认。但有些情况我还记得，按中央的布置，两个省级组织合并，建立滇桂黔边区党委，党委书记林李明，副书记周楠、郑伯克，后来周楠调走，副书记就只有郑伯克一人。滇桂黔边纵队下属12个支队，滇东南部队整编为边纵第四支队，支队是旅（师）的编制，滇东南工委改为地委，我任地委书记，庞自任组织部部长，陆琼辉任宣传部部长。辖第三十一、第三十二、第三十三、第三十五、第三十七团共5个团和1个警备团，廖华任支队司令员，我兼政委，李文亮任政治部主任。1949年7月整编完毕，第四支队即投入粉碎敌第二十六军对滇东南最后一次大"围剿"战斗。

这以后，滇东南革命根据地的任务就是组织迎接野战军入滇，消灭蒋残匪。当时，按照中央的部署，滇东南成了大军入滇的主要通道。我们动员了一切人力物力来做迎接野战大军入滇的工作。对于财政问题，中央批准发行100万半开公债。这一有力措施在保证大军入滇，胜利进行滇南战役中起了重大作用。

最初，上级布置的迎军任务是5万人，后因为情况变化，敌第八军、第二十六军妄图由滇南外逃，所以入滇的大军增至20万人。这样，我们肩上的担子更重了。当时，林李明同志曾对我说："现在迎军的任务重了，问题大了，要设法保证大军一路畅行无阻，不能有耽搁。"我们分析了整个地区的情况，主要困难在于广南北路地区，那个地方山高坡陡，丛林野径，有一部分地霸武装，分成大股、小股，摇摆不定，如用大部队去打，一定很难奏效。一方面，时间紧，而且我们当时也抽不出过多兵力；另一方面，我们看到，这些地霸武装与国民党中央军之间也有一定的矛盾。在全国形势发生变化、解放大军压境的情况下，他们也不敢轻举妄动。我向林李明同志提出用统战的办法，保证大军顺利通过。遂定由我带着一个加强的警卫排到这一地区"拜访"结交当地的一些有"实力"的人物，用了不到1个月的时间，一直走到广西边境。工作进行得很顺利，一方面，靠党的政策分化瓦解敌人，做好上层人士的统战工作，深入发动群众；另一方面，依仗解放大军的声威，晓以大义，陈说利害。最后在原广南城防大队长、地下党员侬天祥同志家召开了一个"各路诸侯"大会。当天侬天祥同志杀猪招待客人。客人来时，大多前呼后拥，全副武装，警卫排的同志很紧张，我叫大家沉住气，注意搞好警戒，让无事的同志到河里去洗澡。客人们见我们轻松自如，剑拔弩张的气势就缓和下来了。席间，我再次把解放大军入滇追歼残匪、解放边疆各族人民群众、建立独立富强新中国的形势讲了一遍，反复交代了我党我军的政策，诚挚地希望他们向人民靠拢，协助解放大军顺利进军。同时，我也向他们保证解放大军不损害他们的合法利益。到会人员表示回去后决不与人民为敌，保证完成迎接解放大军的任务。

12月，解放大军从广西入滇。经富宁、广南、西畴、砚山、文山，四路大军日夜兼程，往西推进。各级党组织和人民政府的同志及各族人民群众，已早为解放大军准备好了房子、给养。解放大军所到之处，各族人民群众列队欢迎。茶水饭食，保证供应。不少老大妈、小兄弟，把煮熟了的鸡蛋往战士手里塞，在广大人民群众的支援下，大军以每天一百几十里的速度西进。

1950年1月7日解放文山城，1月15日我军先头部队抢占了蒙自机场，关上了滇南大门。在滇南消灭了妄图外逃的蒋介石反动军队。

解放大军入滇后，边纵第一支队、第四支队随大军活动，我也到了蒙自。成立军事代表办事处以后，由我任主任，薛波任副主任。这段时间，滇南战役正在进行。我在蒙自1个多月后就到昆明，参加中共云南省委召开的会议，见到宋任穷、陈赓同志。后来，我被调到革命大学当教育长，告别了滇东南地区各族人民群众。

中华人民共和国成立以后，滇东南人民群众过上了新的生活，1958年成立了文山壮族苗族自治州。

（根据饶华同志1980年以后的几次谈话整理，并经本人审阅定稿。本文摘自党史资料《中国人民解放军滇桂黔边纵队》，云南民族出版社1989年版）

八、走上康庄大道
——节选自《萍踪拾零——诗文集》

陈　军[①]

1940年下半年，我上初中二年级时，我们班来了一位插班生，他就是廖万豪，后改名廖华。他恰巧与我同坐一张桌子，同出同入。他也喜欢打篮球、踢足球、唱歌，我们趣味相投，因此感情很快就融洽起来。逢星期天或节假日，我们就轮流到对方家中串门，形影不离。他喜爱文学，转学来不久，写了一篇名为《一个战士的归宿》的短篇小说，在当时于寸金桥畔

[①]　中国人民解放军广州警备区原政委，时任中国人民解放军粤中纵队独立第一团副政委兼政治处主任。

出版的《南路日报》上发表。我喜欢画画，参加遂溪县举办的画展比赛，画了一幅名为《头破血流》的漫画，内容是在万里长城外，日寇碰得头破血流，获得一等奖。我们之间的这些表现，初步融汇了抗日救国的思想感情，促进了我们相互学习、相互帮助。

廖华年龄比我大，见识比我广，学问比我高。随着我们相处时间的增加，我对他逐渐产生了钦佩和敬重之情，他也对我更加信赖和坦率。他除了帮助和鼓励我学好功课，更进一步介绍和指点我多读些文学名著和进步书刊，如巴金的《家》《春》《秋》，茅盾的《子夜》，鲁迅的《阿Q正传》《呐喊》《狂人日记》，高尔基的《我的大学》《母亲》，奥斯特洛夫斯基的《钢铁是怎样炼成的》等，以及《群众》杂志、《新华日报》。与此同时，他介绍我参加进步同学组织的半公开的读书会，表面上是互相帮助和探讨提高功课的学习，暗地里则是每星期天参加一次不公开的文学和时事的学习讨论会，交流学习心得，提高思想觉悟和对形势的认识。随着学习的提高和深入，廖华又进一步介绍我读艾思奇的《大众哲学》，斯诺的《西行漫记》，毛泽东的《论持久战》《论新阶段》等。

通过参加这些学习活动，我对自己的未来，就像在黑洞中摸索而豁然开朗。我开始意识到个人的前途不能离开正确的方向，而正确的方向在哪里？过去，我受到学校、家庭和社会的影响，很天真地以为个人的前途只有依附于国民党政府。对国民党政府的许多腐败现象，又认为是下层所为，"中央"是好的。学习和阅读进步书刊后，这些看法逐渐转变，我意识到个人的前途必须同改造社会联系在一起，而改造社会必须有为人民利益而奋斗的团体。在进步书刊的启迪和廖华等进步同学的引导、教育下，我认识到这个团体就是中国共产党。

廖华推心置腹地同我交谈个人理想前途和出路，常常深入浅出地讲解国内外政治形势。我认识到国民党和共产党是代表两个不同阶级和政治力量的政党，以及旧三民主义和新三民主义的联系和区别。我明白了孙中山时代的国民党是革命的、进步的，到蒋介石时代就蜕化变质，变成压迫人民的反动政党。共产党是代表工人、农民和小资产阶级，为劳苦大众谋解放的政党，个人的理想应该为国家民族的独立、民主、自由，为人类的解放而奋斗。个人的前途和出路应该以这个理想为目标，并奋斗不息。

在这个认识的基础上，廖华向我提出找党的问题。他问："你对共产党认识怎样？"

我答："很好，很进步。"

"你想参加吗？"

"我想，你呢？"

"我也想，我们共同找吧。谁找到就告知谁好吗？"

他按照秘密工作的规定，没有向我表白他已是中共党员。我完全相信他的话，以极其兴奋的心情，蒙在鼓里去找党。一次，一个要好的进步同学约我去西营（抗战胜利后改名霞山）找一个好像是共产党员的朋友。我高兴地跟着他徒步走了30里去找，连人影也没有找到。另一次，又有一个同学，说遂溪县城有个朋友是共产党员，我又同他走路到遂溪县城，什么也没找到。我把这两次的事情告诉廖华，他听后十分恳切地对我说："现在国民党顽固派掀起反共高潮，发动皖南事变，到处杀害共产党员。你这样到处乱找是很危险的。共产党在国民党统治区不挂牌，是秘密的，你哪里能找到呀！"

过了约一个星期，廖华找我谈话说："我已找到党，我们一起参加吧！"我听了感到很高兴，立即回答："好呀！参加。"他接着说："我给你当介绍人，你填一张表，交上级批准。"他随即交给我一张用钢笔写的姓名、年龄、籍贯、入党动机等项目的小纸条，要我另用纸填好交给他。又过了两周，他对我说："上级批准了候补期3个月，以后由我同你单线联系。"接着他用一个星期的晚上和星期天，给我个别讲解党纲、党章。从党员的条件、义务、权利，到最低、最高纲领和保守党的秘密，个人利益服从党的利益，随时准备牺牲自己，保持高度的革命气节，等等。这些党课是利用课余时间在野外、家中房间内秘密进行的。

从批准到这些基本知识的学习，我感到热血沸腾，目光更明亮，胸怀像波澜壮阔的海洋般宽广，视野像站立在珠穆朗玛峰上一望无际。我开始意识到我已经不是一个普通的人，已经成为伟大、光荣、正确的中国共产党的一员，我的思想境界和思想观念发生了新的飞跃。今天是1942年5月15日，我要牢牢记住：从今天起要以一个共产党员的标准来要求、规范自己的一切言论行动，我把理想、前途、出路与自己的党员身份和奋斗目标紧紧地联系在一起。

事后，廖华对我说，他早在1941年就参加了中国共产党，在电白实践中学参加抗日救亡活动时暴露了，被学校勒令退学，才转来南强中学的。他对我早已有所关注并考察，认为我的表现比较好，按照新党员的要求是合格的。按照秘密工作的规定，他不能事前向我公开他的身份，只能采取前面的做法吸收我入党。我以十分感激和谅解的心情对他说："你把我引上了康庄大道，我将终生铭记，没齿难忘。"

九、南路女学生抗日记事

许铭庄[①]

杨克毅、许铭庄夫妇

1938—1940年，在南路地区（广州湾，1945年8月更名为湛江）的抗日运动正值高潮时期。李嘉（李绛云）、李学英和我当时都尚未入党，但都是学校学生队里活跃的积极分子。抗日战争时期的友情很深厚，我们经常一起参加各种革命活动，在中共南路党组织的领导下，参加抗日名将张炎夫人郑坤廉领导的妇女服务队，专门救助抗战前线下来的伤病员，还经常到街上搞抗日宣传活动。有一次，李嘉大姐带着李学英和我等学生队的成员，在赶集时大唱革命歌曲进行抗日宣传，李嘉大姐站在桌子上大讲华南抗战和东北抗战局势。回忆起那段往事，很是激动

---

① 中共中央对外文化联络局原副局长、中非友好协会原副秘书长，时任南路抗日学生队第七中队学员。

人心。当时战争很恐怖，经常有共产党人流血牺牲，还经常看到被挂到墙上的革命烈士的头颅。日本敌机经常在高州轰炸，但我们当时都不怕，义无反顾地参加对伤员的抢救和救护工作，以热情奔放的革命激情参加抗日革命活动。

1940年4月，在李华良、伍雍娴、李嘉的介绍下，李学英、李晖雅和我一起加入了中国共产党。李嘉是广东电白人（1942年被国民党枪决），李学英是广东信宜人，我是广东高州（茂名）人。

当时南路抗日救亡运动如火如荼，国民党却千方百计压制抗战运动，由于当时南路基层党组织暴露，他们把学生队的李华良、伍雍娴、李晖雅、李学英和我等共产党员从学校开除了。从那时起，李华良、伍雍娴、李学英和我等学生中党的积极分子也就各自分开了。党组织为了保存实力，要求南路共产党各路抗日组织、妇女服务队、学生抗日救亡队的部分成员都转入地下，分别跟随南路抗日武装部队参加地下活动。那时我们的年龄都不大，也就十六七岁，都是女学生。只有李嘉大姐年龄稍大些，并且生了小孩。那时随着南路部队行军，一天走几十里路，还要背着枪、抬着担架救护伤员。我们在这场抗日救亡运动中得到了全面的锻炼。

当时廖华、李学英在党的领导下分别于广州湾周边以教书为掩护搞党的地下斗争，后在粤桂边部队认识并结为伉俪。随着斗争的深入，广东部分同志跟随东江纵队北撤，还有部分同志西进广西十万大山继续斗争。我的丈夫杨克毅后来随同南路领导人周楠等去了越南，我调到了香港搞地下工作。

（2013年9月22日廖晖雅根据录音整理，2013年12月23日经许铭庄修改审定）

下编

文献资料汇编

一、中共中央后方委员会转报方方、尹林平关于华南局势和武装斗争的部署致中央并周恩来、董必武电①

（1947年5月7日）

尧，并笼、董②：

洋台卯删电如下：

一、内战使华南兵力甚为空虚，闽、粤、桂三省只共有十九个保安团兵力，二万余人作为主力，在民变四起，我领导游击战遍及各地情况下，顽已手忙脚乱。虽目前仍可能在某一地区调来两个团向我进攻（南路），但更易捉襟见肘，不济于事。故土匪也乘机蜂起，各党派也蠢蠢欲动，"三征"与春荒定将这斗争向前推进。

二、为着领导部队斗争胜利，走上建立边界游击根据地，以增加配合全国作战，特别是推动南方各党派如李济琛（深）、蔡廷锴（锴）③等之更积极活动，创造新的局面，我们有如下部署：

甲、将粤南、桂南划粤桂边区工委，下辖四个地委，

---

① 此件是中共中央后方委员会转报的方方、尹林平4月15日给中央的电报。
② 尧，中共中央的代号。笼，周恩来的代号。董，指董必武。
③ 李济深、蔡廷锴，二人曾为国民党高级将领。时在香港，分别任中国国民党民主促进会中央理事会主席、理事。

领导武装两千多人，以勾漏山、十万大山为基地，开展游击战，并恢复过去七军左江、右江据点，与黔东南游击战配合，将来成立粤桂滇边区党委，现以周楠、庄田、吴有恒、温同志①（即立）（南特书记）等七人至九人为边委员会。

乙、准备以梁嘉（珠江纵队政委）、钱兴（桂工委）、小欧②（南特书记）、周明等几人，成立粤桂湘边工委，辖西江以北、粤汉铁路以西、桂林以东，将来发展至湘之零陵、桂阳。现以广宁、怀集为中心。有武装五百，展开活动。

丙、准备将粤汉路以东，东江以北，至赣南、湘南，成立粤赣湘边区。此地以九连山一直至五岭为据点，展开游击战。现已有分布各地武装千余人，以黄松坚、严松③、刘建华④、刘所长⑤等组织。

丁、珠江三角洲、中区、潮汕一带平原，现有武装分散各地，保存六七百名，坚持发动群斗⑥，隐蔽活动，依靠河川山地，建立秘密据点，以困敌顽，策应山地。

---

① 温同志，即温焯华。
② 欧，即王炎光。
③ 严松，即严尚民，时任中共九连地方工作委员会书记。
④ 刘建华，时任粤赣湘边区人民解放军总队副总队长。
⑤ 刘所长，张华的代号。张时任中共五岭地委书记、粤赣湘边区人民解放军总队政治委员。
⑥ 群斗，即群众斗争。

戊、闽粤赣边区武装三百多人,仍以一部分散发各地保卫老据点,发展新区;一部分集中在周围,配合各地群众武装行动,威胁潮汕、梅县,恢复过去边区据点。

己、海南仍作为一单位。

三、一切活动强调增强群斗,反"三征",分粮破仓库,同时照顾统战,建立山地根据地、两面性政权,巩固扩大主力,繁殖群众性秘密或半秘密武装,以待时机。

四、为着集中力量突破一点,希望(尧)能批准。

甲、商或杰①一人到粤桂滇边去主持帮助工作。

乙、将滇东南组织划归我们,或我们取得联系配合。

丙、对以上地区干部,在可能下尽量派遣一些回来工作。

中 后 机②

辰虞

[摘自中国人民解放军历史资料丛书编审委员会:《中国人民解放军历史资料丛书:解放战争时期、敌远后方游击斗争(粤桂湘地区)》,解放军出版社2006年版]

---

① 商、杰,分别为方方、尹林平的代号。
② 中后机,即中共中央后方委员会机要处。

二、中共中央关于华南游击战争的战略方针致叶剑英、李维汉转香港分局电

（1947年5月24日）

叶、罗，转洋台港分局：

卯删①后两电悉。

一、原在粤之蒋军六十三师已开至山东，填补七十四师被歼后空额。现在粤整理之两个旅，系属六十九师被歼后新补者，无战斗力可说，如前线情况紧急，将来仍有调出可能。故张发奎只能凭扩充保安团队镇压群众斗争与游击运动，而主要力量又必然用在琼崖。因此，目前闽粤桂及赣南、湘南各地，实便我组织与发展广泛的人民游击运动。从布置分散的武装据点到建立成块的游击根据地，在你们那里（除琼崖外）还需要经过一些过程，不要急于打大仗，也不要过早集中武装建立根据地，而应将武装力量散布得愈广，发动群众愈多，先从多多消灭乡村地主联保武装做起，便愈能在广大乡村中站稳，为根据地奠定基础，而不致引起保安团队过早集中地调来清乡。你们电索中央关于集中兵力歼敌之指示，即转去。但在目前，你处除琼

---

① 卯删电，指1947年4月15日方方、尹林平关于华南局势和武装斗争的部署致中共中央电。此电由中共中央后方委员会于5月7日转报中央。

崖外，尚不需要这样做。你们于闽粤赣边区党委外，建立粤桂边、粤桂湘边、粤赣湘边三个工委地区，领导与发展当地的游击战争是适当的。唯方、林①两人中抽一人去粤桂边直接领导，尚可等局面较开展时再定。

二、华南除琼崖外，应靠本身力量于本年底建立起三四个成块的游击根据地，组织起几支成为中坚的游击队伍，准备迎接与配合明年北方人民解放军的全面反攻。现在从北方人民解放军中抽兵南下，既不必要，也不可能，因现在在解放区内继续消灭蒋军直到他无力退回全面防御，这于将来的全面反攻是最有利的。

三、巩固与扩大民主人士的联络，帮助李、蔡等的活动，以动摇与削弱蒋介石的后方统治，是需要的。但农村武装斗争，城市群众运动，必须掌握在我们自己的领导手里。李、蔡的土匪联络，粤桂军人活动，我们可运用之作桥梁，打入群众中去，与之今天一道反蒋，但也要意识到明天在土地斗争中必然会转为对立。

四、滇东南地区，你们可去平行发展，云南关系暂不必转。

中　央

辰敬

［摘自中国人民解放军历史资料丛书编审委员会：《中

---

① 方、林，指方方、尹林平。

国人民解放军历史资料丛书：解放战争时期、敌远后方游击斗争（粤桂湘地区）》，解放军出版社2006年版]

三、罗迈致尧电

——华南党组织分布状况

（1947年8月27日）

尧：

关于华南党的组织分布状况：

一、港分局，下分广东区党委、粤桂边工委、闽粤赣边工委、城委、粤港工委及海南区党委。

二、广东[区]党[委]下分：

甲、潮汕地委，辖潮州八县（大埔除外）及陆丰、南山。现有党员一千一百五十名，有县委六个。

乙、东江特委，辖惠州以南各县。有党员七百六十名，分布惠阳、东莞、宝安、海丰。另暂分江北一单位，有党员二百一十名，分布于从化、增城、博罗。

丙、北江特委，下分九连、翁江、五岭三个单位，九连有党员三百四十名，分布于五华、兴宁、龙川、和平、连平、河源、紫金；翁江有党员三百七十名，分布于翁源、英德、新丰、佛岗；五岭有党员二百名，分布于始兴、南雄。

丁、中区特委，党员六百名，分布于台山、开平、鹤山、新兴、恩平、阳江、阳春、新会、郁南、云浮、罗定。

戊、西江特委，有党员八（七）百五十名，分布于连县、阳山、英德、清远、广宁、德庆，广西之怀集、信都组织，近年划入西江。

己、广州市郊及中山，有党员三百二十名，分布于中山、番禺、顺德、南海、三水。

三、粤桂边工委，下分高雷区委、四属地委、桂南地委，共有党员二千二百名（桂南及越南未计），分布于遂溪、海康、徐闻、湛江、茂名、信宜、电白、雷州、梅菉、吴川、廉江、合浦、灵山、钦县、防城。另有广西之陆川、博白、兴业、横县、上思、思乐、龙江、清西等县。

四、闽粤赣边工委，下分梅后地委、闽南地委、闽西地委，有党员一千名，分布于梅县、大埔、蕉岭、武平、上杭、兴宁、饶平、平和、云霄、诏安、南靖、漳州、永定、龙岩、澄州。

五、城委，下分香港市委、广州市委、澳门市委、湛（曲）江市委、桂林工委，有党员约一千五百名，约一千名分布于香港工团、学校，广州二百名，分布于各大学，桂工党员主要分布桂林学校。除港外，各地少工人同志。

六、粤港工委，直属党员二百五十名，分布于香港的报馆、杂志、出版、统线、商业各部门，为第一线。

七、除琼崖外，以上合共有党员约一万名，各地因调动，或因停止活动，估计尚有四千名党员失联系。

八、干部问题另作报告。

——工作报告之二——

罗迈①

未感

（资料来源：广东省档案馆）

四、周楠、庄田关于成立中共滇桂黔边工委致方方、尹林平电②

（1947年11月9日）

方、林：

一、今天我们召集干部会议，根据来示正式成立滇桂黔工委③及讨论了开展滇桂黔工作的方针，计选出：周、庄、郑敦、龙明、张家猷④、陈恩、余铭、欧进⑤等，右江地委书记林忠⑥，左江工委书记饶东⑦、唐才猷，第一团团

---

① 李维汉，又名罗迈，时任中共中央城市工作部副部长。

② 原件未署年份，1947年是编者据内容判定的。周楠、庄田，当时分任中共桂滇边工委书记、常委。

③ 后中共中央香港分局批准为桂滇边委，负责桂滇黔边工作。

④ 龙明，覃桂荣的化名，时任中共桂西南区特派员；张家猷，即黄嘉，时任中共左江工委书记。

⑤ 余铭，即余明炎，时任中共右江地委副书记；欧进，即区镇，时任中共右江地委书记。

⑥ 林忠，即林中。

⑦ 饶东，即饶华，时任桂滇边部队政治部代主任，未任过左江工委书记。

长、三月前任越（南）第四战区副区长①等十二人为工委委员，又选出周、庄、龙、郑、陈五人为常委，并推举周负责书记，庄负责军事部队，除组织、宣传、民运外，需要时由常委推举。以上是干部会议选举的结果，请分局考虑批准后复示。

二、扩大边区人民革命力量，广泛展开游击战争，创立根据地是我们今后努力的方向，并贯彻大胆掌握党的方针，利用时机，创造时机，到处发动人民，组织武装，以建立大小据点、公开或半公开的根据地，采取分散而由（有）重大［点］的发展方式。当前中心问题如何使用第一团的主力，以便成为游击战争的问题。

三、目前靖西、镇边②敌人空虚，我已有了成千民兵，地方一个大队，第一团主力五百人编为六个连。我们已在三天前派出一个连去同地方大队进攻靖西、平孟③沿路敌据点，其余第一团各连将继续开进靖西、镇边两县。推进作战结果各种情况，以后待报告。

周　庄

11月9日

（资料来源：广东省档案馆）

---

① 越南第四战区副区长，指黄景文。当时中共部分军事人员应越共的邀请，赴越协助越南人民军进行反法国殖民军作战。

② 镇边，旧县名，1953年改名睦边县，1965年改名那坡县。

③ 平孟，乡名，在今那坡县东南。

五、周楠①在桂滇边工委第一次扩大会议上的报告（摘录）

（1948年3月8日）

（一）

（略）

（二）四个月来军事斗争的发展与当前的军事斗争方针

去年11月8日，在边委会议上决定我们当前的基本任务是：壮大人民力量，发展游击战争，建立根据地。其步骤是：第一步集中力量打下靖镇两县为立足点，进一步与左江、右江人民武装联络，开辟滇黔边境新地区，打下党的组织与群众的基础，开拓桂滇黔边区的新局面。它的具体方针是：主力开进的地区放手大搞，其他地区放手小搞，准备大搞。以发展为主，有重心地分散，以发展群众性的游击战争，建立广大的人民武装。

主力开进这一地区（靖镇）已4个月。主力开进的前

---

① 周楠，时任中共桂滇边工委书记，中国人民解放军桂滇黔边纵队政委。

夜，我靖镇部队在果梨打了一场很大的胜仗。主力开进以后，连续在百合、弄蓬打了2场歼灭战，接着挺进到德窝前线，这时我在靖西部队又消灭了农、马匪部。镇边我军一部亦推进十蓬、六蓬，声势非常浩大，而敌人则溃乱不堪。这是我军对敌展开猛烈进攻的时期。10—11月，战争较为沉寂，呈现胶着状态。这是敌我暂时对峙的时期。接着敌人开始对我进攻，便进入第三个时期。敌人进攻，第一次深入我解放区清华村，被我部击溃；第二次企图侵占果梨又被我打退；第三次集结全靖镇区的主力进攻我南坡，亦在忠厚村中我伏击溃散。在上述这些斗争过程之中，有几个战役具有重大意义：①果梨战役，是使敌匪由平孟至台峒全线溃退，给予主力的开进扫清道路的一战，意义是很重大的；②百合、弄蓬战役，消灭敌人当时在靖镇区的主力，使解放区迅速扩展至十几个乡，获致重大的战果；③忠厚之战，打垮了敌人的重点进攻，使敌人的攻击受到重大的打击。这些都是我部开进这一地区以来的光辉成绩，是值得我们自豪的。

主力自开入本区以来，由于全党全军全体干部的努力，一共打了大小几十次的胜仗，在10次较大的战役中，都能予敌人以重大的歼击。前后共歼敌保安队、县警和民团517人，瓦解敌军300多人，等于消灭敌人1个总队的数目。缴获轻机枪8挺、长短枪200多支、手榴弹60个、子弹万余发，毁敌重机枪1挺。这伟大的战绩，是南方人民对敌斗争历史中辉煌的一页。我们解放的地区前后共有 15 个乡，其中有 7 个乡是组织健全、基础稳固的基本地区。这些基本地区，敌人始终不敢越雷池半步。只要敌人一踏进这些地区，即遭我歼灭性的打击，这些地区已成为敌人的坟墓。

在过去 4 个月中，我们的解放区曾动员了 5000 人以上的民兵参加战斗和战勤，在各乡普遍组织起民兵基干队和武工队，把 1 万人以上的农民群众组织到农会里面，动员了大批农民（主要是贫雇农）参加主力（部）队。现在我们的立足点已经建立，我们已有了自己的解放区，那么群众运动就应提高到和军事斗争同等重要的地位。因为，只有巩固解放区，才能保证前线的胜利和扩大解放区。

（资料来源：广东省档案馆）

六、滇桂黔边委郑敦[①]同志的工作报告（摘录）[②]

（1948 年 4 月 2 日）

（一）

（略）

[①] 郑敦，时任中共桂滇边工委常委，中共靖镇工委书记，人民解放军桂滇边部队副政委。

[②] 摘录自《中共中央香港分局文件汇集》（1947.5—1949.3）。该工作报告当时是给中共香港分局的。

（二）主力入桂前后

去年6月，接分局要周、庄带一部分干部返南路领导斗争的电报，当时因左江、右江组织关系正在开始接收，周必须与左江张、右江龙①亲自布置工作，庄又被越盟中央坚持留下讲解若干军事问题，延至7月下旬，始率同干部及基干战斗员70多人自高平出发。他们到达北江省之后，又因越南至钦防的交通线被法军切断，停留北江2个月，中间曾接分局要他们打游击回去的指示，因此决定调回越境各地南路部队，重组第一团，拟改道由左江入国境，越十万大山往南路。但估计途中困难太多，因为怕损失过大而犹豫。此时干部及队员归心似箭，首先在干部中开始酝酿"不能回南路，就在广西搞起来"的意见，而分局要我们考虑是否在左江、右江开展斗争，建立滇桂黔根据地的指示也在此时到达。10月初，我接周信前往北江开会（我自周等走后负责管理越南留守处工作，因为除了决定回国的第一团近400人之外，留在高平及其他地方的还有150多人）。当时决定：周等率领第一团自左江龙州

---

① 张即张振中，龙即覃桂荣。

方面入境，目的仍为进入十万大山，若途中困难实在太大，就在龙州至十万大山西麓间建立根据地，或在有利情况下开往右江，先在右江建立根据地；我则仍回高平处理留守处工作，并开始输送干部队员至靖镇加强该处武装斗争。关于在滇桂黔边建立根据地，以代替原来粤桂边委的任务的问题，仍未做决定，也未将分局指示传达。

（略）

11月8日，由周召集干部会议，正式传达分局意见，讨论并决定成立滇桂黔边工委问题，首先在靖镇区建立根据地问题、军事行动方针问题、群众斗争的领导方针问题、地方党的改组及加强领导问题等。会议上并推周、庄、廖、龙、欧进、余明炎（以上3人右江）、张振中、林忠（左江）、唐才猷、王景文、饶东、郑等12人为边工委委员[①]；周、庄、龙、廖、郑5人为常委。这个干部会出席的是周、庄、廖、饶、唐、王、郑、林杰（第一团副团长，前南路解放军司令部参谋，梅县人）、余家福[②]（前营政委，现管边委财政）等9人。

在成立会上，周曾着重声明目前推选成立的边工委属临时性质，必要时可以改选，而且必须由分局批准后之才

[①] 廖即陈恩，龙即覃桂荣，林忠应为林中，王景文应为黄景文，饶东应为饶华，郑即郑敦。

[②] 余家福应为余家荣，即全明。

算正式。

边委的分工问题，只有军事部推定庄田同志负责，其余各部均未讨论。关于加强地方党的领导问题，当时只决定由我兼任靖镇县①工委的书记，其他各地均未讨论过。

第一团于11月12日夜开进国境，3天之后在百合圩战役中歼敌保三总队及镇边民团150多人（俘虏64人），缴轻机枪3挺、长短枪90多支；一周后又在南坡圩弄蓬村全歼敌靖西民团县警100多人（俘民团副司令以下56人），缴轻机枪2挺、长短枪70多支；在我来港途中，12月底，以小部兵力配合地方部队（前二次均由主力作战，地方配合）歼敌地头蛇部队马振廷部50多人（俘30多人），缴枪30多支，总计4次战役共歼敌380多人，俘敌民团副司令、中队长、警长以下180多人，缴轻机枪5挺、长短枪230多支。另外，武工队、民兵的零星战斗十几次，毙俘敌乡长3人、县参议员1人、所在民团约40人，收缴枪约50支，没收敌军及恶霸粮食千余担。缴获的武器、被服恰好补充新扩编起来的300多人所需。

（略）

靖镇方面，经过2个月的斗争之后，根据地已经从4个被分割的不完整乡发展成完全打成一片的10个整乡和几个乡的一部分，东西约220里，南北约180里，农会在各

---

① 靖镇县应为靖（西）镇（边）区。

乡村普遍建立，一部分乡村同时建立政权，全区性的政权叫"靖镇民主政府筹办处"。

（三）略

（四）略

（五）关于军事领导

把靖镇和左江分成2个军事活动单位，在同一时间内（去年11月、12月）两方面的发展是很不平衡的。靖镇由550人发展至830人（第一团自390人发展至450人，地方主力由180人发展至380人），而左江则始终是470人左右（其中有的地方缩小，有的地方增大）；靖镇的民兵自1200人发展至2500人，增加1倍，左江则减少1/3以上，剩下300多人。靖镇无论主力或民兵，战斗技术及战斗情绪发展都很快……靖镇之所以能够打胜仗，又是因为第一团和大批负责干部开到这里来的缘故。

1. 部队编制和领导系统

主力未入桂之前，靖镇和现在的左江工委原是同一单位，军事上同属左江工委军事部领导。主力入桂后，将靖镇自左江工委中划开来，加上其他粤籍同志，另成立靖镇工委，也另成立军事部指挥领导军事工作。

靖镇原来是一个大队单位。3个中队一共不过100人多一点，加上之后我从高平带去的60多人。整编之后，到果梨战役时180多人，分成3个中队另加1个突击排。果梨战役以后，部队发展迅速，但因战事频繁，不能集中整编，只增加了1个中队，成为4个中队和1个突击排。大队部改为指挥部，由靖镇工委军事部部长廖华（南路干部，去年7月开始派到靖镇帮助工作，负责大队长）负责正指挥；梁家（工委民运部部长，原东纵干部，由高平与我同时到靖镇）任副指挥，负责民兵。由指挥部领导下面的这些地方主力和民兵，任务是配合第一团作战，在敌人力量不够强大时，也负担正面作战（第一团某一部分配合）的任务。

地方主力和第一团都属主力部队，都负有同样重要的作战任务，但指挥分2个单位来执行，这样不合理的情形在12月初调整党的组织时开始纠正。两者都由边工委军事部统一领导，第一团团长、政委参加靖镇工委，黄景文代廖华（廖副）负责军事部兼指挥部正指挥，唐才猷（第一团政委）任指挥部政委，编制除保存第一团外，准备将地方主力成立第二团。

2. 部队的编制和配备

第一团：团长黄景文，副团长林杰、李鸿基，团政委唐才猷，政治处主任陈熙古，分第一、第三、第五、第七、第九连，其中第一连为主力（骨干）连，第五连为机炮连，总人数至12月底约450人。

靖镇主力：分第一、第二、第三、第四中队，另1个突击排，总人数约380人。

左江部队：由军事部陆华（广西人，长期在越盟工作，曾任越第十二战区参谋长）、副书记林忠、组织部梁××（未公开）及正书记张振中（文）分头直接领导。分第一、第二、第三、第四（龙州、凭祥、明江、上金、雷平）大队，总人数约470人。

此外，华侨部队约500人（不计民兵游击队），称越南国家独立中团。中团团长黄炳、团政委庞自、政治处主任方野（均为南路干部）。分5个大队。

3. 战略方针与战术指挥

靖镇地区在主力开进之后，在1个多月之内打了4次胜仗，取得了初步的胜利。这种胜利是在一个偶然条件和几个必然条件之下产生的。偶然的条件就是第一团突然出现在靖镇敌人面前，这是敌人没有想到的。因此，它在事前也就没有做必要的应付准备。虽然一次打击之后，敌人已经知道了对手是什么来路，但是时间不允许他们调援军，收兵回巢是不甘心的，因此遭受了接三连四的打击。必然的条件：第一，我部士气旺盛，杀敌立功的情绪极高，而敌军恰恰相反，大多数士兵毫无斗志；第二，地方群众和我们密切结合，坚决拥护我们，仇视敌人；第三，我部主力虽比敌军少，但加上民兵，我们在数量上超过了敌人，我部第一团的武器配备和指挥技术、战斗技术都比敌军优越；第四，我部集中，敌人分散；第五，我部因有群众结合，地形较熟悉，敌情较了解，而敌人则相反；第六，敌军驻圩场与大村，这些地方都是群山中的洼地，我部则据山头，居高临下，地形对我有利。这几个条件决定了敌人必然失败，我部必然胜利。

在战略和战术上面，集中优势兵力，几个拳头打敌人；先打孤立之敌，先打较弱之敌；争取速决战，反对持久战；每战必有准备，必有胜利把握，拼消耗之仗不打，无准备之仗不打；作战路线不固定，主力保持高度的机动性等原则，对于经过同时期有一定作战经验的南路军事干部是能够了解的。靖镇几次战役之所以获得成功，除了其他条件之外，就是这些干部多少能够运用毛主席的军事原则。

（六）组织工作

组织系统如下图所示：

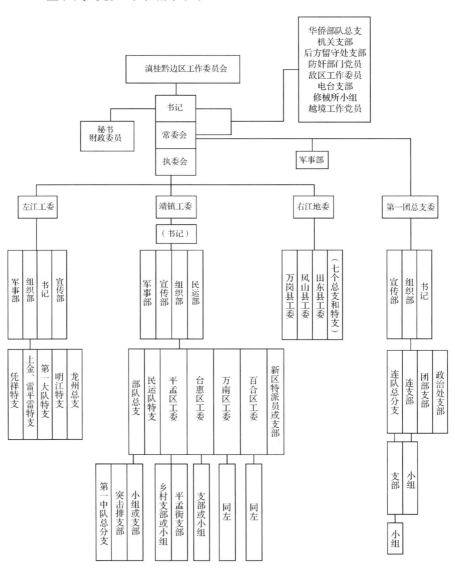

（资料来源：广东省档案馆）

七、南方游击区应注意的几个问题[①]

（1948年12月27日）

港分局：

（一）同意南方三区三个纵队[②]的建立及所提三个纵队负责人员的名单。

（二）各纵队的分散作战或集中作战，依敌情的集中或分散而灵活地决定，即敌人分散敌力薄弱时我应集中作战，敌人集中进攻情况严重时我应分散作战。

（三）从你们已有材料来看，各区游击部队在当地群众中生根的问题仍是一个极端严重的问题，必须克服错误倾向，批判"左"的和右的政策，深入地发展群众工作，并在部队内、部队外建立群众性的党的组织，严防部队中脱离群众的单纯军事观点。

（四）每一个大游击区在有许多民主县政权建立之后，可以建立行署，统筹全区行政事宜，使根据地日趋巩固与扩大，但政权机关及军队后方机关的组织应适合游击战争环境，力求精简灵便，随时可以移动，切忌庞大臃肿、重

[①] 选自《毛泽东军事文集》第5卷，军事科学出版社、中央文献出版社1993年版，第450－451页。这是毛泽东为中共中央起草的给中共中央香港分局的电报。

[②] 指闽粤赣边纵队、粤赣湘边纵队和桂滇黔边纵队，这3个纵队均于1949年1月正式组建。

形式务虚名而不顾及实际情况。

（五）1949年应是南方游击战争和游击根据地广大发展的一年，三区均应建立电台并与中央发生联系。

（六）你们对于各游击区的军事政策、农村政策和城市政策，仍极少向我们作报告，你们应十分重视这些政策问题，并经常向我们作报告。

中　央

玄感

[摘自《中国人民解放军历史资料丛书：中国人民解放军组织沿革{文献（3）}》，解放军出版社2007年版]

八、滇桂黔边委①、滇工委合并扩大会议经过报告（摘录）

（1949年8月）

滇桂黔边委、滇工委于7月6日召开合并扩大会议筹备会议，历时8天。15日举行正式会议，其间因为战争情况受影响，领导机关由盘江南岸推向北岸，会议曾经间歇，至8月21日才宣告结束，历时15天。

这次会议出席的计有李明、周楠、吴华（即郑伯克）、

---

① 《中国人民解放军滇桂黔边纵队史（上）》（云南民族出版社1989年版）第95页的标题为桂滇边工委、滇工委合并扩大会议经过报告。

庄田、朱家璧、郑敦、杨德华、饶华、孙庸、余明炎、黄景文、杨成明、宋启华、刘清、王纲正、梁家、林杰、王耀东、全明、廖华、陈金耀同志等21人，缺席的计有李玉生（即张子斋）、张连琛、黄建涵同志3人。

列席会议的计有陆琼辉、郭兆华、李耀东、李耀南、刘振江、马应明、张鸿谋、谢森、李文亮、唐森、金耀烈、何斌、杨坚、王惠莲、林岚同志15人，缺席者郭芳同志1人。

这次会议正式宣布滇桂黔边区区党委成立（中央指定李明同志为区党委书记、周楠、吴华同志为副书记），通过区党委执委、候补执委名单，及当前的方针、策略和具体工作草案，滇桂黔边区行政公署布告（施政纲领草案），并检讨及总结干部团结、反对无政府无纪律状态、朱部入越、政策执行等问题。现分述如下。

（一）滇桂黔边区区党委执委及候补执委名单

区党委执委李明、周楠、饶华、庄田、朱家璧、郑敦、李玉生、李弥丰[①]、欧根、刘清、岳石华[②]。

候补执委：杨德华、余明炎、杨成明[③]、饶华、黄景

---

① 即李雨枫。
② 即岳世华。
③ 即祁山，又名祁亮珠。

文、黄知廉①、陈胜年②、李祥云③、郭澜波④、陆子明⑤。⑥

（二）当前的方针、策略和具体工作草案

甲、方针。

在全面发展、重点巩固，配合南下大军，解放华南的总方针如下：

（一）放手发动群众，展开游击战争，打下农村基础，以农村包围城市，建立与提高主力，巩固与扩大解放区，坚决消灭与阻击残敌，以配合南下大军解放全境。

（二）集中力量，迅速把滇东南和滇西南打成一片，并以波浪式推进扩大地区，在滇西和滇东北，放手大搞，打下初步基础，在滇中滇北，积极发展，相机大搞；在昆明加紧地下党活动，加强联系群众，准备接收工作。在桂西放手发展，打下群众基础，在黔南以小部队或武工队活动，奠下初步基础。以上各地应先取得点线的联系，进而达到面的联系。在半年内完要成四五十县地区的解放。

乙、策略政策。

…………

---

① 即黄平。
② 陈盛年。
③ 李德仁。
④ 即许南波。
⑤ 即杨江。
⑥ 《中国人民解放军滇桂黔边纵队史（上）》第96页加注。

丙、具体工作。

（一）军事工作。

1. 在军事思想上，必须掌握我党的建军路线，必须依照解放军方式来建军。应该明白，人民武装的建立，是从人民斗争中建立起来的，是和人民斗争相结合的，是为保卫与创造人民利益而奋斗的。这种军队，必须有坚强的党的领导，有高度的政治觉悟，有全心全意为人民服务的精神，坚决执行党的政策和纪律，有坚强的战斗能力；这种军队，是和其他一切军队的本质完全不同的，应该依照这个建军路线来建军整军，因为我们的军队，有许多是从非党武装改编过来的，还没有经过认真的整军工作，而且有些军事干部，尚残存着脱离群众的单纯军事观点，所以我们这次会议，必须以最大的精力来完成建军整军工作。

2. 战略思想，建立积极进攻的战略思想。各级干部必须认真研究中央及分局指示的战略任务，研究本区军事斗争的经验和特点，在不断与经验主义、保守思想、冒险倾向的斗争中，培养与建立敢于进攻、敢于胜利与全面协同的战略思想，并把这种思想贯彻到各种军事行动中去。

3. 作战原则。学会毛主席的作战原则，以大吃小，集中优势兵力，两倍三倍于敌的兵力，积极找寻或创造时机以打垮敌一团，以歼敌一连一营为目的。先吃弱小分散之敌，后吃强大集中之敌；先拔弱小的据点，后拔强固的据点；先控制农村，后夺取城市；反对消耗战，反对击溃战，反对打无把握的仗，反对消极防御，反对消极避战。

4. 提高一步。在游击战的基础上，主力部队应逐步向运动战提高，非如此，就不能适应新形势的需要，也不能适应敌我力量变化的要求。各地的经验告诉我们，单纯的伏击战，已经不能达成当前复杂的（重点进攻，齐头并进与纵深而周密的搜索等）战争任务。所以，要学习运动战，学习更有组织性的战役作战，有了这些新本领，始能解决当前战争中所发生的困难。

5. 建立主力是当前最中心的工作环节，是解放云南及边区的决定因素，全党必须以最大力量，来建立与整训主力，巩固与提高主力，现在不应追求数量的发展，应着重于质量的提高，为此目的，现做如下规定：

（1）在扩大会议后2个月内，区党委必须完成主力支队3个团的整理，人数2000人左右，使之成为全军的骨干，同时计划于2个月后再成立2个主力支队。

（2）每个地委，要建立1个主力团，人数500人左右，成为地委最可靠、最坚定的队伍。

（3）每个县委，要建立1个主力营，人数150人左右。

（二）群众工作。

…………

（三）党的工作。

我们边区的党,大多是新发展起来的,党在农村中的基础非常薄弱,党的领导作用也不够坚强,为适应当前形势发展的要求,必须依照建党的思想,来建党整党与发展党,并提高党的领导作用,为此目的就要:

1. 健全各级党的领导机关。

2. 改善党的领导作风。

3. 加强全党的学习,特别是加强干部的学习。

4. 大量发展党,从群众斗争中吸收积极分子入党。在半年内每个地委要在原有的基础上向一千到两千党员的目标发展,已达到这种发展目标的应着重巩固。在解放区内,要做到每乡都有党的支部组织,并要向三分之一党员的目标发展,要完成发展党员的任务。

5. 健全支部生活,一切党员干部必须过支部生活,一切工作归支部,切实执行支部任务,支部要有定期的会议,要有健全的组织生活,要有丰富的生活内容。

6. 建立与发展新青年。

7. 大批培养干部(另有单独计划)。

8. 克服党内不团结的严重现象,加强全党全军的大团结(另有检讨决定)。

9. 反对麻痹,提高警惕。

(四)政权工作。

…………

（五）财经工作。

………

（六）加紧迎接大军接收城市的准备工作。

………

（资料来源：广东省档案馆）

九、广东南路人民抗日解放军第一团西进概述

（一）前言

广东南路人民抗日解放军第一团（即后来群众惯称的"老一团"），是中共南路特委领导的广东南路人民抗日解放军主力团，系以1944年8月遂溪老马起义后组建的雷州人民抗日游击队、南路人民抗日解放军第一支队为基础，在同日军、伪军、顽军的浴血战斗中发展起来的人民抗日武装队伍。它曾为南路敌后抗日游击战的开展和遂（溪）、廉（江）边抗日游击根据地的建立做出重大牺牲和贡献。

1945年8月日本投降后，"老一团"为执行中共广东区党委和南路特委关于保存力量、坚持斗争的指示，于是年9月从雷州半岛突破国民党正规军和地方反动武装的分割包围，西进十万大山坚持斗争。在十万大山打破敌人第一次"围剿"后，经请示广东区党委和南路特委并获得越

南党同意和帮助，于1946年春撤入越南民主共和国整训。入越期间，根据香港分局和广东区党委的指示，全面整训部队，为回国参加解放战争做了多方面准备；同时遵照中共中央指示并应越南党的要求，参加越南人民的抗法战争，帮助开展华侨工作，发动华侨参军参战。随着解放大军向蒋管区大反攻的形势发展，为执行中共中央香港分局关于开展华南地区武装斗争的部署，在中共桂滇边工委的直接率领下，"老一团"于1947年秋挥师回国，参加广西左江、右江地区人民的武装斗争，在中越边境与云南人民起义部队——云南人民讨蒋自救军会师后，于1948年冬入滇参加开创滇桂黔边区滇东、滇东南中心根据地的斗争。1949年春，又同从雷州半岛转战粤桂边并经越南进入滇东南的南路"新一团"会合，共同战斗，直至配合野战大军和兄弟部队围歼残敌，解放边区全境。

在行程数千里的曲折征途上和历时4年多的艰苦岁月里，"老一团"这支人民子弟兵，在上级党的领导和地方党、兄弟部队及边区各族人民群众的大力支持、密切配合下，完成了党和人民赋予的重任，为粤桂边区滇桂黔边区人民解放斗争史，写下了光荣的一页。它发扬无产阶级国际主义精神，同越南人民相互支援，团结战斗，为祖国和越南人民的革命事业做出了自己的贡献。

（二）突围西进十万大山坚持武装斗争
（1945年9月—1946年3月）

1. 抗战胜利后南路形势的变化和南路特委的方针

1945年夏，中共南路特委领导的抗日武装力量，在南路起义受挫后逐步获得恢复和发展。5月间，为了打开南路武装斗争新局面，特委决定将集结于廉江、遂溪边境的南路部队整编为5个团。以经过敌后抗日游击战锻炼、党员较多、战斗力较强的第一团为主力团，团长黄景文，政委唐才猷，政治处主任李廉东，下辖3个营，共800多人。部队整编后，对遂溪、廉江敌伪发动进攻，我控制地区不断扩大，在遂溪西部和廉江南部约有20万人口的地区里建立了人民政权，形成了一块初具规模的抗日游击根据地。

7月下旬，南路地区特别是雷州半岛周围各县，形势急剧变化。国民党"新一军"、第四十六军由广西向雷州半岛开来，企图独占抗战胜利果实。8月15日日本宣布投降后，蒋介石指令第四十六军、第六十四军进入雷州半岛和海南岛，接收日伪投降、消灭南路和海南人民抗日武装。不久，我原来活动和控制的地区被占领，活动在雷州半岛的第一团处境非常困难。

特委分析了当时的局势，认为雷州半岛是敌势必全力控制的地区，而十万大山一带，是两省两国交界地区，地形较好，又有中越边境可以回旋，敌人兵力比较薄弱，我党工作及武装斗争有一定基础。因而决定第一团突破敌人包围，挺进十万大山地区，保存力量，坚持和发展该区的武装斗争；集结在雷州半岛的其余各县部队则迅速返回原地分散坚持斗争。

2. 突围挺进十万大山，实现南路主力的战略转移

9月下旬，团长黄景文、政委唐才猷接到特委要第一团迅速突围挺进十万大山的指示。当时，第二、第三营还在海康北上途中，但为执行特委命令，黄、唐两人当即果断决定分两批带领部队突围，并相约突围后于廉（江）博（白）边境会合。

9月底，团长黄景文率领团部和第一营的首批队伍，在遂溪、廉江老区党组织和群众的帮助下，白天隐蔽于山村蔗林，夜里从驻满敌军的村庄间隙分散穿插行军，10月中旬到达广西博白县境马子嶂地区。沿途曾同围堵追截的敌人正规军和反动民团战斗多次。其中，在廉江塘蓬与保安团700多人激战一天，歼敌70多名，我部牺牲3人。

第一批突围队伍在塘蓬与敌激战前后，第二、第三营已从海康北上隐蔽于遂溪革命老区山内村一带，由政委唐才猷率领准备继续突围。此时，遂溪中区党组织送来情报并经侦察证实：国民党军队正在接收的日军遂溪军用机场风朗村仓库，存放着一批武器弹药，机场附近驻有国民党

正规军一个师，但守卫仓库的仅一个连，仓库附近则驻有尚未解除武装的日军数百人。为了补充西进部队的武器装备，吸引敌人以减轻首批突围队伍所受的压力，团部毅然决定组织一支20多人的突击队，以第一营二连作掩护，第三营八连及洋青乡民兵100多人为接应，并在当时遂溪中区党组织和风朗村党支部的密切配合下，于10月10日零时起对机场发起攻击。经半个多小时的激烈战斗，我部以牺牲1人的代价，全歼守敌110多人，缴获重机枪3挺、飞机用机枪8挺、20毫米机关炮2门、步枪130多支、子弹3万余发，其他军用物资1批。在敌人的重重包围下进行的这次奇袭，鼓舞了我部军民的斗志，予敌很大震动。追击我首批突围队伍的敌第四十六军一部急忙从廉江赶回。我参加夜袭的队伍在安全撤回山内村与其余队伍会合后，越过遂、廉边境北上，于10月下旬到达马子嶂，同第一批突围队伍胜利会合。

突围队伍会合于马子嶂后，即进行整编和西进十万大山的思想动员。团领导向参加西进的干部、战士阐明"避开大敌，到敌人力量薄弱的十万大山，坚持斗争以求生存和发展"的指导思想，提出了"打到十万大山去，坚持斗争，争取最后胜利"的战斗口号。经特委同意，从遂溪、廉江转移至马子嶂的第三团第一营，编入第一团战斗序列。全团共700多人，仍保持3个营的建制。第一营营长廖华，营政委陈熙古。第二营营长涂明堃，营政委林敬武。第三营营长黄建涵，政委庄梅寿。整训中，在党组织的教育和党员骨干的影响带动下，部分战士的畏难情绪得到克服，大家认清了形势和任务，更加坚定了西进决心。部队整训后向灵山南部推进，但到达灵南后未能与钦廉四属党组织取得联系，因情况不明又暂时折回原地。

第一团突围西进期间，国民党反动派积极准备发动内战，汇集于广东的几个国民党正规军和省保安总队正在部署向各地游击队发动进攻。广东区党委根据对形势的分析，同意南路特委将主力部队转移至十万大山坚持斗争的部署。11月间，特委认为第一团不宜在马子嶂停留过久，决定派原钦廉四属党组织负责人杨甫加强对第一团的领导，传达特委关于部队迅速西进的指示，协助部队在进军途中同当地党组织取得联系，布置地方党做好地方工作，支持和配合第一团的活动。11月下旬，杨甫到达马子嶂向第一团传达了上级指示，同前来联络的合浦、灵山党组织和部队负责人共同研究，选择了一条敌人力量比较薄弱、又易于我取得地方配合、支持的进军路线，即沿着六万大山南麓，经灵山县南部的古文水、钦县小董以北地区进入十万大山。

11月底，第一团迅速从马子嶂向西挺进。由于沿途获得合浦、灵山、钦县党组织和地方武装的有力支持，终于12月上旬顺利到达预定的初步目的地——十万大山东端钦县贵台地区。部队在消灭反动乡队 30 多人、占领贵台圩之后，又收缴了顽军头子张瑞贵老家兵丁 20 多支步枪。当天下午开仓济贫，宣传发动群众，继而又打退了两广地方反动民团接连 3 天的多次骚扰。

至此，我南路部队主力从雷州半岛突围作战，行军千余里，历时两个多月，终于粉碎了敌人围歼我军于雷州半岛的图谋，实现了全团的战略性大转移。

3. 两广敌人联合"围剿"和打破敌人"围剿"的斗争

十万大山位于钦县、防城的北部。山北为当时的广西境属。主脉宛如一条长龙，自东向西延伸至越南民主共和国，全长约 400 里。两广敌人为了消灭我部，急调 1 个正规旅的主力团和 2 个保安团，对十万大山进行联合"围剿"。我第一团在钦防党组织的支持配合下，对敌人的"围剿"进行了艰苦的斗争。

部队进驻贵台的第三天，尾追的敌保安一团已逼近，从广西往南压下的 2 个保安团正在途中。我部连夜向马后山转移。翌日清晨，敌保安一团和地方民团共 3000 多人大举向我追袭，企图在部队进入十万大山纵深地带之前将我部聚歼。为了摆脱敌人，团领导决定利用该处有利地形予敌狠狠一击。战斗于拂晓打响后，敌为断我进山之路，在迫击炮和轻重机枪密集火力的掩护下，先后向守卫白霞岭的第三营七连发起 13 次冲锋，但均一一被我击退。阵地前沿，敌人横尸累累，达60多具。战斗持续至晚上9时许，我部有秩序地撤离战场。该役敌伤亡百多人，我第三营七连连长廖培南等两人英勇牺牲。至此，粉碎了敌对我前堵后追的图谋。

部队撤离战场后，取道防城的天堂、那勤、小峰，于12月中旬到达十万大山西段南麓的大勉村，与沈鸿周为大队长、彭扬为政委的防城人民游击大队胜利会师。为了同地方加强联系，熟悉整个山区尤其是中越边境的地形，以利伺机消灭敌人，部队继续西进，直往与越南毗邻的峒中。

此时，防城县党组织领导人谢王岗赶来联系。早在第一团突围西进时，谢已于10月间奉命到特委机关，接受配合主力西进十万大山坚持斗争的任务。特委向谢传达中共"七大"精神后，指示防城党组织加强敌、我、友诸方面情况的调查研究，加紧动员和扩充地方武装，健全地下党组织系统及交通联络、情报系统，揭露国民党内战、独裁、卖国阴谋，发展广泛的反蒋统一战线，迎接第一团的到来。谢返回防城后，即按特委指示进行部署，开展准备工作。谢王岗会见杨甫及第一团主要领导人后，共商坚持和发展十万大山武装斗争事宜。根据该县地处两国两省边界，有广大山地、河海、港汊可以回旋，有抗日、抗法爱国传统，少数民族众多，群众饱受以陈济棠家族为首的封建官僚势力的残酷压榨等特点，确定高举民族团结旗帜，反对国民党发动内战,动员群众,打破敌人的"围剿""扫荡"。决定:①主力部队与地方部队和游击小组配合,开展群众工作,打击地方反动势力,收缴反动武装枪支,拔除可以拔除的反动据点,摧毁敌下层统治基础;②地方党、地方武装、群众组织全力支持和配合第一团的行动和斗争;③迅速集结、扩充防城人民游击大队并归第一团指挥。

部队进入峒中后,敌保安一团在马鞍山遭我痛击后喘息一段时间后,又继续向十万大山纵深追来。我部采取敌进我进方针,以营为单位展开兵力:第二营在滩散、峒中区坚持活动,伺机推出六市袭击敌人;第三营插向东北的北仑、扶隆一带,利用有利地形打击敌人;第一营向那湾、滑石、防城推进,威胁敌后;武工队插出光(坡)、企(沙)海滨地区,筹集给养,骚扰敌人,配合山区斗争。团部与防城人民游击大队部转移那良大勉一带,指挥主力与地方游击队协同作战。

部队按计划迅速展开后,12月下旬,在北仑、北基地区,驻北婆村的第三营八连派出宣传队发动群众时,被保一团的1个营200多人突袭。战斗中轻机副射手袁马就下肢被子弹打断,血流如注,仍坚守阵地阻击敌人,掩护连队转移,因寡不敌众落入敌手,但始终不为敌人威迫利诱所动,最后在那良英勇就义。八连分散突围后,得到该地游击小组和群众的掩护和安置,很快便重新集结移驻黄关一线，深入少数民族村寨，访贫问苦，开展群众工作，牵制向我中心地区进犯的敌人。在滩散峒中地区，滩散游击中队组织瑶族、壮族同胞占据隘口要道，用木制土炮射击敌人，震天响的土炮声和呐喊声一度使敌人晕头转向。后敌人再次发动进攻，我驻守竹叶坳的第二营四连，在发现敌情后未及时转移，遭敌300多人包围袭击，营政委林敬武等11人英勇牺牲，其余战士被迫撤入密林深处。他们忍饥挨饿，经受了毒蛇、猛兽、山蚊、山蚂蟥侵扰等困苦，终于找到自己的队伍，继续投入战斗。由团参谋黎汉威、营长廖华率领的第一营，用缴获的地雷摧毁了军阀陈济棠侄子陈树尧的地主庄园，击毙了曾任反动军队团长的陈树丰，沉重打击了地方反动势力，予敌很大震动。接着，又与那湾游击中队相配合，攻占曾任国民党师长的陈克强的老屋，然后向县城推进。活动于海滨区的团部武工队在该区武工队的配合下，组成一支海上游击队，活动于北部湾海域，多次袭击企沙敌盐警等据点，积极为部队征收税款、运送物资，并保持同特委的沟通联系。县人民游击大队及各区乡游击队密切配合各营、连，接连在峒中、板真、滩散等地袭击刘瑞龙等土豪庄园。防城地下党在城市的工作也为配合军事上的反"围剿"斗争进一步展开。以"广东南路人民抗日解放军"的名义印制的揭露国民党内战阴谋的传单，通过地下工作人员秘密散发至全县主要城镇。由刘镇夏等从敌人内部获取的情报，经地下情报交通网源源送入山区，使我部及时掌握敌情，让敌人的"扫荡"一再扑空。

反"围剿"斗争中，第一团重视群众工作，尤其是少数民族的教育和组织工作。除团部及各营都派有干部配合地方开展工作外，团政治处政工队在防城党组织原来工作的基础上，依靠峒中游击中队和少数民族领袖人物马文初、黄志瑞（均系壮族），在峒中乡深入宣传党的民族政策，团结各族同胞，开展减租减息，改善人民生活，深受群众拥护。团长黄景文、第二营政委谢森还与黄志瑞歃血为盟，誓为革命同生死共患难。1946年2月，峒中乡召开各族群众代表大会，民主选举黄礼德为乡长，黄志瑞、周秀明（壮族）为副乡长，成立了防城县第一个民主乡政权。接着组建乡民兵大队，黄志瑞兼任大队长。长期饱受压榨、歧视的峒中各族人民群众首次获得政权，鼓舞了山区广大群众。他们宁愿忍饥挨饿，甚至冒着生命的危险，也尽力为部队献粮、献草和救护伤病员。殿陆村的马晚哥濒临断炊困境，仅剩稻种20多斤，也全部献出送交伤员食用。

第一团进入十万大山仅1个多月，其活动范围已扩展到防城全县3/5以上地区，虽然在军事上受到一些小挫折，却取得了十几次战斗的胜利。这些以打击地方顽固势力为主要目标的战斗，震撼了敌人下层统治基础，鼓舞了全县人民的斗争情绪。尤其是直插县城的第一营，严重威胁了敌人的统治中心，迫使保安一团的1个营撤回县城。敌人消灭我主力的计划没有得逞，暂时停止了进攻。

1946年2月，敌人第一次"围剿"失败后，国民党整编第一五六旅（原师）旅长刘镇湘，率该旅主力第四六七团2500多人，联合2个保安团和地方反动武装，对十万大山发动第二次更大规模的"围剿"。当时，为广西军阀统治的山北地区地形较好，但我部工作基础尚薄弱，如坚持留在山南与数倍于己的敌人对峙，粮食、弹药补给势必发生困难，故在与敌周旋和进行若干战斗后，为避开敌人正规军的锋芒，第一团经请示特委并取得越南党同意，决定暂时撤入越南民主共和国边境休整。从3月上旬开始，第一营、第三营和第二营先后经峒中撤离国境。山区壮族、瑶族同胞对主力部队撤离依依不舍，纷纷采摘青松枝铺置于路上，让子弟兵踏青而去，以祈吉利并表示惜别之情。峒中乡民兵大队配合第二营阻击敌人，大队长黄志瑞还率壮族民兵为部队充当向导，完成任务后又为接应未过国境的伤病员而折回峒中，途中英勇机智地粉碎敌人数十人的围攻，毙伤敌十几人。接着，防城人民游击大队200多人编为第一团第四营（此时全团约千人）。营长沈鸿周，政委彭扬，副营长李鸿基。该营完成牵制、阻击敌人和收容伤病员的任务后，也于4月下旬撤入越南海宁省。随后，沿海武工队从海上撤入越南。

第一团从雷州半岛平原地区转战十万大山地区，语言不通，地形不熟，又同数倍于己的敌人作战，反"扫荡"斗争十分激烈和艰苦。但由于在斗争指导上，采取避开敌人主力、敌进我进、主动出击、兵分发动群众的正确方针，且又得到地方党组织及其领导的武装队伍、人民群众从交通情报、粮食供应、武器弹药补充、伤病员救护甚至直接配合作战等方面的支援，因而不但保存了自己的力量，而且还促进了该区武装斗争和群众工作的开展。防城县游击大队从100多人发展到200多人，各地方武装中队也进一步壮大起来。这为以后十万大山游击根据地的创建打下了基础。

主力撤离后，防城县党组织继续领导留下坚持的党员和武装人员，同敌人进行顽强、艰苦的斗争。

（三）入越整训和参加越南人民的抗法斗争（1946年4月—1947年10月）

1. 入越整训的背景和同越南党联系的经过

第一团入越休整，是在当时局势十分复杂和处境困难的情况下，取得越南党中央的同意和支持，经过我部上级党组织批准的。

1945年9月，以胡志明为首的印支共及其领导的越南独立同盟（以下简称"越盟"）取得了政权，于河内成立越南民主共和国临时政府。10月间，南路特委在第一团向十万大山转移途中，鉴于国民党积极准备发动内战，预计部队进入十万大山后，敌人可能集中兵力"扫荡"，如果坚持确有困难，经获越南政府同意，可让第一团暂时撤入越南境内休整。为此，特委领导人温焯华决定派庞自同越南党联系。庞到达河内后，会见了越南党中央组织部部长黎德寿。黎对我南路部队来越休整表示热烈欢迎，答应尽可能给予帮助。他说他们需要有一批中国同志帮助搞华侨工作，请我给予支持。1946年1月，为避开国民党军在十万大山即将发动的更大规模"围剿"，团部在请示特委后，派朱兰清去越南联系部队入越休整事宜。2月上旬，越南党中央派黄文欢在河内接见朱兰清，对第一团入越休整也同样表示同意和大力支持。此时，特委在接到第一团的请示并报告区党委后再派庞自告知越方，我部已快撤入越南境内，请及早安排。当庞于2月中旬到达河内再次会见黎德寿时，越方已通知中越边境各省委，对第一团入越路线及沿途的迎接等做了布置。3月初敌人第二次"围剿"开始后，第一团即按照越方指定的路线分批进入越南海宁省。在进入越南国境时，团部一再强调严格执行"三大纪律，八项注意"，尊重越南人民的风俗习惯。有的连队连续行军，从国内带去的粮食不多，在党组织的教育和党员的模范作用的带动下，战士们宁愿忍饥挨饿，以野芭蕉蕊充饥，也不打扰当地群众。不久，越南政府的通知传达到边境地区，当地群众确知我团是中国共产党领导的人民武装后，对部队的军风军纪倍加赞扬，尊称入越休整的第一团为"中国红军"，纷纷送来大米、香蕉以示慰问。战士们也主动为群众挑水、种地。接着，在越南海宁省委的帮助下，部队转移至谅山七溪一带隐蔽。此时，中共中央接到广东区党委关于第一团入越休整的报告，即以周恩来的名义复示：我们部队最好在国内坚持斗争，不要入越；如果不得已而入了，则要十分谨慎，务必不要影响越南的革命。入越后应将全部人枪交给越南党，并教育我们的干部、战士发扬国际主义精神，参加越南革命。为执行中央这一指示，区党委派准备北撤山东的原雷州特派员陈恩前往越南，将中央的意见正式向越南党中央转达和向部队传达，并负责处理好部队转交越南党中央的问题。5月间，陈恩到达越南，先后会见了越南党北圻圻委书记黄文欢、越南党中央组织部部长黎德寿。不久，越南党中央总书记长征约见了陈恩等。长征说："你们中央对入越部队的处理意见，体谅了我们的困难，对此表示感谢。我们中央的意见是不要你们的人枪，但要求你们在越南境内隐蔽好，不要暴露，以免引起外交上的麻烦；待将来时机成熟，部队打回国内去，把武装斗争发动起来，这样对我们会更好；入越部队在越期间的给养，可按越南国家军队的标准供给。"在越南党中央做了上述答复后，第一团即着手进行全面整训。

2. 全面整训部队，开展华侨工作，配合越南人民进行抗法战争

1946年6月，蒋介石向解放区发动全面进攻。中共广东区党委为准备在最坏情况下长期坚持艰苦斗争，考虑到广东有的地区由于部队北撤后，在当地业已暴露难以立足的人员需要转移隐蔽，又鉴于越南是个解放了的国家，准备取得越南共产党同意后，在越南建立起一个培训这些人员的基地。为此，派原南路特委书记、区党委组织部副部长周楠担任区党委驻越共中央联络员，以直接领导撤入越南的第一团及筹办这一基地，并为区党委筹集活动经费和协助越南党开展华侨工作等。7月上旬。周楠等从香港到达越南河内同越南党商谈后，指示第一团按照越方意见分为三个部分：一部分驻高平省，一部分驻谅山省，一部分南下驻中圻义安省。三个部分除抓紧部队整训外，还要协助越方培训干部，做好华侨工作，打击土匪，安定地方，准备抗击法国殖民军的侵略。根据这一指示，第一团全面部署了工作。

（1）全面整训部队，举办高平干部训练班。第一团分批撤入越南后，已在行军途中和驻地进行以射击、投弹、刺杀为主要内容的军事训练和掀起学习文化的热潮。由于

学习用具缺乏，指战员们常常以竹枝当笔，用芭蕉叶做纸，积极性很高。周楠入越后，根据广东区党委指示，为配合全国解放战争回国开辟新区储备干部，决定在高平坑嗯举办广东区党委留越干部训练班。培训对象主要是第一团的排连以上骨干、机关工作人员及其他一些撤越干部，共130多人。训练班在周楠的直接领导下，由陈恩、饶华、唐才猷、李廉东等具体负责训练工作。训练班以政治训练为主、军事训练为辅。主要学习形势和任务、党的"七大"精神及毛泽东军事思想和刘少奇的《论共产党员的修养》等。同时联系实际开展批评与自我批评。经过约5个月的训练，全班学员提高了政治思想觉悟，增强了党的观念。学习期间还初步审查了干部，发展了一批党员。与此同时，黄景文按照周楠的指示，于9月率领第一营、第三营南下越南中圻义安省，协助越第四战区司令部担负中部警戒任务，同时开展以军事训练为主的整训。该部联系实际总结分析南路武装斗争的战例，严格进行射击、刺杀、投弹等基本训练，使部队的战术水平、军事素质明显提高。越南党和军队的有关领导也很关心部队的整训。越第四战区政委黄文欢、司令员阮山先后给部队上课，讲述印支共产党党史，介绍越南革命斗争经验，使大家受到教育和鼓舞。驻谅山的第二营、第四营也抓紧部队的军事训练和文化学习。第一团在越南全面整训的结果，不但提高了全团指战员的政治觉悟和军事技术水平，而且还使占该团绝大部分的贫苦农民出身的战士，学到了不少文化知识，为以后回国参加斗争打下了良好的基础。

（2）帮助越南训练部队、培养军事干部。1946年冬，法国殖民主义者向越南民主共和国的海防、河内发动大规模进攻，胡志明主席亲笔致函要求我入越部队为越制订军事训练计划。据此，唐才猷等编写了一份军事训练计划送交越南最高统帅部。黄景文应越方要求，担任了第四战区步兵学校和越南高级步兵学校的顾问，同时还帮助第四战区司令部拟制和实施部队的训练计划。其中，将在义安省整训的第二营、第三营同越南一个大队合编为四战区第五十七中团第一七一小团，并将一批越南军事骨干编进我第一、第二大队，随同我部一起训练。我还应越方要求，派陈炳崧等3名军事干部到顺化省帮助训练越南部队的班排干部，到广治省集训各县民兵骨干共400多人。派第一营营长廖华到高平省为越方举办游击战训练班，受训的有县、村一级干部50多人，主要内容有游击战术及刺杀、射击、投弹、埋地雷等技术。1947年2月间，廖华、林杰、彭扬、黄英、陈庆芳、李恒生等到越南抗法基地太原，协助越第一战区开办游击训练班，受训对象大部分是县一级的领导骨干，少数是省级干部共70多人，内容主要是游击战术，诸如伏击战、袭击战、围歼战、麻雀战以及游击队的政治思想工作等。

（3）宣传教育华侨，组织抗法武装，参加抗法战争。与我国广东、广西相邻的越北高平、谅山、北江、海宁、广安诸省，是华侨比较集中的地区。长期以来，当地华侨同越南人民友好相处并为越南的解放斗争做出了贡献。但在法殖民主义统治时期，由于法国和国民党政府的挑拨离间，有的地区华侨同当地越南人民之间也存在一些隔阂和纠纷。日本投降后，进入越南接收日伪投降的国民党军队和特务人员，同越南国内的反动势力相勾结，破坏华侨与越南人民的关系，唆使某些上层华侨人物反对越南革命，加之越南一些地方政府执行华侨政策上的失误，广安东潮和北江左祖地区，大批华侨被迫流离失所。同时，法国殖民主义者对刚建立的越南人民政权虎视眈眈，准备卷土重来。在这种情况下，教育组织越北为数众多的华侨，支持越南革命，促进华侨与越南人民和睦团结，安定地方，对保卫越南革命成果有着重要意义。第二次世界大战期间，中共在中越边境镇边（今那坡）、龙州、宁明、防城等地的地方组织曾派出人员入越，同印支共和越盟的地方组织建立了各种联系，在高平、北江、海宁等省的华侨中开展工作。印支共和越盟也利用我边境地区进行抗法、抗日活动。因此，第一团入越后，越南党多次要求我统一和加强对华侨工作的领导，帮助做好华侨工作。1946年7月间，广东区党委驻越南党中央联络员周楠入越会见越共中央负责人后，在越南共产党的帮助下，与早在越南北江省活动的中共广西桂越边境临时工委书记林中取得联系，并同他就越南党的要求做了研究，决定从第一团抽一批干部协同桂越边临委做华侨工作。根据广东区党委的指示，周楠组建了华侨工作委员会（主要负责人陈恩、饶华、余明炎、庞自等）。在该工委的具体组织下，第一团和其他因国内形势变化撤入越南的干部数十人，分赴谅山、太原、北江、海宁、广安等越南北方各省及海防、河内等大城市，积极配合越南党和政府开展华侨工作。他们兴办华侨学校，创办华侨报刊，开设进步书店，宣传我党的方针政策，揭露国民党发动反人民内战的罪行；宣传华、越人民和睦团结，教育华侨支持越南革命；争取华侨上层人士，开展统战工作等。

当时，越南党和政府对我撤越部队和干部十分器重和信任，除在北越外，还多次要求我部派人参加他们在南越的华侨和情报工作。9月间，第一团从全团连排干部中，选调了政治思想和工作能力较强的李森、郑庄（郑南）、沈醒民、刘陶荣、沈鸿欢等16人，交给越方任用。双方商定这批人员的工作由越方安排，党籍仍由我管理，保留最后调动权。法越战争爆发后，他们分别由越南党派到中部和南部第五、第六、第八、第九战区，在非常复杂和极其困难的条件下，长期从事南方各省市的华侨等工作，团结教育和组织广大华侨同越南人民一道参加抗法、抗美战争，做出了出色的成绩。他们有的在法国人的牢狱里，遭受严刑拷打，英勇不屈，如翁泽民等；有的在抗法、抗美斗争中牺牲，如余德福、沈鸿欢等；有的在越南南方从事华运、华侨工作长达20多年，直至1977年才奉命回国，如郑南、沈醒民、刘陶荣等；有的至今下落不明。

1946年冬，法国殖民者第二次大规模的侵越战争全面爆发后，法军占领河内，继而北犯侵占了从海防至芒街的所有大、小口岸，和从芒街至同登的全部边城，实施其南北分进合击计划，打通和控制第一号公路河内以北地段，占领整个越东北部，然后西侵抗法后方太原。我华侨工委余明炎、庞自联名写信给胡志明主席，建议组织华侨抗法自卫武装，以配合越方打击法国侵略者和更好地解决华侨与越南人民之间的纠纷，团结抗战。胡志明接到建议书后亲笔答复说："你们建议组织华侨抗法自卫武装，我很赞同，但这会遇到许多困难，希望你们要谨慎小心，我将尽力帮助。"于是，余明炎、庞自带着胡志明的亲笔批示来到广安省东潮，以海防撤出的第一团武工队为骨干，在原第四营干部黄德权等的帮助下，活动于东潮、左堆地区，深入华侨村庄，发动群众，筹建华侨自卫武装。不久，袭击左堆法军，毙敌1名，缴获冲锋枪1支。接着，李锦章、陆锦西率武工队12人，在广罗附近伏击全副武装的法军车队，炸毁军车1辆，毙伤敌20多人。1947年3月，为加速组建华侨武装开展敌后游击战，黎汉威带着越军总部组建华侨自卫团的命令，率领第一团的一批干部来到东潮，与余明炎、庞自领导的敌后武工队会合。经过一段发动工作，正式宣告成立"越南北部东北区华侨民众自卫团"。团长黎汉威，政委余明炎，副团长黄德权，政治处主任庞自，下辖3个大队200多人。其时，在东潮附近的周帮屯，有一支以严擎东为指挥官、约40人的"越南北部华侨自卫团"武装。严是越统战对象，当时他假抗法之名，企图利用华越纠纷，将北江、广安、海宁、谅山等省的华侨组织起来，一到时机成熟，便与越盟分庭抗礼。我部在越盟的密切配合下，争取了该部一些成员参加我部，其余遣散回乡，另将严调离，从而消除了隐患。在北江省左祖地区，越统战对象、华侨上层人士赖积臣在日本投降后，组织了"越南北江华侨自卫团"。中共桂越边境临时工委书记林中经同该省越盟负责人协商，由林任该团政委，后还派南路撤越干部庞殿勋等前往任中队干部，教育争取这支华侨武装投入抗法行列。自卫团除了在敌后开展抗法游击战外，还在华侨中进行广泛的宣传工作，特别在调解华侨与越南群众的纠纷上做了大量工作，促进了华越人民的团结，使大批华侨青年走上抗法斗争第一线。自卫团帮助华侨组织了自己的团体——华侨理事会，以加强同越南政府的联系，维护华侨的正当权益。所有这些调动积极因素、克服消极因素的工作，都有利于越南抗战，为以后建立广安省、北江省的敌后抗法游击根据地创造了良好条件。

1947年春，侵越法军从安州沿13号公路向西进犯，左祖、六南沦入敌手，第一号公路危急。越第十二战区派其参谋长陆华（陆华，即莫一凡，中共党员，1947年秋奉命回国参加发动左江起义，任中共左江工委军事部部长）率北江中团拟进入左祖地区建立指挥所，由于华越关系紧张，受到当地华侨的阻挠而未能实现。为此，越第十二战区党委向越共中央建议，由我第一团派出部队以华侨部队名义进入六南、左祖地区，帮助他们开展华侨工作，建立地方政权。1947年2月、3月间，由第二营、第四营合编的1个营300多人，奉命沿第一号公路南下，开展华侨工作，配合越人民军，迫使从安州西进之敌停止在六南以东地段，以保卫保夏、六南广大地区。该营进驻保夏后，改编为"越北华侨自卫队第一支队"（简称"越北支队"）。支队长涂明堃，政委谢森，副支队长李鸿基，副政委严秋。该部派出大批人员深入一号公路沿线和六南等地区，调解华越人民纠纷，捕捉潜伏在华侨中进行破坏的国民党特务，整顿华侨队伍，统一北江省的华侨武装，使该区社会秩序恢复正常，华越关系也逐步改善，出现团结一致抗击法国殖民军的局面。由于华侨青年踊跃参加抗法自卫武装，越北支队从3个大队发展到8个大队，五六百人。

1947年秋，第一团奉命回国时，应越共中央要求，以"越南东北区华侨民众自卫团"为基础，会合"越北支队"部分留越华侨战士，组成"越南国家军队独立中团"。双方商定：独立中团仍然是在越东北区的敌后或前线华侨聚居的地区，担负战斗队和工作队的任务，同时还有支援祖国边区解放斗争的责任。在领导关系方面，既受越南党和越军总部及其委托的第一战区指挥，也受我边工委的领导（初时由中共粤桂边工委后由桂滇边工委，滇桂黔边区党委领导）。第一团和南路撤越干部留下一批骨干，担任该团的各级领导工作。黄炳为中团团长，庞自为中团政委，黄德权为副团长，方野为团政治处主任。初建时辖2个大队，300多人，后扩大为2个小团和4个独立大队共900多人。活动于越南东北区海宁、广安、谅山、北江等省的敌后和前线，开拓和建立了以燕子山为中心的抗法游击根据地，在广大华越人民群众的支持下，为抗击法军侵略、保卫越北抗法根据地做出了贡献。例如，在越人民军为粉碎法军1947年冬季攻势而发起的越北战役中，独立中团密切配合，致力破坏第四、第十三号公路的法军运输线，频频伏击法军军车，受到越第一战区司令员朱文晋的赞扬。1948年开始，独立中团致力开辟海宁新区，建立敌后抗法根据地，打通与粤桂边区联系的另一条交通线。1948年冬越军在东北区发起冬季战役，独立中团和越军第五十九、第九十八中团并肩战斗，第三次攻打冷滩，全歼伪军大队长沈季波以下100多人，还配合越方2个中团的主力攻克另一重要据点安州。1949年1月，以武工队为基础，建立独立中团海宁独立大队，并于3月27日，配合我粤桂边纵队第三支队袭击越海宁省省会芒街，毙法伪官兵50多人，俘140多人，缴获轻重机枪16挺、长短枪300多支、子弹10万余发。接着又兵不血刃智取了守备坚固的法军据点南树屯，乘胜进攻唐花，初步建立了海宁敌后游击根据地。越军总部召开的东北区冬季战役总结大会，对独立中团"三打冷滩""四出海宁"以武工队开辟新区的经验，评价很高，总司令武元甲在会上号召向独立中团学习。为了支援祖国的解放战争，独立中团先后输送了三四百名华侨战士回国参战，并在为滇桂黔边区和华南分局筹集经费，确保华南分局从香港经越北至滇桂黔边区和粤桂边区地下交通线的安全等方面做出了贡献。1949年5月，独立中团除部分武装和武工队、地方工作人员100多人留交越方组成越第一战区独立小团，继续参加抗法斗争外，其余400多人整编为1个团，由庞殿勋、罗北、张贤率领返回十万大山，被授予第二十八团的番号，先后编入中国人民解放军粤桂边纵队第三、第七支队的战斗序列，参加了粤桂边战役。

3. 为回国开展边区武装斗争积极做好准备

1947年春，粤桂边区尤其是广东南路人民的武装斗争有了较快的恢复和发展，为加强对武装队伍的领导，中共南路特派员吴有恒于3月间决定先行成立粤桂边区人民解放军，以代司令员朱强的化名指挥正在组建的主力新编第一、第三、第四等团队作战。1947年初，中共中央香港分局决定派遣琼崖纵队副司令员庄田等到粤桂边区加强武装斗争工作。同年4月29日，香港分局书记方方函示南路党组织领导人温焯华、吴有恒、欧初等，对先行成立的粤桂边区人民解放军正式予以批准，并指出"为了军事更加积极发展，我们同意你们意见建立边区指挥部（虽然尚早一点，可是公开了便算了），以庄田为正司令，唐（才猷）为副司令，温（焯华）为政治委员，吴有恒为副政治委员，欧初为政治部主任。在庄、唐未到以前，政治方针方面由温焯华、吴有恒、欧初决定，部队出发行动暂由吴有恒、欧初指挥；温焯华留指挥地方工作及部队"。（方方对南路工作的指示信，1947年4月29日）不久，鉴于粤桂边区革命形势的迅速发展，为了适应该地区甚至整个华南地区革命斗争的需要，香港分局认为进一步调整这一地区党组织机构，及时成立中共粤桂边区工作委员会，很有必要。为此，香港分局于5月7日在向中共中央的请示中提出："将粤南、桂南划粤桂边区工委，下辖四个地委，领导武装

2000多人，以勾漏山、十万大山为基地，开展游击战，并恢复过去红七军左江、右江据点，与黔东南游击战配合，将来成立粤桂滇边区党委。现以周楠、庄田、吴有恒、温同志（即温焯华）等7～9人为边区委员会（委员）。"（罗迈致中共中央电，1947年5月7日）5月24日，中共中央复电香港分局："你们关于闽粤赣边区党委外，建立粤桂边、粤桂湘边、粤赣湘边三个工委地区，领导与发展各地区的游击战争是适当的。"中共中央还着重指示说："华南除琼崖外，应靠本身力量于本年度建立起三四个成块的游击根据地，组织起几支成为中坚的游击队伍，准备迎接与配合明年北方人民解放军的全面反攻。"（中共中央复香港分局电，1947年5月24日）

1947年6月，从越南到香港向分局汇报工作的周楠偕同庄田、郑敦等回到越南高平，立即召开干部会议，传达分局关于在华南各省开展武装斗争，贯彻"放手小搞、准备大搞"方针，以及撤销中共广西工委成立包括广西左江、右江、桂南和广东南路等地区的中共粤桂边工作委员会和第一团回国打开边区武装斗争局面等指示。郑敦向干部传达党的"七大"精神和中央关于土改问题的指示。庄田讲解毛泽东《中国革命战争的战略问题》部分章节，结合总结分析南路武装斗争的战例。在干部中开展批评与自我批评，对主要领导成员做了审查。

中共粤桂边工委成立后，接收了广西左江、右江地区党的关系，并派余明炎、庄梅寿、李少香（李东明）、洪田等随右江地区特派员覃桂荣到右江工作，参加发动和组织该区的反蒋武装起义。中共右江地委成立后，区镇任地委书记，余明炎任地委副书记兼组织部部长。庄梅寿于9月参加万岗起义后，在姜桂圩遭敌暗害不幸牺牲。同时，在原桂越边境临时工委基础上组成黄嘉为书记的中共左江工委，并派第一团的廖华、肖汉辉等进入该区工作。廖等根据边工委关于大胆发动群众，扩大武装、配合北方解放大军夺取全国胜利的指示，首先在镇边平孟为左江工委举办武装骨干训练班，接着又参加发动左江地区的武装起义。1947年7月，靖镇区成立了左江人民解放军靖镇大队，约120人。廖华任大队长，靖镇工委书记邓心洋任政委。

6月、7月间，粤桂边工委在接到中共香港分局要周楠、庄田迅速率第一团返回南路建立粤桂边区纵队的指示后，对部队回国做出积极部署：李廉东率黄志瑞大队和手枪队提前进入粤、桂、越（南）边境，联系并指导在该区坚持斗争的游击队发展武装，搜集边境地区国民党和法军的情报，建立越南高平至十万大山的交通线；郑云返回上述地区，同在该地区活动的林中部队及黄志瑞大队取得联系，并争取越盟部队的帮助，迅速打通至十万大山的交通线。由于得到越盟部队和我边境游击队的有力支持，交通线很快畅通。接着黎汉威、沈鸿周、彭扬等一批营连干部，穿过法军封锁线返回十万大山，与防城"三、光、企"起义时组建的钦防农民翻身总队会合，以加强十万山区的武装斗争，迎接主力团回国。后来又派支仁山、涂明堃、朱兰清等一批骨干返回南路。

7月底，周楠率领部队从高平到达北江省保夏，在与黄景文带往义安的第一、第三营会合后，于9月下旬召开回国参战誓师大会，指战员们士气十分高涨。此时，第一团进行整编。团长、政委、政治处主任仍分别为黄景文、唐才猷、李廉东，直辖5个连队，由庄田、周楠直接指挥，原计划经越南谅山、海宁省和我国防城县开回粤桂边区参加斗争。部队将通过谅山至河内铁路时，敌人在我拟通过地段增设了一些据点，封锁了中越边境。因敌情变化，我部暂掩蔽集结，并派出部队侦察通过路线。10月初，中共香港分局在接到粤桂边工委的情况报告后，指示周、庄考虑不返回广东南路而改向桂滇黔方向发展。边工委认为这是个富有战略远见的决策，随即率领第一团和机关工作人员约600人，开赴桂西靖镇地区，坚决执行中共香港分局的指示。

至此，在中共香港分局和粤桂边区工委的领导下，第一团和从南路等地撤入越南的同志共同努力，整训了部队，训练了干部，开展了边境工作，为回国参加解放战争，在组织和思想等方面做了多方面准备；同时，还发扬了国际主义精神，在帮助越南培训干部、开展华侨工作、组织华侨武装参加抗法战争方面做出了贡献。

（四）参加开辟滇桂黔边区根据地配合野战军解放全边区（1947年11月—1950年2月）

1. 同桂西人民武装相配合开展靖镇区游击战

1947年9月，中共中央做出中国人民解放军由战略防御转入战略进攻的重大决策。10月10日，中共中央以中国人民解放军总部的名义，颁布《中国人民解放军宣言》，号召蒋管区广大人民"拿起武器……发展游击战争"。根据中共中央的指示，中共香港分局向包括滇桂黔边区在内的各地工作与战斗做出了明确的部署，要求"在已经普遍发展游击队、武工队、民兵之游击战争地区，必须抽调部分兵力组织主力，创造较能独立作战而又能到处配合游击队民兵作战的核心，是目前群众性武装斗争的基本任务"。（中共中央香港分局《为迎接大反攻加强农村斗争的指示信》1947年10月）。与此同时，鉴于中共粤桂边区工委主要领导人周楠、庄田率部从越南境内返回靖镇区，并领导左江、右江地区的革命斗争后，原粤桂边工委实行跨地区领导较为困难；同时，为了集中力量领导左江、右江地区的斗争，并向桂滇、滇黔边区发展，以便将来建立桂滇黔边区人民武装，香港分局指示周楠成立桂滇边工委。11月8日，周楠、庄田率第一团进入靖镇区途中召开了干部会议，传达香港分局指示，成立了中共桂滇边工委。周楠、庄田、郑敦、覃桂荣、陈恩、黄嘉、余明炎、区镇、林中、饶华、唐才猷、黄景文等为边工委委员。周楠任书记，庄田负责军事工作。会议确定当前的基本任务是：在普遍发展的基础上建立地区主力部队，发展游击战争，建立根据地。第一步集中力量打下靖镇两县为立足点，进一步与左江、右江人民武装联络，开辟滇黔边境新地区；打下党组织与群众组织的基础，开拓桂滇黔边区的新局面。

靖镇地区党的基础较好，早在第二次国内革命战争时期，红七军就在这一地区活动，在当地的人民群众中有比较广泛的革命影响。1944年春，中共桂西南副特派员覃桂荣成立越桂特支，发展党员，建立农会，并协助越共举办游击干部训练班。1944年秋，特支进一步扩大党与农会组织，并建立了民兵组织。1947年6月，粤桂边工委成立后即派第一团的廖华率肖汉辉等6人到靖镇区，协助当地党组织培训干部，初步恢复了武装斗争。在主力团进入国境前的11月6日，为了打开局面，庄田等率领第一团留守高平的一个连和靖镇独立大队（前身为左江人民解放军靖镇大队）共300多人，主动进攻果梨。果梨是左江、右江地区通向靖镇区的门户，驻有国民党民团100多人。我人民武装集中两倍于敌的优势兵力，乘敌不备发起进攻，经过3小时激战，毙俘敌约100人，缴获轻机枪1挺、长短枪100多支。接着又乘胜进攻平孟乡之敌，再歼敌数十人。首战胜利打开了靖镇区大门，为主力团回国扫清了道路。

果梨战斗之后，边工委率全部主力进入靖镇地区。由于果梨之敌突然被歼，驻靖镇地区之敌大为恐慌，边工委决定乘机进攻百合。11月16日，主力部队在地方党和地方人民武装的有力配合下，由"老一团"团长黄景文、政委唐才猷指挥，采取夜间运动、全面包围、拂晓进攻的战术，向驻百合之敌发动突然进攻，经激战2个多小时，全歼守敌1个连和镇边民团150多人，其中毙敌50多人，俘敌100多人，缴获重机枪1挺、轻机枪3挺、长短枪100多支。百合战斗后，驻惠仙地区之敌慌忙连夜逃至弄蓬，企图凭险顽抗。回国主力部队立即运动至弄蓬地区，于12月1日向敌发起进攻，经3小时激战，毙敌50多人，俘敌国民党靖西民团副司令以下120多人，缴获轻机枪3挺、长短枪100多支。与此同时，人民武装和靖西民兵基干队，也乘机袭击驻南坡圩和荣劳乡的保安团两个中队，毙俘敌100多人。

"老一团"经过1年多的入越休整，战斗力大大提高，在回国参战的巨大鼓舞下，作战勇猛顽强，敢于刺刀见红，震动了广西反动派。敌人被我人民武装重创之后还蒙在鼓里，他们在战斗中听到我部多用雷州方言（黎语）进行联系，竟误认为我主力是由日军改编，便出动飞机散发日文传单，传单上印有跪迎丈夫回归的日本妇女图照，妄图瓦解我军，可见敌人当时的惊慌和愚蠢。

三战三捷之后，靖西、镇边的国民党反动武装纷纷退守据点，等待增援。1948年春，广西国民党当局做出"围剿"靖镇区的部署，纠集靖镇两县保安团和民团向我进犯。我部获得情报后，主力部队在南坡外围忠厚村进行伏击。战斗从早上开始，我多次以反冲锋打退敌人的冲锋，用刺刀同敌人格斗，直到黄昏才结束。这次战斗异常激烈，毙伤敌80多人，缴轻机枪1挺、步枪10多支。南坡一战，胜利地打退敌人的第一次进犯。接着，边工委决定进一步打开靖镇区局面，开辟新区，命令部队开往德窝前线，准备攻夺镇边县城。但由于敌人已有准备，从靖西调来增援部队，并在德窝利用有利地形，建立了山头防御阵地，而我部远离有群众基础的地区，敌情不明，以致在德窝对峙约半月之久。当我决定从左翼经十蓬、六蓬做远距离迂回向镇边城进发时，敌人已集结力量，向我平孟中心地区进攻，因而我部主力又奉命星夜调回，执行保卫中心地区的任务。在部队运动过程中，敌人约1个营进驻清华，虽然我部主力连续行军，极度疲劳，仍坚决执行命令，于夜晚10时向敌人发起猛烈攻击。战斗持续到次日中午，敌人被打得惊惶失措四处逃窜。清华之战，毙伤敌30多人，俘敌20多人，缴获轻机枪3挺。经过此役，敌人向我解放区的第二次进犯也被打退。之后，主力部队又奉命急调攻打英华之敌，由于守敌增加了两倍，在打垮部分敌人后我部主动撤出战斗。

在开展军事斗争的同时，群众斗争也逐步开展起来。边工委从南路"老一团"抽调一批干部，配合地方开展群众工作，组织群众武装，建立群众组织和基层政权，搞土改分田试点。还在平孟办了青干班，培养了一批壮族、瑶族、汉族和其他民族的青年干部，为以后开展滇东南边境少数民族地区工作做了很好的干部储备。

在桂滇边工委的领导和靖镇区地方党组织的支持配合下，回国主力部队经过2个多月的艰苦斗争，歼灭了国民党保安队、反动民团等武装约700多人，解放了7个乡镇，解放区扩大到东西250里、南北160里的10多个乡的范围，农会会员由3000多人发展到1万多人。游击根据地从4个被分割和不完整的乡发展为连成一片的包括10个整乡和另外几个乡的一部分，并普遍建立了乡村政权。我人民武装由1000多人发展到2000多人。

这个时期的斗争，扩大了革命影响，锻炼了部队，丰富了斗争经验，为配合全国的战略反攻牵制了敌人的部分力量，成绩是主要的。但是，在取得多次胜利并初步打开局面的时候，在军事上和政治上也犯了一些"左"的错误。在军事上，过于依靠集中主力部队打开局面，没有及时兵分发动群众，忽视了群众工作的全面展开与有机配合，企图过早地巩固一点，提出了攻打镇边县城和保卫中心地区等不适当的口号。在地方工作上，"左"的错误也很突出，主要表现在：没有从靖镇区的实际出发，在条件还未成熟的情况下，过早提出土改分田；在农村执行阶级路线上，错误地把农民分为三等九级，依靠"九等穷"去组织贫农团，以致侵犯了中农利益，孤立了贫农；肃反扩大化，不加区别地处理了一些保甲长，错误地处决了前来投诚的一些流寇，甚至错杀了一些革命群众和向我党靠拢的进步华侨乃至个别地下党员，忽视了统战工作。因此，扩大了对立面，脱离了群众，孤立了自己，增加了开展新区群众工作的困难。当敌人从安徽前线调回正规军第一七四旅，纠集保安第二、第五、第九等6个团的兵力，向靖镇地区全面包围和进攻时，我便处于被动局面，教训是深刻的。

1948年3月，在国民党集中优势兵力围攻靖镇区的情况下，桂滇边工委在北斗村召开第一次扩大会议。由于形势紧迫，会议对回国后的斗争经验教训未能做出全面的总结，只就应付敌人的进攻，确定"大股插出，小股坚持"的方针，将主力部队第一支队暂时撤出边境休整。靖镇区成立梁家为书记、邓心洋为副书记的靖镇工委，留下第二支队坚持斗争。会后，桂滇边工委根据中共中央批复的香港分局关于建立桂滇边区支队的报告精神（香港分局于1947年11月29日向中共中央提出建立桂滇边支队等7项报告，1948年2月6日，中共中央复电表示同意）。成立人民解放军桂滇边部队司令部，庄田任司令员，周楠任政治委员，黄景文任参谋长，饶华任政治部主任。下辖以南路"老一团"为基础组建的第一支队，林杰（后李鸿基）任支队长，唐才猷任政委；以靖镇独立营为基础并从南路"老一团"抽调部分骨干组建的第二支队，廖华任支队长，梁家任政委；由龙州、凭祥、上金、雷平、思乐、明江等县人民武装组成左江游击队（后整编为第三支队），右江地区的桂西人民解放军司令部。边工委从"老一团"抽调部分军政干部，支持加强左江、右江地区的人民武装。与此同时，各区乡还成立若干武工队，配合主力开展斗争。

在主力奉命撤出靖镇区向云南转移时，为牵制敌人，林杰率主力第一支队第二连长途奔袭龙州水口镇。该部在左江地下党组织和群众的大力协助下，经过周密侦察，利用夜色天雨气候，以炸药爆破、强攻固守之敌，经40多分钟的激烈战斗，歼敌1个加强连170多人，缴获1批武器弹药和2部电台。

主力撤出后，靖镇工委把全地区分为几块小游击区，成立了多个武工队，插入敌后活动，分头联系群众，打击敌人。这个时期,是靖镇区坚持斗争十分艰苦的时期,不但缺粮,连盐巴也缺,但依靠老区各族群众支持,终于完成了"大股插出,小股坚持"的斗争任务。在主力转出外线,开展滇东南地区斗争的有利形势配合下,在纠正过去"左"的政策错误中,这个地区又进入一个恢复和进一步发展的新时期。

2. 与云南人民武装会师河阳,整训合编

1948年,全国人民解放战争转入全面反攻,国民党军队从全面进攻转入重点防御,南方各省的游击战争蓬勃兴起,云南人民在中共云南省工委的领导下,于1948年春举行圭山、西山起义,接着成立了云南人民讨蒋自救军第一纵队。随着滇东南地区人民武装斗争的发展,滇南、滇中、滇西和滇东北地区的人民游击战争的烈火也逐步燃烧起来。香港分局有感于桂西和滇东、滇东南武装斗争形成背靠之势,决定统一两地区斗争的领导,把这两支部队合编,以促进桂滇黔边区武装斗争更大的发展。7月,云南人民讨蒋自救军第一纵队1000多人,为执行中共香港分局统一两地区武装斗争、开辟边区根据地的指示,迢迢千里,不畏艰险,到达越南河阳与边工委主力会师。9月,边工委根据中共香港分局指示精神召开第二次扩大会议,会议传达学习了毛泽东《在晋绥干部会议上的讲话》和中共香港分局的《二月指示》等文件,全面总结回国8个月来的斗争经验教训，分析了军事斗争和群众工作指导上"左"的错误，大大提高了我部指战员的思想和政策水平，丰富了斗争经验，为后来入滇参加开辟滇桂黔边区根据地的斗争夺取新的胜利，打下了良好的思想基础。讨蒋自救军第一纵队司令员朱家璧等边委介绍了云南武装斗争的情况和经验。接着，云南讨蒋自救军也进行了整训。

扩大会议后，边工委根据香港分局关于组建前委率主力进入边区中心地区开展工作等指示，决定部队向云南境内开进，首先开展滇东、滇东南地区的武装斗争，进而打开滇桂黔边区的局面。为统一指挥，分路配合发展，组建边工委前方工作委员会和滇东南工委、滇东南指挥部。前委由庄田、郑敦、朱家璧、杨德华、黄景文组成（后增补张子斋、祁山为委员）。庄田任前委书记，朱家璧为部队司令员，黄景文为参谋长，郑敦为政治部主任。滇东南工委由唐才猷、饶华、岳世华组成，唐任工委书记。滇东南指挥部指挥员由唐才猷兼，饶华任政委，岳世华任副政委兼政治部主任，林杰任参谋长。边工委书记周楠暂留中越边境，统一领导各地区的斗争。在兵力部署上，云南人民讨蒋自救军第一纵队6个大队（含1个独立大队）和由桂滇边部队第一支队3个连队组成的立功大队，共1000多人，统一归前委指挥，挺进盘江以北的滇东地区；以桂滇边部队第一支队其余3个连队为主组成的一个大队（即第一大队）开入滇东南地区。两部相互策应，以求打开滇东、滇东南局面。为配合前委所率部队顺利向滇东南进军，边工委还决定由郑钧、唐森、牛琨、谢森、郭芳等先后带领武工队，进入开广地区的麻栗坡、马关、田蓬等地，发动群众，组织地方武装开展游击战争，以策应主力部队挺进滇东南地区。由负责后勤工作的全明等组成留守处，在中越边境负责伤病员治疗及后勤支援工作。

3. 入滇参加建立滇东、滇东南中心根据地和解放云南

1948年10月中旬，入滇斗争各项准备工作就绪后，各部队即按部署实施行动计划。10月16日，中共桂滇边工委前委书记庄田等率领的1000多人，以云南人民讨蒋自救军第一纵队的番号，从越南河阳出发向云南盘江两岸挺进。在靖镇区和滇东南地区人民武装的策应下，部队利用夜色突破桂滇边境国民党军队的封锁线，从麻栗坡攀枝花地区进入国境，10月20日推进至滇东南地区的砚山、广南两县交界处。为了吸引敌人以便主力顺利渡过南盘江，前委决定留下自救军独立大队在砚山、广南地区发动群众，开展游击活动。此时，国民党在云南境内有正规军第二十六军13000多人，4个地方保安团共1800多人，分别驻扎于昆明、文山、蒙自、思普等地区。为阻止前委率部推进，敌人随即调整兵力部署：驻文山、思普地区的保安团队，向盘江北岸的人民武装发动"清剿"，第二十六军第四一八、

第五七八团和保安第一团集结于滇东南,执行机动作战任务。10月底,当前委率主力快速推向盘江时,敌第五七八团第三营急忙由富宁调到盘江南岸的格勒渡口设防,阻止我主力渡江;敌第五七八团第一、第二营,由西畴、砚山等地向我主力部队追击,妄图将我主力消灭在盘江南岸。为摆脱敌人追击,争取时间渡江,前委决定向据守格勒渡口之敌发起攻击。因战斗失误,渡江受阻,追击之敌又将至,前委即命令部队迅速转移,并决定分散于盘江南岸地区,发动群众,寻机歼敌,创造渡江条件。不久,庄田、朱家璧、黄景文率主力一部折返滇东南开广(即文山、广南)地区,与留在该地的独立大队会合,积极开展游击活动,发展壮大武装队伍。11月6日,敌保安第一团第三营及地方反动武装600多人,企图围歼独立大队于珠琳一带。9日,独立大队在孙太甲的指挥下,与张鸿谋武工队密切配合,采取诱敌深入、集中优势兵力速战速决的歼灭战战术,在广南县西部的拉沟塘峡谷设伏,一举歼灭敌保安第三营和1个地方保安队共300多人,缴获轻重机枪4挺、步枪200多支、手榴弹400多枚、电台1部。沉重地打击了敌人的反动气焰。

为策应前委行动,滇东南指挥部于1948年11月上旬,率领第一大队,从中越边境清水河进入云南,沿边境线向西出击。11月17日,在马关武工队、民兵的配合下一举拔除了国民党马关瓦渣据点，歼敌100多人，予敌很大震动。11月19日夜，岳世华根据指挥部的决定，乘马关县城守敌军心不稳、设防空虚，率林三、黄健生、沈德、廖文达、陈蔡等10人的武工队，在统战对象马关县参议长刘弼卿的掩护下，潜入县城，捕获国民党马关县代理县长欧阳河图，一枪未发就解除了该县城防大队的武装，俘城防大队长以下100多人，缴获机枪2挺、步枪80多支，解放了马关县城。拂晓，指挥部率部队浩浩荡荡开进马关城，群众夹道欢迎。马关城的解放，鼓舞了滇东南人民的斗志和我军的士气，打击牵制了敌人。

马关县城解放后，第一大队向马关、文山交界的古木地区挺进，直逼国民党滇东南指挥中心——文山。麻栗坡、西畴两县的国民党政府干部及城防队员害怕被歼，连夜弃城向昆明方向逃跑。12月上旬，前委书记庄田率立功大队和第七支队一部南下西畴，途中获悉国民党麻栗坡少将督办谢崇琦，带着1个连和1个巡缉中队200多人，从麻栗坡经砚山蚌峨逃往昆明，遂派独立大队埋伏于离兔董乡三四华里的山路两侧，打其措手不及；立功大队和7支队集结于兔董六召附近，防止敌人从左侧逃跑。当谢崇琦率部进入伏击圈后，独立大队即向敌猛烈开火，经1小时战斗，毙谢崇琦以下100多人，俘敌50多人，缴获六〇炮1门、轻机枪3挺、长短枪50多支。与此同时，各地武工队乘敌空虚，攻占了麻栗坡县城。12月6日，西畴县地方人民武装护乡大队也攻占了西畴县城。此时，滇东南指挥部第一大队在边境丛林休整。桂西靖镇工委书记梁家奉命率桂滇边部队第二支队1个大队200多人，从靖镇区到达边境丛林，与先期到该地的1个中队100多人会合，编为滇东南指挥部第二大队。两个大队共600多人。

1948年12月中旬，敌第二十六军第五七八团3个营集结于西畴附近，企图对利用战斗空隙进行休整的前委所率队伍实行分进合击。前委决定采取诱敌深入的方针，由朱家璧率第七支队一部佯作向中越边境转移，以吸引敌人兵分突进；由庄田率领立功大队、独立大队、第七支队一部于西畴县以南的芹菜塘山地设伏。12月14日中午，敌第五七八团第三营500多人进入我部预伏地域。在庄田的直接指挥下，参战部队勇猛投入战斗，利用有利地形协同作战，经过2个多小时的激烈战斗和政治攻势，敌伤亡惨重，全线崩溃，我部仅以4人伤亡的代价，取得歼敌营长以下300多人的重大胜利，还缴获八二炮2门、六〇炮4门、重机枪2挺、轻机枪10挺、步枪300多支及大批弹药和骡马。此役，对打开滇东南的局面和前委率部顺利北渡盘江起了重要作用。

前委率部在开广地区连续作战取得多次重大胜利的同时，滇东南指挥部也积极主动向敌人发起进攻，并取得了一系列胜利。12月27日，滇东南指挥部沿边境一线分路出击：一路进攻田蓬。12月30日，田蓬守敌投降，俘敌近百，缴重机枪1挺、轻机枪3挺、步枪60多支；一路进攻董干。1949年1月，我部进抵董干，守敌闻讯逃跑。尔后，两路部队会合进攻麻栗坡，第二次解放了该县县城。我部乘胜挺进马关，在护乡一团配合下，又克瓦渣。4日拂晓强攻马关，用炸药将坚固的城门攻破，击毙国民党县长以下10多人，俘城防常备队长以下100多人，缴获轻机枪1挺、步枪100多支，马关县城第二次被我部解放。至此，在前委所率主力部队与滇东南指挥部所率部队及各县护乡团、民兵的密切配合下，打开了滇东南地区的新局面。

我两支部队相互策应的行动，予敌人重大的打击，迫使敌正规军全线溃退，撤离滇东南地区。这时，广南县守敌陷入孤立境地，军心更加不稳。鉴于广南县位于盘江南岸，是联结盘江南北的交通枢纽，前委决定乘胜进攻广南县城，为渡过盘江、挺进罗平、建立中心根据地扫清障碍。在经过详细侦察和周密部署之后，独立大队、立功大队、第七支队各部及几个县的游击大队，于1948年12月30日拂晓分别向广南县城之敌发动进攻，经两小时的战斗，歼国民党广南县县长以下200多人，缴获长短枪100多支。我军无一伤亡。战斗结束后，前委决定由朱家璧、黄景文率领立功大队第一连到邱北地区，打通弥泸西部与盘江西岸通道，把两岸游击根据地连成一片；由庄田、郑敦率领立功大队第二连、第三连渡盘江东上，到罗平建立中心根据地；独立大队与唐才猷等率领的部队一起在滇东南坚持斗争，扩大人民武装队伍，巩固游击根据地。按照这一部署，庄田等经过周密调查、反复研究后，率队从猫街渡口顺利渡过盘江，于1949年1月28日到达罗盘地区与该区人民武装第二支队会合。

1949年1月1日，在中国人民解放军取得辽沈、淮海、平津三大战役胜利的大好形势下，毛泽东主席发表了新年献词，向全国发出"将革命进行到底"的号召，要求人民解放军向长江以南进军，解放全中国。中共中央指示南方各地党组织"在现有基础上求不断发展与歼敌，迎接解放大军南下"。中共中央军委和中国人民解放军总部发布命令，正式宣告成立中国人民解放军桂滇黔边区纵队。庄田任司令员，周楠任政委，朱家璧任副司令员，郑敦任副政委，黄景文负责参谋长工作，杨德华任政治部主任。下辖各支队由原桂滇边部队，云南人民讨蒋自救军第一纵队，广西左江指挥部，桂西人民解放军司令部和云南开广地区、弥泸区、罗盘区的游击部队编成。其中，滇东南指挥部第一、第二大队合编为纵队第一团，团长黄建涵，政委梁家；第七支队改编为第七团，团长孙太甲，政委陆琼辉。

桂滇黔边区纵队成立后，加强了部队的建设，全体指战员的革命信心和决心进一步增强。在各部队主动出击、大量消灭敌人有生力量的同时，滇东南指挥部所属各团队也抓住战机，奋力作战。1949年2月，唐才猷、饶华率边纵第一团、第七团和护乡第七团，分别活动于马关地区，然后推进至西畴、广南地区。2月中旬，出其不意地向西畴县敌据点大吉发起进攻，俘国民党文山八县联防司令宋伯蛟以下200多人，缴获轻机枪1挺、步枪100多支，解放了西畴县全境。尔后进攻广南，但遭盘踞广南城周围的广西土匪钟日山部及广南反动武装王佩伦部的顽强抵抗，遂撤出战斗。3月18日，部队在马街一带伏击跟踪我部的钟日山部，毙伤其副旅长以下200多人，俘敌50多人，缴获轻机枪2挺、长短枪100多支，然后乘胜回攻广南，再次将该县城占领。边纵第七团和西畴、马关两县护乡团及民兵武装，也相继向西畴、砚山、马关等县城发起进攻，毙俘国民党马关、砚山两县县长，争取了西畴政警队100多人起义，缴获轻机枪3挺、步枪100多支。西畴、砚山、马关三县县城被我部解放。与此同时，上述各县相继建立了人民政权。滇东南游击根据地得到巩固和发展。

1949年3月间，组建于1947年3月的粤桂边区人民解放军新编第一团（即"新一团"），在团长金耀烈、政委李晓农的率领下，于1948年春奉命从遂溪西进十万大山开展武装斗争，1948年底至1949年春入越整训后，奉命回国抵达滇东南，与桂滇黔边纵第一团合编。团长金耀烈，政委黄建涵，副团长陈炳崧，副政委李晓农，政治处主任李恒生。全团增至近千人，成为边纵执行机动作战的主力团队之一。为适应形势发展的需要，边纵第一团、第七团于4月间进行整训，正式组建边纵主力第一支队，下辖第一、第七团，共1700多人。支队司令员兼政委黄景文，政治部主任梁家，参谋长林杰。第一团团长金耀烈，政委黄建涵，副团长赵福，副政委李晓农，政治处主任李恒生。第七团团长孙太甲，政委梁家（兼），副政委兼政治处主任牛琨，副团长陈炳崧。

在滇东南根据地的建立过程中，边工委从入滇作战主力部队中抽调的一批干部（其中多是南路"新一团""老一团"的干部）发挥了重要作用。他们吸取靖镇区斗争的经验教训，从云南当地的实际出发，紧紧依靠广大人民群众，注意政策和策略，尤其比较认真执行党的反蒋统一战线政策，深入少数民族地区开展工作，争取一切反蒋社会力量，促使统治阶级内部分化瓦解，发展壮大人民的力量。通过斗争实践，这批干部同滇东南人民建立了密切联系，成为该区斗争的重要力量。其中，在滇东南根据地建设初期担任过滇东南工委、指挥部的相关领导有唐才猷、饶华、林杰等；担任过县委、县工委书记或团长、政委的有黄建涵（后调任边纵第十支队司令员）、梁家、金耀烈、李晓农、李鸿基、张鸿谋、谢森、唐森、李池、郭芳、陈熙古、李耀东、梁涛明、郑钧等；担任过县长、副县长的有周钟卓、黄海（刘仲曼）、李兴、梁展、安朗等。该区8个县，其中的马关、砚山、富宁、麻栗坡和文山县的主要领导均由这些同志担任，他们也参加西畴、邱北两县的领导工作。此外，南路"老一团"的李炳发、王奎、李华明等奉命到黔南地区参加扩展该区的武装斗争，分别任团长、政委、副团长等职。

1949年5月上旬，中共桂滇边工委根据中共华南分局的指示，决定第一支队七团由黄景文、梁家率领，留在滇东南地区坚持斗争，并进行政治整训。边纵第一支队第一团和滇东南指挥部所属第八团，掩护工委书记周楠率边工委机关，分两路北渡盘江，到罗平与前委会合。途中，第一支队第一团为边工委领导机关渡江扫清障碍，首先攻占了国民党高良重要据点，接着同第八团等部在飞土等地击退了阻止我部前进之敌，掩护桂滇边工委机关胜利渡过盘江，到达罗平根据地与前委会师。此时，集结在罗平根据地的有第一支队、第二支队、罗盘支队、滇东南指挥部所属第八团等，共8000多人。边工委与边工委前委会合后，唐才猷于6月奉中共华南分局指示返回广东南路，任粤桂边纵队副司令员。

7月6日—8月21日，根据中共中央指示，中共桂滇边工委，云南省工委在砚山阿猛召开合并扩大会议，宣布成立中共滇桂黔边区党委，由林李明任书记，周楠、郑伯克任副书记。滇桂黔边区纵队仍由庄田任司令员，林李明任政治委员，朱家璧任副司令员，郑伯克、郑敦任副政治委员，黄景文任参谋长，张子斋任政治部主任。在此期间，滇桂黔边纵进行了整编。纵队下辖12个大队、21个独立团，共3万多人。其中，第一支队是纵队主力部队，林杰任司令员，梁家任政委，杨守笃、孙太甲任副司令员，李鸿基任参谋长，李晓农任政治部主任。下辖由原边纵主力第一团改编成的第十五团（团长陈炳崧，政委李恒生）及第十六、第十七团。第四支队由滇东南指挥部改成，是在滇东南开广地区各县护乡团的基础上发展壮大起来的主力部队，共5000多人，组建时从原第一团抽调了61名营以上干部，加强领导，廖华任支队长，饶华任政委，张鸿谋任参谋长，李文亮任政治部主任。同时，滇东南工委改建为滇东南地委，饶华为书记，成员有廖华、庞自、李文亮、张鸿谋、唐森、宋启华、陆琼辉等；成立滇东南行政专员公署，宋启华任专员。

7月间，部队整编刚结束，敌第二十六军以3个团的兵力联合保安团和地霸武装，进犯滇东南地区，先后攻陷邱北、马关、麻栗坡、砚山、广南等县城。同时，以梁中介为首的国民党广西特务武装"东南亚民主党教导总队"，勾结地霸卢桂才,侵占富宁县城并扬言要打通桂西走廊。根据上述敌情,第一支队奉命率第十五、第十六团渡盘江北上,途中首先歼灭占据盘江南岸五洛河地区的地霸武装300多人。障碍拔除后,部队渡江北上。第十五团拔除了曲靖与罗平结合部的重要据点潦浒石,毙伤国民党镇长以下50多人。在进抵罗平与地方部队会合以后,我部第一支队又率第十五团等回师滇东南。与此同时,廖华率第四支队一部在文山天生桥击退敌1个营,毙伤敌40多人,并在弯刀寨、麻栗坡、平寨等地袭扰敌人。敌军在交通联络被截断、弹药物资补充困难的情况下,不得不缩回开远与平远街老巢。

1949年10月初,国民党反动派妄图将云南作为其最后挣扎的阵地,对滇桂黔边区进行更大规模的"扫荡"。区党委和纵队首长向边区军民发出战斗号令:坚决粉碎敌人的进攻,配合野战大军解放华南和西南的作战,主动寻找有利战机,集中优势兵力歼灭敌人。按照区党委和边纵司令部的部署,边纵第一支队、第四支队在滇东南奋勇作战,连续取得胜利。

1949年10月1日,国民党第二十六军第一六一师的2个团与地方反动武装共3000多人,深入我滇东南根据地进行"围剿"。我军第一、第四支队与地方游击队共4000多人,在庄田、林李明等指挥下,决定主动放弃一些已经解放的县城和圩镇，诱敌深入，待敌分散后，即集中全力歼灭其一路或一部。10月2日，我部主力主动撤出砚山县城。敌第一六一师侵占砚山县城后，即兵分向我部进行围攻。纵队领导庄田、林李明乘敌兵分之时，命令第一、第四支队各一部，向该师发动突然袭击，歼其一部；敌师部撤出平远街时，我第一、第四支队沿路伏击，又歼其一部，然后侵占平远街。10月3日，国民党军统特务梁中介率其"东南亚民主党教导总队"800多人，在富宁地区骚扰，途中被我部第四支队与广南护乡团伏击，歼其一部。10月8日，我部第一支队第十五、第十六团在林杰等指挥下，向驻守珠琳镇的地方反动武装车骑骝部发动攻击，全歼守敌500多人。10月18日，第一支队与第四支队和广南护乡团会合后，以突然动作向"东南亚民主党教导总队"发起进攻，毙敌150多人，俘109人。特务头子梁中介率残部逃往广南，与地方封建反动武装头子钟日山会合，逃向广西百色。这时，国民党军第一六一师孤立无援，被迫撤离开广地区。

1949年11月，为迎接野战军入滇，配合追歼残敌解放云南，边纵司令员庄田、政委林李明率第一支队及其所属第十五、第十六团，从滇东南向广西百色挺进，与四野第三十八军第一五一师会师。根据边纵司令部的部署，滇东南地委、行署及第四支队，一面进行反"扫荡"，一面迅速开展迎接野战军入滇作战的各项工作。以地委副书记庞自、第四支队政治部主任李文亮为正副团长的迎军工作团，率领一大批干部深入各县、区、乡、寨，组织支前队伍，动员群众筹集大批粮草和其他物资。其时，云南形势急剧变化。12月9日，国民党云南省主席卢汉宣布起义。卢汉通电起义后，蒋介石命令先期逃来云南的国民党陆军总部参谋长汤尧，指挥李弥的第八军、余程万的第二十六军，乘我野战军尚未入滇之机进犯昆明，破坏云南解放。滇桂黔边区党委和纵队司令部根据中央军委的命令和二野刘、邓首长的指示，决定：①云南各地游击队积极开展活动，阻歼残敌，防止敌人向国境外逃；②所属部队协同卢汉起义部队，同昆明市工人、农民、学生一起，展开昆明保卫战。在我边纵部队和起义部队的打击下，敌进攻昆明的企图未遂。在此紧急时刻，我二野第十七军第四十九师奉命日夜兼程迅速由黔入滇，歼灭了国民党军第十九兵团残部及第八军第三师和宪兵团等部共4000多人，使进攻昆明之敌背腹受击，遂仓皇南逃开远、建水、蒙自、个旧等地，企图沿滇越铁路逃往国外，或由蒙自机场空逃台湾。蒋介石下令第八军扩编为第八兵团，下辖第八、第九军，由汤尧兼兵团司令，坐镇滇南指挥。针对汤尧集团的作战企图，二野四兵团于12月11日奉命提前入滇，策应滇桂黔边纵队和起义部队解放云南。25日，中央军委决定驻百色的四野第三十八军归第四兵团指挥，参加滇南战役。27日，作为左路军的第三十八军第一一四师、第一五一师，在边区纵队第一支队的配合下，奉命从百色出发，沿滇越边境以日行百里以上的速度向滇南地区挺进。1950年1月初，第四兵团先头部队第十三军由南宁经百色进入云南，并在边纵第四支队的配合下向蒙自疾进，迅速赶到汤尧集团的前面。边纵第一支队第十五、第十六团与四野第三十八军第一五一师自百色出发后，经富宁、文山、马关、直插中越边境，于1月11日占领了南溪和滇南重镇河口、金平，截断了残敌逃窜越南的路线。1月15日，第一支队第十五团配合第一五一师的1个营，在追击途中，于蛮耗渡口摧毁敌人的浮桥，歼灭敌第八军军部800多人，俘国民党滇南八县"剿共"参谋长、金平县县长以下60多人，16日攻占了屏边。至此，蒙自以南的交通线和边防重关口，完全被我部控制，中越边境处在我部严密封锁之下。15日，二野第十三军第三十七师，在边纵第四支队的配合下，迅速迫近蒙自，包围了蒙自机场。16日，第三十七师和边纵第四支队攻占了蒙自机场，截住了正在准备逃往台湾的国民党第二十六军。我第十三军主力和边纵第一支队、第四支队乘胜追击，至17日相继攻占了蒙自、个旧，歼灭国民党第二十六军大部，与四野第三十八军会师于蒙自。

我野战军和边纵部队在河口、蒙自等地的突然出现，有效地堵死了汤尧集团的陆、空逃路。汤尧慌忙率部分路向建水方向溃逃。第四兵团司令员陈赓命令中路和第十三军前卫部队和边纵第四支队各留一部控制蒙自机场外，以第十三军主力和边纵一部沿建水、石屏疾进元江，抢占铁索桥，将汤尧残部歼灭于元江以东地区；命令右路四野第三十八军一部及边纵第一支队一部等，控制河口、金平一线；第三十八军另一部则沿元江西进，迂回汤尧集团左侧；命令右路之边纵主力一部和卢汉起义部队之一部，经峨山向墨江前进，堵击西逃之汤尧集团残部。1月18—19日，四野第三十八军及边纵第一支队等部，将从蒙自南逃的敌第二十六军残部歼灭于元江流域的蛮板、宜得地区。20日，二野第十三军前卫部队及边纵第四支队一部，攻占建水、石屏，迫使国民党第八军副军长田仲达率其前卫部队投降。元江县遂告解放。22日拂晓，我第四兵团第十三军前卫部队在元江城东营盘山附近，追上敌第八军后卫部队，将其截成两段。汤尧见过江无望，即率其残部沿元江东岸南逃，于元江城东一带被我野战军和边纵部队追击包围。25日，汤尧第八兵团团部、第八军残部被全歼，生俘汤尧及兵团副司令兼第八军军长曹天戈以下6000多人。逃过元江的敌第一七〇师等残部，也于2月4日、17日相继被歼。至此，滇桂黔边区纵队胜利完成了配合野战军解放云南的任务。奉命入滇参加解放战争的南路"老一团"

"新一团"，为滇桂黔边区的建立和巩固，为云南全省的解放，做出了积极的贡献。

第一团自入滇以来，经历了1年多的斗争，在全国大好形势的推动和鼓舞下，在上级党委的正确领导下，在中共云南省工委原来工作的基础上，与云南部队和人民并肩战斗，在实际斗争中吸取了靖镇区斗争的经验教训，正确执行党的政策，特别是党的少数民族政策和统一战线政策，团结一切可以团结的力量。全体指战员在部队或地方工作以及反"围剿"的艰苦斗争中，不怕流血牺牲，英勇作战，积极工作，得到地方党和人民群众的真诚支持和爱护，使自己不断得到发展壮大，较顺利地完成了党赋予它参加建立滇桂黔边区，配合野战军解放边区的历史任务。

1950年3月，遵照党中央的决定，入滇参加武装斗争的"老一团""新一团"指战员，除留数十人（其中地级、师级干部9人、县团级干部21人，余为区营级以下干部）在云南工作外，其余指战员由张鸿谋、陈熙古、李恒生等率领，返回两广参加建设，中共云南省委召开了隆重的欢送大会。

南路"老一团"是中国共产党领导的南路人民抗日子弟兵，西进开始时还是一支装备较为简陋、不足1000人的游击队伍。它西进的斗争历程说明：部队从雷州半岛突围西进十万大山坚持斗争，撤入越南整训，由返回南路参加解放战争改向桂滇黔方向发展及进入边区滇东、滇东南中心地区开展斗争，都是中共广东区党委、香港分局根据中央的指示精神和当时的形势变化而做出的正确决策。党对部队的领导是第一团生存、发展和取得胜利的根本保证。正是党的领导，才使这支部队即使在斗争中出现过一些偏差，仍然可以依靠党的领导和党组织的力量，及时给予纠正，继续沿着正确的方向前进。第一团的西进，是在当时当地的困难条件但全国形势迅猛发展的情况下进行的，它的斗争自始至终都得到地方党、兄弟部队和广大群众尤其是边区少数民族人民的大力支持和配合，这是第一团生存、发展的基本条件。第一团干部、战士具有较强的组织观念，服从党的指挥，执行上级指示，上下团结一致，机动灵活作战，从实际出发开展工作，这是第一团一贯重视思想政治教育和入越整训的结果，也是它打不垮、拖不烂、不断取得胜利的重要因素。

（黄其英　执笔）

（摘自中共湛江市委党史研究室编：《铁旅征程》1999年版）

十、滇东南（开广）地区的武装斗争和边纵第四支队的成长

中共文山州委党史办

边纵第四支队的前身——滇东南指挥部组建于1948年10月，所辖部队为：滇东南护乡第一、第二、第三、第四、第五、第七、第九、第十一共8个团，分别活动于开广地区的8个县。1949年7月，根据中共滇桂黔边区委员会决定，将滇东南指挥部改称滇桂黔边纵队第四支队，下辖第三十一、第三十二、第三十三、第三十五、第三十七团及警备团，共5000多人。1948年冬至1950年春，这支部队在党的领导下，先后解放了8座县城（包括1949年12月解放的河口县城）；建立了地、县、区、乡、村各级人民政权和滇东南游击根据地，圆满地完成了迎军和配合野战军进军滇南追歼国民党军队的任务，为云南人民的解放做出了贡献。其间，经历大小战斗76次，毙敌1200多人，伤敌380多人，俘敌2180多人，缴获步枪3940多支、轻机枪104挺、重机枪9挺、六〇炮7门、八二炮8门、电台1部及大量弹药和物资。

1950年4月，中国人民解放军云南省军区命令，成立

中国人民解放军文山边防区，边纵第四支队所属各团整编为独立第一团和第二团。至此，边纵第四支队完成了历史赋予的光荣使命。

（一）

开广（文山）区地处两国三省接壤地带，居住着壮、苗、瑶、彝、汉等9个民族，少数民族占10%以上。全区多山，交通不便，国民党统治比较薄弱，利于开展游击战争。

1946年上半年，国民党反动派发动全面内战，中共云南省工委于1946—1947年，先后派祁山（杨成明）、何现龙、祁文、岳世华、宋启华、杨宇屏、陆琼辉等20多名党员和一大批"民青"员及进步青年学生，到弥泸区的邱北和开广地区各县进行革命工作，准备开展武装斗争。1947年7月成立开广区工委，书记岳世华，委员陆琼辉、孔永清、舒守训、吴士霖。

1946年6月初，朱家璧等率"一支人民的军队"转战至泸西舍得，11日晚从白马嶟远距离奔袭邱北县城，未克，转移到温浏，张子斋、祁山传达了滇工委西山高峤会议的决定，3支队的2个大队回盘北根据地坚持斗争，第一、第二支队的6个大队和三支队七大队南下广南、富宁一带，与桂滇边部队会师。南下部队于6月22日夜，里应外合，攻占了广南县城，27日部队进驻里达。7月1日，召开军民联欢大会，纪念中国共产党成立25周年，正式宣布中共云南省工委的决定：成立云南人民讨蒋自救军第一纵队，并宣布纵队军政主要负责人名单，广南起义的武装编为独立大队。

7月3日，敌第五七八团的1个营及富宁县反动武装共1000多人，突袭里达，经激烈战斗，我部于当晚南进，9日攻占田蓬，后经广北境的龙兰、面良至滇越边境，26日与桂滇边部队会师，10月16日回师云南。其间，开广地区决定成立滇东南指挥部，指挥员唐才猷，政委饶华，副政委兼政治部主任岳世华，参谋长林杰。

（二）

派武工队入滇，开展武装斗争。

（1）1948年7月，自救军到河阳与桂滇边部队会师后，桂滇边工委先后派出2批武工队进入马关县，发动群众，组织武装，开展统战工作。武工队分为3个组，分别活动于猛洞、南温河及小麻栗坡，派人到马关县城与地下党负责人宋启华取得联系。在此期间，组建了以瑶、壮少数民族为主体的小麻栗坡和南山2个游击大队，并攻占船头对汛署，活捉了对汛长高学礼。

11月19日夜，岳世华率武工队员10名，化装入城，智取马关城。次日，饶华、林杰率部队进城，马关县城第一次解放。以南山和小麻栗坡大队为基础，组建了滇东南护乡第一团，团长刘弼卿，政委岳世华（兼），副团长唐森，下设3个大队共400多人枪。

12月初，敌委任王恩隆为马关县县长，并由敌军护送赴任，向马关县城进攻，我部撤出马关县城。1949年2月4日，我马关护乡一团，配合林杰、梁家率领的部队，第二次解放马关县城，毙敌县长以下20多人，俘敌常备队长以下100多人，缴获轻机枪2挺、步手枪100多支。滇东南护乡1团进行整编，唐森任团长兼政委，辖两个大队。5月，在麻栗坡将护乡一团整编为桂滇黔边纵队第九团，团长兼政委唐森，副团长李池。同月，滇东南指挥部决定，将马关的肖云鹏和李彰慈两支武装改编为滇东南护乡二团，团长肖云鹏，政委陈锦荣，副团长李彰慈，副政委李维贵，政治处主任许志达，下辖3个营。

（2）1948年6月，桂滇边部队曾派出以洪居德为队长、郑均为指导员的武工队10多人，进入麻栗坡县的攀枝花地区，发动各族群众，开展武装斗争。自救军与桂滇边部队会师后，又先后派牛琨、李克武、钟卓等两批干部到麻栗坡县加强武工队工作。其间，武工队先后处决了坚持与我为敌的攀枝花对汛长曾启明，马林乡乡长杨光明，恶霸地主刘学德，督办署督察员苏级三，国民党麻栗坡特别党部书记邓永福。占领了样色、豆豉店、南温河、攀枝花，逼近麻栗坡城。此时，马关县城及西畴县的兴街、老街马街也相继解放，麻栗坡城处于游击队包围之中。12月2日深夜，麻栗坡少将督办谢崇琦害怕被我部歼灭，率保安队、巡缉中队200多人及家眷弃城逃跑。3日，我武装进驻麻栗坡城。麻栗坡城解放后，以护乡队、基干队为基础组建了滇东南护乡四团，团长李鸿基，政委郭芳，全团300多人。1949年2月，护乡四团的2个大队及西畴护乡大队整编为边纵第八团，团长李鸿基，政委郭芳，副团长杨增亮，政治处主任杨固（后张典桥），全团900多人，编为3个营、1个政工队。

（3）1948年10月，岳世华、宋启华派彭大同、牛琨等去西畴县境内发动群众，组织武装。先后解放了西畴县的兴街、马街，砚山县的八戛、龙所等集镇。此时，云南人民讨蒋自救军第一纵队回滇经西畴，派董英（董友松）到西畴工作。武装发展到300多人，编为3个大队。1948年12月初，占领西畴附近村寨，6日向西畴县城发动攻击，县长杨履坤率百余人逃出县城。我部解放西畴县城，并将部队整编为西畴独立大队。1949年1月31日，组成滇东南护乡3团，团长彭大同，政委董英（后陈熙古）、政治处主任安朗，全团500多人，编为2个营、1个机炮连和1个警卫连，1个政工队。4月，护乡三团整编为边纵第十团，团长彭大同，政委陈熙古，政治处主任安朗（后为杨坚），辖3个营、1个政工队。

（三）

主力部队回滇，开辟滇东南游击根据地。

（1）云南人民讨蒋自救军第一纵队，1948年10月16日从河阳出发，经过14天急行军，突破敌军西畴、砚山两道封锁线，21日经六诏时，将独立大队及桂滇边部队23人组成的武工队留在砚山、广南、西畴一带活动，主力继续北上。11月，驻文山之敌——保安一团派其精锐第三营，在广南县怀德乡乡长车骑骝反动武装配合下，从文山出发，经砚山向广南进发，企图消灭我武装力量。独立大队、武工队及新组建的第一大队、第三大队在地形险要的拉沟塘设伏，9日敌军进入伏击圈，这次伏击战，敌保安一团第三营除副营长贾润芝带1个班逃脱外全部被歼，计毙敌营长安康以下50多人，俘敌连长以下150人，缴获轻机枪13挺、步枪百余支、电台1部以及大批弹药物资。拉沟塘战斗结束后，前委率立功大队到珠琳，将独立大队、武工队及新组建的游击武装整编为第七支队，支队长孙太甲，政委陆琼辉，副支队长张鸿谋，政治处主任杨宇屏，下辖6个大队。1948年12月16日，第七支队在砚山县兔董伏击敌麻栗坡少将办谢崇琦所部，毙敌50多人，俘敌谢崇琦以下100多人，缴获六〇炮2门、轻机枪3挺、步手枪150多支、子弹500多发。我部牺牲3人，伤4人。

12月15日，前委率立功大队、第七支队以及西畴人民讨蒋自救军在西畴芹菜塘观音伐伏击尾追之敌第二十六军第五七八团第三营。此战共毙敌营长黄鹤麟以下118人，俘敌130人，伤敌60多人，缴获八二迫击炮2门、六〇炮4门、重机枪3挺、轻机枪24挺、长短枪300支及大批弹药、骡马等物资。我部牺牲4人。

三战三捷后，第七支队开赴广南，12月28日，广南地下党争取城防大队长侬天祥起义，里应外合，第二次解放广南县城，俘敌县长曹星辉以下200多人，缴获步枪100多支。至此，我滇东南地区先后解放了马关、麻栗坡、西畴、广南4座县城。

1949年2月，边工委决定第七支队整编为边纵第七团和护乡第七团。边纵第七团团长孙太甲，政委陆琼辉（后梁家），副团长陈炳松，副政委兼政治处主任牛琨，全团900多人，辖3个营、1个政工队（后又整编为第一支队第十六团）。护七团团长杨宇屏，政委陆琼辉，政治处主任王治平（后赵平波、李石秀），全团500多人，编为5个大队。

我部在短期内取得的一系列胜利，迅速打开了滇东南斗争的新局面。

（2）云南人民讨蒋自救军途经六诏时，曾先后留下李芬、马丁等在砚山、文山开展工作，组建了武工队，并与阿猛地下党员王能德取得联系。1949年1月20日，砚山武工队和民兵配合第七支队进攻砚山县城，政警队长李德昌率50多人起义，里应外合，攻砚山县城，擒获并击毙极为反动的敌县长杨苑珍，缴获轻机枪1挺、步手枪50多支及1批弹药物资。2月，成立临时指挥部，负责人李芬，下辖3个大队、1个直属中队、400多人枪。3月，武装发展到900多人。根据滇东南指挥部决定，组成滇东南护乡团，政委、代理团长李芬，下属6个大队、1个政工队。4月，滇东南工委决定，将部队整编为边纵第十一团，团长兼政委张鸿谋，副团长梁汝钦，副政委李芬，政治处主任马丁，下辖3个营、1个政工队，成立了团党委。

（3）云南人民讨蒋自救军第一纵队于1948年10月底进入邱北境后，在革勒、秧补和小老龙与敌二十六军五七八团发生3次战斗，为摆脱敌前阻后追的局面，前委在小老龙召开紧急会议，决定兵分两路，一路由庄田、朱家璧、黄景文率领第二支队的立功大队回广南、砚山、西畴，以调动敌人，寻机歼敌，再渡盘江，开展滇东斗争；另一路由何现龙、张子斋、杨成明（祁山）率领第一支队在邱北境内分散活动，发动群众坚持斗争，相机渡江北上，发展弥泸地区的斗争。云南人民讨蒋自救军第一纵队在邱北活动期间，先后留下马应明（冯憬行）、刘振江、肖屏、张春生、陈庆芳、祁文、杨治平、向克勤等一批军事和政工干部，分别在五嶰、龙营、温浏、山心、官寨、舍得、红花山等地发动群众，组建武装，开展统战工作。活动于官寨、舍得、红花山一带的自救军第一支队副支队长陈庆芳、二大队教导员刘振江等率第二大队一部组成武工队，武装很快发展到300多人，组成两个大队，为迷惑敌人，称为"云南人民讨蒋自救军第十二支队"，支队长陈庆芳，政委刘振江；活动于双龙营的同志也组建了120多人的武装，由李友任大队长，向克勤任政委，辖两个中队。上述部队加上桂普、山心等地区组织的武装，成为以后组建护乡第十一团的基础力量。1949年2月中旬，朱家璧、黄景文、张子斋等领导在邱北双龙营小水井开会，其间，由副支队长龙于湘率4个大队300人在附近村寨掩护。22日，龙率部驻老鸦屯，当晚遇敌第四八一团的两个营包围，我部奋起突围，与敌展开激烈战斗。此役据敌报悉，毙敌60人、伤11人。据群众和我部参加战斗的同志回忆，实际毙敌90多人。我军39人牺牲，龙于湘及大队长常志高、指导员赵雄3人被捕遇害，战士15人被俘。突围部队编入护乡第十一团。3月31日，马应民率300多武装进攻邱北县城，敌县长彭立铨率队逃跑。4月6日，滇东南工委决定，邱北各地武装力量整编为滇东南护乡第十一团，团长陈庆芳（后肖屏），政委刘振江，副团长何配贤，政治处主任向克勤，参谋主任王廷基，全团500多人，编为3个大队、1个直属中队、1个政工队。5月，护乡第十一团、邱北县警卫大队、桂普区游击大队配合解第一团进攻师宗县高良恶霸地主何廷珍老巢及蚌别，活捉何廷显、何廷芳，击毙何廷珍等，缴获轻机枪5挺、长短枪100多支、子弹1.5万发、骡马40多匹、牛50多头、物资40多驮。

（4）富宁县的七村九弄地区是云南省建立革命根据地最早的地区。1929年12月1日，邓小平、张云逸领导广西百色起义，组成了右江工农民主政府和红七军，派原红七军第二十一师副师长黄春明（黄松坚）、何尚之到富宁七村九弄开辟革命根据地，红军游击队发展到1500多人。黄春明走后，原红第二十一师六十二团政治处主任何尚刚（滕静夫）到富宁任桂滇黔边区革命游击队党委书记。1937年底，部队编为国民革命军第八独立团北上抗日后，何尚刚等继续在七村九弄坚持革命斗争。直到1948年底，桂西靖镇区派李兴等到七村九弄与何取得联系，经何介绍，李兴等到谷拉联系上在敌县政府任常备中队长的梁学政（梁在20世纪30年代曾任何尚刚部的班长、分队长）。1949年1月，广西靖镇区军事部部长廖华率20多人的武工队到七村九弄与何尚刚取得联系。同月，滇东南指挥部唐超、林杰等率队解放田蓬，并将田蓬一带武装编为两个大队。2

月，在富木伦宣布成立护乡五团，政委谢森，政治处主任温华。3月，何学政率常备中队起义，将部队拉到七村九弄，与廖华率领的武装会合后，又与何尚刚在七村九弄组织的农民自卫队编为1个大队（辖两个中队），梁学政任大队长。富宁县县长梁超武（梁政林）以下乡巡视为名，带领警卫排及部分公职人员逃往富宁剥隘。4月下旬，廖华率队进攻富宁县城。31日，敌城防统领梁一栋，特务大队长黄仲谋，警察局局长陈章达等于当夜率部队和民团逃跑。5月1日，我部进驻富宁县城。10日，护乡五团夜袭那谢，毙敌富宁县警察局局长陈章达以下10多人，俘20多人，缴获轻机枪2挺、步手枪20多支。16日，护乡五团长途奔袭，夜间围攻皈朝，毙敌100多人，俘敌总队长黄少臣以下210多人，缴获重机枪1挺、机枪3挺、步手枪200多支。经过这些战斗，稳定了富宁、田蓬一带的形势，使滇东南与桂西靖镇区连成一片。

（四）

1949年7月15日—8月21日，中共云南省工委和桂滇边工委后在邱北弥勒弯和砚山的者腊、阿猛召开扩大会议，组成中共滇桂黔边区委员会。根据边区党委决定：将滇东南指挥部改为中国人民解放军滇桂黔边纵队第四支队，司令员廖华，政委饶华，参谋长张鸿谋，政治处主任李文亮。

此时，武装力量已发展到 5500 多人，将滇东南指挥部所属部队进行整编。

7 月，在砚山竜所将边纵第八团、第九团和第十一团一部，编为边纵四支队三十一团，团长张鸿谋（兼），政委唐森，副团长杨福中，副政委马丁，政治处主任张典桥。全团 700 多人，重机枪 3 挺，轻机枪 24 挺，六〇炮 1 门，步手枪 600 多支。辖两个营、1 个警卫连、1 个机炮连、1 个政工队。

7 月 30 日，在砚山竜所将桂滇黔边纵队第十团及第十一团的第一、第二整编为第四支队第三十二团，团长彭大同，政委陈熙古（后郑均），政治处主任杨坚（后陈光荣）。全团 700 多人，辖 3 个营、1 个政工队。

同月，在广南八宝将护乡五团、七团和广南独立大队整编为边纵第四支队三十五团，团长杨宇屏，政委陆琼辉，副团长周剑华、陈国万，副政委谢森，政治处主任温华。全团 900 多人，编为 3 个营、1 个警卫连和 1 个政工队。同时，组建了广南护乡团（即护八团），团长杨增亮，政委李石秀，代政治处主任邓高。全团 300 多人，编为 3 个大队。

9 月，护乡十一团整编为边纵四支队三十七团，团长肖屏，政委梁涛明，副团长张春生（大庄整编时李铣任副团长），政治处主任向克勤。全团 800 多人枪，3 个营，1 个警卫连和 1 个政工队。

同月,将文山县金盛鋆的反蒋武装改编为文山县护乡团,团长金盛鋆,政委安朗,副团长张新祈。

9月,组建马关县护乡团,代理团长唐宝星,政委张仲梁,团长田广禄。10月,马关护乡团整编为边纵四支队独立营。

此外,7月1日在砚山青腊将滇东南警卫大队和王朝忠的反蒋武装组成警备团,团长杨增亮,政委薛耀东,全团300多人(同年10月编入边纵四支队三十二团)。

第四支队所属部队整编后,投入了极其艰苦的反"扫荡"斗争。

1949年7月,敌二十六军一六一师以3个团的兵力,向我滇东南地区进行大规模的"扫荡"。其兵力部署是:第五七八团(团长邓绍华)分布于砚山、广南一线;第四八二团(原五七九团,团长韩濯)分布于文山、西畴、马关一线;第四八一团(原二七九团,团长黄贤齐)分布于开远、平远街至邱北一线。

针对敌情,我部具体部署是:第三十一团随支队司令部在砚山、西畴、广南一带机动作战,相机歼敌;第三十二团开到马关、屏边、河口结合部一带,钳制和袭击敌军;第三十七团在邱北、砚山、开远东山一带袭扰钳制和袭击敌军,并与边纵二支队取得联系,机动配合战;第三十五团在广南、富宁一带,打击以王佩伦、钟日山、卢桂才为首的地霸武装；县区基干队、民兵主要对付当地地霸武装，保卫地方政权和人民生命财产，提供情报，配合部队作战。

从1949年8月至12月，边纵四支队各团进行的主要斗争有：西畴弯刀寨遭遇战、山东和土锅寨战斗、奔袭广南县城之战、布林战斗、袭击平远街敌第二十六军一八一师师部（敌师部被迫撤回开远），在未弯围歼梁中介特务武装是其中较大的战斗。正当反"扫荡"斗争激烈进行的时候，广南、富宁一带，突然从广西窜入一股800多人的国民党特务武装——东南亚民主教导总队，匪首梁中介（曾任国民党青年军团长和军统特务）。敌沿途均遭我四支队第三十五团及民兵阻击，10月20日，第三十五团与一支队第十五、十六团在广南未弯围歼敌军。此战，除梁中介乘夜带30多人突围逃脱外，毙敌大队长以下150多人，俘敌副总队长赵仲秀、参谋长梁一栋以下109人，缴获机关炮2门、重机枪1挺、轻机枪9挺、六〇炮3门、枪100多支。另外，缴获所谓"东南亚民主联盟卡瓦共和国"国旗1面、国印1枚。

除以上战斗外，四支队各团还进行了以下战斗：第三十一团的平寨战斗和砚山战斗，第三十二团的追栗街战斗和白沙坡阻击战；第三十三团12月25日解放河口县城战斗，第三十五团的者桑及皈朝、瓦窑、那龙、乐芸阻击战，广南护乡团的八宝战斗，第三十七团的曰者和打磨山战斗。

其间，1949年11月，边纵四支队为加强领导，提高战斗力，对一些护乡团进行了整编：将马关护乡团和文山县护乡团整为边纵第三十三团，代团长邓为，政委陈熙古，副团长李彰慈、金盛鎏，副政委安朗，政治处主任陈锦荣，副主任许志达，全团800多人，编为2个营、1个政工队（1950年1月8日，将第三十三团编入第三十一团）；将广南护乡团编入边纵第三十五团，团长杨增亮，政委杨宇屏，副团长兼副政委周剑华，政治处主任李联。

（五）

1949年11月5日，边区党委发出"从反'扫荡'中加强迎接野战军工作"的指示。滇东南地委、专署和四支队开会做出决定，一面进行反"扫荡"斗争，一面迅速开展迎军工作。除通知各县委员会迅速开展工作外，11月底组成以地委组织部部长庞自、四支队政治部主任李文亮为正副团长的迎军工作团。从地委专署、队部和各县、团抽调50多人，分工负责，开展工作。

为搞好迎军工作，保证野战军安全顺利通过，地委、边纵支队进驻交通要道砚山县城，并决定：由边纵第三十五团担任富宁、八宝至珠琳一线的"剿匪"和警戒任务；第三十一团担任阿猛、砚山、文山一线的警戒任务；第三十二团进驻德厚、鸣鹫一线，监视和拖住驻蒙自之敌；第三十七团由邱北向开远方向推进，监视和拖住驻开远之敌；第三十三团的1个营由马关向屏边推进，另有1个营驻防文山与马关交界地带。

迎军工作团和各县迎军委员会的同志，深入各县、区、乡、村，同当地干部一起发动群众，宣传解放战争的伟大胜利和野战军入滇、解放云南、统一全国的重大意义，发动群众筹备粮草物资，开展征粮。在1个多月的时间内，各县城和交通线上的重要集镇，都分别储存了充裕的粮食、柴草、肉蛋、豆类和军鞋，保障了野战军1个军部及5个师的过境供给。据不完全统计，全区军粮805万斤、肉71210斤、猪500头、牛50头、蛋7000斤、豆类25900斤、柴1222万斤、布鞋17893双、草鞋8716双、蔬菜192万斤、水果600斤。

为保证行军道路畅通，动员了各县民工修桥补路，加宽道路，加固桥梁，使骡马大炮畅通无阻。在野战军未到之前，从百色、剥隘至砚山平远街的道路桥梁全部赶修畅通。在野战军沿途通过的城镇、村头，都设有迎军工作站。

1949年12月27日，第四野战军第三十八军一一四师、一五一师，二野四兵团第十三军、第十四军所属部队先后进入我区。四野部队，边纵司令部边纵一支队第十五、十六团往文山、马关直插河口，断敌逃越通道；野战军第十三军由砚山直取蒙自；第十四军一部经珠琳、邱北至宜良。

野战军沿途所到之处，都受到我区党政军民的热烈欢迎和盛情接待，充分体现了军爱民、民拥军，各族人民群众热爱子弟兵的鱼水之情。

四野部队到达砚山后，边纵四支队第三十一团和边纵一支队第十五、第十六团，协同野战军于1950年1月1日解放文山县城，文山全区解放。1月7日，地委、支队部进驻文山城后，由第三十一团三营、第三十三团二营和边纵一支队第十五、第十六团配合四野部队沿马关八寨向河口挺进，攻下蛮耗渡口，全歼冷水沟守敌。在向个旧进军中，于卡房丫口，第一支队奉命回师金平县，抢占中越边境那发渡口，封锁敌第八兵团逃入越南的道路。

1950年1月13日，第十三军三十七师到达砚山，由边纵第三十一团、第三十二团各1个营配合，经一昼夜急行军到达蒙自城东，歼敌第五七八团第三营，随即迅速向蒙自机场发起进攻。16日凌晨4时，敌机场全部被我部占领，截断了敌军从空中外逃的道路。我部于当天解放滇南重镇蒙自县城。19日成立临时军管会（后改为中国人民解放军昆明军事管制委员会蒙自军事代表办事处），四支队政委饶华任主任，第三十七师政治部主任薛波任副主任。

1月15日夜，第三十七师一部在鸣鹫与敌第五七八团一部遭遇，敌向开远方向溃逃，边纵第三十二团1个营配合野战军追到大庄，敌副团长以下300多人向我部缴械投降。

敌军空中逃路被我部截断后，陷入一片混乱，敌第二十六军残部仓皇向个旧逃窜。在开远，敌第八兵团和第八军也向西溃逃。17日，边纵第三十一团一营配合野战军第一一〇团在烟栅追上逃敌，经6小时激战，歼敌1800多人，个旧宣告解放。

1月，边纵第三十五团配合二野第十三军三十九师一一七团4000多人，围攻旧莫王佩伦等反动武装，在我军事压力和政治攻势下，王佩伦投降，缴枪1100多支、重机枪1挺、轻机枪30多挺，其部下中队长以上40多人送昆明学习，部属资遣回乡。

1950年4月，奉云南省军区命令，以边纵第四支队所属部队为基础，整编为文山边防区部队，司令员兼政委杨江，副司令员廖华，参谋长张鸿谋，政治部主任谢森。第四支队三十一团、三十二团整编为文山边防区独立一团，团长张崇文，政委梁涛明，副团长李武，参谋长李彰慈，政治处主任马丁；第四支队三十五团、三十七团整编为文山边区独立二团，团长周剑华，政委肖屏，政治处主任向克勤。至此，边纵第四支队完成了历史赋予的光荣任务。

（摘自中共党史资料《中国人民解放军滇桂黔边纵队》，云南民族出版社1989年版）

八一 附录

一、廖华年谱简编（1921—2003）

（一）童年和青年时期

1921年

8月，出生于广东省电白县凤山田乡旱塘村，曾用名廖万豪、黄华。

父亲廖运应，在家乡务农，做小贩；母亲黄梅，在家务农。廖华有兄弟姊妹5人，大妹廖克澜、大弟廖万杰、二弟廖万彪、小妹廖炳澜。

出生时，廖家有坡地约2亩，山林1亩，荔枝树数十棵，破瓦屋5间，为父亲的六兄弟所共有。欠债银圆数百元，家庭主要生活方式是佃耕，副业小贩。

1927年　6岁

在家乡读私塾半年。父亲和叔父因破产出外逃债。靠替人放牛、捡牛粪、拾柴火度日。

1930年　9岁

在家乡读初小，务农。

1931年　10岁

随教书的四叔在广州湾赤坎埠（今湛江市赤坎区）就读私塾半年，帮父亲做小贩半年。

1932 年　11 岁

举家迁居赤坎埠，租地盖茅草房 3 间，有资金若干、大米百余斤，靠一副石磨做米线买卖。自己返乡务农。

1934 年　13 岁

因父亲生病，返回赤坎埠做小贩，挑起一家五口的生活重担，直至 16 岁。

（二）抗日战争和解放战争时期

1937 年　16 岁

返回家乡，就读电白县社村私立龙溪小学。

1939 年　18 岁

8 月，就读广东省电白县水东私立实践中学。阅读进步书籍，接触党的组织，接受进步教育。

1940 年　19 岁

11 月，因参加抗日学潮，被私立实践中学开除学籍，后经党组织交涉改为勒令停学。

1941 年　20 岁

1 月，在私立实践中学，经陈汉雄、李康寿介绍加入中国共产党，2 个月后转为正式党员。其间，参加党员须知学习班培训。

3 月，转入广州湾（今湛江市）遂溪县寸金桥南强中学学习至毕业，担任南强中学党支部干事。

1942 年　21 岁

7 月，转入遂溪县省立雷州师范做学运工作。

1943 年　22 岁

1 月，在广州湾参加地下党抗日活动。

5 月，赴广州湾赤坎埠寸金桥海关楼（日军指挥机关）附近侦察敌情时被捕，临危不惧，与敌机智周旋 3 小时后被释放。

6 月，由党组织派往遂溪东区组织抗日武装。

1944 年　23 岁

2 月，任遂溪东区抗日游击中队指导员、中队长，党支部书记。

4 月，组织东区抗日游击中队夜袭遂溪冯家塘（又称崩家塘）日伪税站，身负重伤，被遂东甘霖村村民救治。

11 月，任雷州人民抗日游击队第二大队政工队队长，任总分支部书记、总支委。

1945 年　24 岁

1 月，参加金屋地战斗后，由党组织派往廉江县青平鸡笼村，主持建立安铺地区最早的抗日民主村政权。

2 月，参加南路人民抗日解放军第一支队，任连指导员、连长。

6 月，南路人民抗日解放军第一团第一营教导员王平在合沟金围战斗中牺牲，接任第一营政委，营长金耀烈。

10月，第一团第一营营长金耀烈在廉江塘蓬突围战中负伤，任第一营政委代营长，副营长陈炳崧。

11月，随第一团西进广西博白县马子嶂参加整编，任第一团第一营营长，政委陈熙古。在敌人的全力"围剿"下，面对新开辟地区缺粮少弹的情况，坚决执行上级指示，率领一营西进开辟十万大山根据地，开展群众工作，曾单独领导部队坚持斗争。

1946年　25岁

4月，根据中共广东区党委和南路特委的指示，广东南路人民抗日解放军第一团进入越南整训，其间随团参加支援越南抗法斗争。

1947年　26岁

2月，任越南高平省游击战训练班，越南第一战区游击战训练班教员、教育长。

6月，经组织批准，在越南高平训练班，与广东南路人民抗日解放军第一团政治处李学英结婚。1948年底，第一个儿子在广西平孟村出生。由于战争环境，儿子交给当地群众抚养，不幸夭折。

7月，根据上级党组织决定，调入广西靖镇地区。中共靖镇特支改为靖镇工委，邓心洋任书记，廖华任军事委员，陈玉任宣传委员，梁桂庭任民运委员。

9月，参与组织广西平孟武装起义，打响靖镇区公开反对国民党统治的武装斗争第一枪。中共靖镇工委决定在靖镇武装基干队的基础上扩建成立左江人民解放军靖镇独立大队，廖华任大队长，邓心洋任政委，隆建南任副大队长，下辖两个中队，共120人枪。

11月，组织果梨战斗、保障百合战斗、参加弄蓬战斗，三战三捷。靖镇独立大队改编为靖镇独立营，廖华任营长，项伯衡任政委，下辖3个中队。

12月，组织反"围剿"斗争。中共桂滇边委决定建立中共靖镇区工委，郑敦任书记，邓心洋任副书记，唐森任组织部部长，廖华任军事部部长，梁家任民运部部长。

1948年　27岁

任人民解放军桂滇边部队第二支队支队长，陈熙古任政委（后为梁家），下辖2个大队，共500多人枪。

3月，中共靖镇工委调整，梁家任书记，邓心洋任副书记，谢森任组织部部长，廖华任军事部部长，陈玉任民运部部长，吕剑任宣传部部长。

1949年　28岁

3月，中共桂滇黔边工委决定，将原中共靖镇区工委改称为中共右江上游区工作委员会，刘包任书记，邓心洋任副书记，廖华任军事部部长（调离后由刘包兼）。

4月，进入富宁地区开展武装斗争。

5月，廖华和滇东南护乡第五团政委谢森（缺团长）

一起指挥那谢战斗、皈朝战斗，取得全胜。皈朝战斗歼灭敌民团司令黄少臣以下官兵200多人，缴重机枪1挺、步手枪200多支。

6月，调任中国人民解放军桂滇黔边纵队滇东南指挥部指挥员，任中共滇桂黔边区滇东南地委委员。

7月，根据中共滇桂黔边区党委决定，将滇东南指挥部整编为中国人民解放军滇桂黔边纵队第四支队，司令员廖华、政委饶华、参谋长张鸿谋、政治部主任李文亮，所辖部队为边纵第三十一、第三十二、第三十三、第三十五、第三十七团及警备团等，共5700多人。

指挥部队经过4~5个月的艰苦斗争，进行了麻栗坡南油战、西畴弯刀寨遭遇战、天生桥阻击战，两打弥勒湾地霸据点，三打砚山以及长岭街二道箐、袭击平远街敌军师部等多次战斗，粉碎了国民党第二十六军对滇东南的大"围剿"，完成反"扫荡"任务。

12月，参加滇南战役，指挥部队配合野战军完成对蒋军的钳制和追歼任务。

1950年　29岁

1月，任中国人民解放军滇桂黔边纵队第四支队司令员兼文山军管会副主任。

2月，中央军委援越委员会在砚山装备、训练越军两个师。陈赓任援越委员会书记，委员周希汉、庄田、陈康和饶华，后增补了边纵第四支队司令员廖华等。

3月，任中共文山地委委员，出席文山地委党代表会议。

4月，边纵第四支队整编为文山边防区。杨江任中国人民解放军云南省军区文山边防区司令员兼政委，廖华任副司令员，张鸿谋任参谋长，谢森任政治部主任，健全了司、政、后机关，部队合并整编为2个独立团和8个县警卫连，投入"清剿"残匪、保卫民主改革和巩固人民政权、守卫祖国边防的斗争。

10月，赴中共云南省委党校学习，兼任党支部书记。

（三）社会主义革命和建设时期

1951年　30岁

1月，赴南京中国人民解放军军事学院学习，为基本系第一期一班学员。

1952年　31岁

2月，被选参加军事学院党员代表会议。

1954年　33岁

4月，经过三年半学习，从军事学院基本系毕业。中央军委副主席朱德主持考试并向毕业学员致训词。

5月，留校任军事学院训练部教研部研究员。

1955年　34岁

11月，刘伯承、陈毅元帅在南京军事学院为将、校军官授军衔，廖华被授予中国人民解放军中校军衔，同时荣获三级独立自由勋章、二级解放勋章。

1956 年　35 岁

1 月，荣获军事学院院长兼政委刘伯承签署的"中国人民解放军军事学院建院五周年三等奖"奖励证书。

1957 年　36 岁

7 月，赴北京参加高等军事学院筹建工作。

8 月，中国人民解放军高等军事学院在北京成立，任高等军事学院训练部研究处研究员。

1959 年　38 岁

3 月，在高等军事学院组织的"未来战争问题"会议上的发言稿《对未来卫国战争的特点和可能发展趋势的意见》，刊载于中国人民解放军高等军事学院训练部《教学通讯》第 15 期，1959 年 3 月 31 日出版。

1960 年　39 岁

6 月，晋升为上校军衔。

9 月，到河北部队下连当兵。

1965 年　44 岁

12 月，到河北滦南县参加"四清运动"。

1966 年　45 岁

5 月，"文化大革命"爆发，受到冲击。

1969年　48岁

2月，中央军委发出〔1969〕1号文件，高等军事学院、南京军事学院、政治学院撤销合并为中国人民解放军军政大学。

1970年　49岁

3月，调任甘肃省军区司令部副参谋长，赴甘肃兰州。

1972年　51岁

2月，参谋长高济游因病去世，上级明确指定司令部党委副书记、第一副参谋长廖华负责主持甘肃省军区司令部全面工作。

1973年　52岁

赴甘肃最西部与新疆军区接壤的星星峡边防团勘察地形、指导工作。

1974年　53岁

根据中央军委《关于办好教导队加速轮训基层干部的指示》，组织甘肃省军区开展教导队训练活动。被确定为好典型，由原兰州军区皮定均司令员亲自审定召开现场会。

（四）改革开放和社会主义现代化建设新时期

1978年　57岁

5月，中央军委决定，任命廖华为中国人民解放军军事学院训练部研究部部长。奉调回北京。

1979年　58岁

1月，任军事学院训练部研究部党支部书记。

1980年　59岁

参加军事学院赴华北方向战略战役勘察。

1981年　60岁

5月，与军事学院李一鸣研究员共同撰写《浅谈游击战在未来反侵略战争中的地位作用》论文，刊载于军事学院《军学》1981年第2期。

12月，应邀出席中共电白县委党史座谈会。

1982年　61岁

3月，组织制订军事学院训练部1982年军事学术研究计划。该计划以军委战略方针为依据，筹划年度军事学术研究安排，计划组织1次学术讨论会、3次学术报告会和若干学术专题研究。

4月，应邀出席中共广西靖镇县委党史座谈会。

1983年　62岁

10月，组织筹备军事学院建院以来第一次学术研究成果评奖活动。

1984年　63岁

4月，应邀出席中共云南文山州委党史专题审定会，富宁县委党史座谈会。

6月，组织军事学院学术成果评奖活动，在全院

1646份学术成果的基础上，评选出199份优秀成果。其中，一等奖3篇、二等奖20篇、三等奖176篇。评奖活动检验了军事学院自1978年以来的学术研究工作，推动了学术研究，促进了教学改革，提高了教学质量。

9月，参与军事学院副院长贾若瑜主编的军事理论丛书《游击战》的编写，主持最后统稿工作。该书由军事学院出版社于1984年9月出版。

12月，应邀出席粤桂边纵队史审稿会议。

1985年　64岁

12月，中央决定军事学院、政治学院、后勤学院合并成立中国人民解放军国防大学，军事学院建制同时撤销。

同年，经中央军委批准，自中国人民解放军国防大学离休。

1987年　66岁

3月，应邀出席滇桂黔边纵队史整理编纂工作座谈会。

1988年　67岁

8月，被授予中国人民解放军独立功勋荣誉勋章。

1990年　69岁

1月，完成《铁流边陲——广东南路人民抗日解放军西进战事》提纲。

1998年　77岁

7月，夫人李学英因病在北京去世，享年75岁。

2001年　80岁

7月，在北京度过80岁寿诞。

2003年　82岁

9月19日，在中国人民解放军总医院病逝，享年82岁。

（此年谱简编根据廖华简历和有关史料整理撰写）

二、廖华同志生平

中国共产党优秀党员，忠诚的共产主义战士，国防大学第三干休所副军职离休干部，军事学院原研究部部长、研究员廖华同志，因病医治无效，于2003年9月19日11时在北京解放军总医院不幸逝世，享年82岁。

廖华同志系广东省湛江市人，1921年8月出生，1941年1月加入中国共产党，1943年6月入伍。入伍后历任广东省南路遂溪县东区抗日武装政治员，广东省南路人民抗日游击队连政治指导员、连长，广东南路人民抗日解放军第一团一营政委、营长，越南第一战区游击干训班教员兼教育长，广西靖镇区独立营营长，人民解放军桂滇边部队第二支队支队长，滇桂黔边纵队滇东南指挥部指挥员，滇桂黔边纵队第四支队司令员，云南省军区文山边防区副司令员，中共云南省委党校学员兼支部书记，南京军事学院学员、研究员，军事科学研究部研究室研究员，高等军事学院训练部研究员，甘肃省军区司令部副参谋长，军事学院训练部研究部部长等职。1987年3月离职休养。

廖华同志1955年曾荣获三级独立自由勋章、二级解放勋章，1988年被授予中国人民解放军独立功勋荣誉勋章。

在革命战争年代，廖华同志经受了血与火、生与死的严峻考验，不畏艰难，不怕牺牲，机智灵活，英勇作战。抗日战争时期，廖华同志积极组织民众抗日武装，先后参加崩家塘、武利江、那天、塘蓬等战斗。解放战争时期，先后参加了皈朝、滇南等战斗。1947年2月经组织批准赴越南第一战区游击训练班担任教员兼教育长。1948年率领部队在广西靖镇区坚持反"扫荡"斗争，发展了群众武装，巩固了根据地，粉碎了敌人的"扫荡"。廖华同志为民族的独立解放和新中国的建立做出了突出贡献。

中华人民共和国成立后，廖华同志在部队担任领导职务期间，作风严谨，勤奋工作，经常深入基层部队进行调查研究。不断提高、充实自己，指导部队开展军事训练工作，做出了显著成绩。廖华同志到院校担任教学科研和领导工作后，忠诚党的军事教育科研事业，治军严谨，作风扎实勤奋，对战略、战役方面的研究有很深的造诣，把自己在战争年代积累的丰富战斗经验用于教学科研，表现了很强的教学科研和组织领导能力。曾参与我国首次《中国大百科全书》（军事卷）、《中国军事百科全书》和我军首部《游击战》等专著的编撰工作,为创新发展我军作战理论、培养我军中高级指挥人才做出了卓越贡献。廖华同志始终能够认真学习马克思列宁主义、毛泽东思想,拥护党的十一届三中全会精神,坚决贯彻执行党的路线、方针、政策,注重理论联系实际,密切联系群众;他革命事业心强,工作一贯积极认真;处处以身作则,为人师表。做到政治合格、业务过硬、作风优良、纪律严明,展示了一位优秀科研工作者的高风亮节。

廖华同志离休后,仍然十分关心国家和军队建设,认真学习邓小平理论等重要论述,在政治上、思想上、行动上始终与党中央保持高度一致。他以共产党员的标准严格要求自己,按时参加组织生活,主动向组织汇报思想。关心党和国家的大事,拥护和支持改革开放,积极反腐倡廉,在大是大非面前立场坚定、旗帜鲜明,坚决拥护党中央的决策,体现了一名老共产党员的政治情操。

廖华同志的一生是革命的一生、战斗的一生,是全心全意为人民服务的一生,是为共产主义理想孜孜追求、无私奉献的一生。他光明磊落、正直务实、严于律己、宽以待人、解放思想、实事求是、积极探索、勇于开拓、艰苦奋斗、知难而进、谦虚谨慎、不骄不躁、同心同德、顾全大局、无私奉献的精神和作风,永远值得我们怀念和学习。

廖华同志永垂不朽！

2003年9月23日

（此文是中国人民解放军国防大学为廖华逝世撰写的生平）

三、李学英同志生平

中国共产党的优秀党员，甘肃省邮电管理局机关党总支原副书记、离休干部李学英同志，因病医治无效，于1998年7月18日18时20分在北京逝世，享年75岁。

李学英同志系广东省信宜县（今信宜市）人，生于1923年10月，1938年7月参加革命工作，1940年7月加入中国共产党。

抗日战争初期，李学英同志在广东省广州湾（今湛江市）、东海、赤坎、廉江、吴川等市、县以教员身份为掩护从事我党地下工作。1940年参加抗日游击队，任游击队队员、医生。1944年后任南路人民抗日解放军第二支队政治处军需员、工作员、副政治指导员等职。

解放战争时期，李学英同志先后在人民解放军桂滇边部队广西靖镇独立大队任医生、医务主任，在中国人民解放军滇桂黔边纵队下属部队任政治指导员、秘书等职。

新中国成立后，李学英同志在云南省军区文山边防区政治部任直政股长、科长等职。1952年9月在南京军事学院家属招待处任队长、托儿所所长。1957年7月任北京高等军事学院幼儿园主任。1970年4月调任甘肃省邮电管理局邮电医院院长、管理局机关党总支副书记。1978年离职休养。

李学英同志的一生是革命的一生、战斗的一生。她参加革命60年，忠诚党的事业。战争年代，英勇顽强，不怕牺牲。和平时期，无论从事幼教工作还是基层党组织工作，都能以高度的责任感和事业心，勤勤恳恳、兢兢业业、任劳任怨、埋头苦干。她严于律己、廉洁奉公、作风民主、团结同志。她积极开展党的政治工作，认真贯彻执行党的路线、方针、政策，努力完成党交给的各项任务，多次被评为先进工作者，深受同志们的敬重和拥护。她的革命精神和优良品质，永远值得我们学习和怀念。

李学英同志永垂不朽！

1998年7月19日

（此文为甘肃省邮电管理局为李学英逝世撰写的生平）

参考文献

［1］电白县党史地志办公室. 中国共产党电白历史. 第一卷：1924—1949［M］. 北京：中共党史出版社，2011.

［2］广西军区军事志办公室. 解放战争左江风云［M］. 北京：人民出版社，2009.

［3］广西壮族自治区崇左市委党史研究室. 中国共产党崇左历史. 第一卷：1921—1949［M］. 北京：中共党史出版社，2014.

［4］吴吉林，方山. 桂滇黔边纵队［M］. 广州：广东人民出版社，1993.

［5］中共湛江市委党史研究室. 南路人民抗日解放军史［M］. 广州：广东人民出版社，1995.

［6］中共云南省委党史资料征集委员会，中共广西区委党史资料征集委员会，中共贵州省委党史资料征集委员会. 中国人民解放军滇桂黔边纵队［M］. 昆明：云南民族

出版社，1990.

［7］中共遂溪县党史研究室.中国共产党遂溪地方史（第一卷）［M］.北京：中共党史出版社，2004.

［8］中共廉江市委党史研究室.中国共产党廉江县地方史.第一卷：1919—1949［M］.北京：中共党史出版社，2009.

［9］中共那坡县委党史办公室.靖镇烽火（内部资料），2000.

［10］中共文山州委党史研究室.中国共产党文山壮族苗族自治州历史［M］.昆明：云南人民出版社，2007.

笃行寄语

——庄田之子庄祝胜、黄景文之女黄晓非

在南路粤桂边和滇桂黔革命斗争史中，廖华、李学英夫妇是我们十分敬重的两位革命前辈。原因之一，70多年前，边纵庄田司令员受命接管正在越南整训的南路人民抗日解放军第一团（"老一团"），成为他们夫妇的上级领导和战友，有了直接的交往。庄田受命率部回国参加解放战争，廖华、李学英夫妇执行命令坚决，敢打必胜，为解放祖国大西南做出了突出贡献。原因之二，时任"老一团"团长黄景文不仅仅是他们夫妇的直接领导，还早在党的地下工作期间，就带领李学英以小学教员的身份开展抗日救国斗争。老一辈们在艰苦卓绝的革命征程中建立起高度的彼此信任和友谊，这种同志加兄弟的生死之交完全超越了上下级关系，共同的信仰追求让这种真挚的情感一直延续至今，传承到我们这一代人。从"老一团"到滇桂黔边纵队，廖华、李学英这对革命伴侣并肩作战，征程数千公里，跨国跨省区作战，经历了血与火、生与死的考验，铸就了不平凡的人生。回顾两位前辈的革命斗争历程，我们认为主要具有以下特点。

一、铁旅征程意志坚定

廖华、李学英夫妇参加的华南游击战争是中国革命战争的辉煌一页。他们从学生时代起就接受中国共产党的主张,积极进行抗日宣传,开展党的地下斗争,后来双双加入由周楠任司令员兼政委的广东南路人民抗日解放军。1945年秋,他们所在的"老一团",面对国民党第一五五师、"新一军"、第四十六军、第六十四军以及地方保安部队合力围追堵截,一部向西突围进入十万大山,另一部奇袭遂溪机场后汇入西进征途,彻底挫败了国民党扼杀我南路武装的企图。1946年初,"老一团"奉命秘密进入越南北部地区整训,同时应越军要求派出一批骨干到越军部队任军事顾问、教官。其中,第一营营长廖华曾赴高平省、太原省游击干训班任教官、教育长。越南人民抗法战争全面爆发后,庄田司令员指挥"老一团"两次在谅山、七溪、东溪的第四、第七号公路沿线伏击法军,共毙敌390多人。另指挥"老一团"协同越华侨中团对法军发动多起袭击战斗。廖华所在营在作战中发挥了重要作用。1948年夏,庄田司令员率部从中越边境入靖西。廖华率部坚决执行前委的命令,与兄弟部队密切配合,先后取得果梨、百合、弄蓬战斗三战三捷以及忠厚伏击战等胜利。其间,廖华提任中国人民解放军桂滇边部队第二支队支队长。其后,他率部跟随庄田司令员南征北战，足迹遍及滇桂黔近百个县境，历经大小战斗近百次，在大西南的解放战争中发挥了重要作用。全国解放前夕，廖华同志任滇桂黔边纵队第四支队司令员，所辖6个团，5700多人。

二、经历生与死的考验

廖华、李学英夫妇在南路地下斗争和长期的军旅生涯中，一次又一次经受了生与死的严峻考验，在炮火、硝烟中书写了对党的忠诚。1944年四五月间，在夜袭遂溪县崩家塘日伪税站战斗中，中队长和2名战士牺牲，时任指导员廖华首次组织战斗，胸背部中弹倒在血泊中，后被副中队长梁汝新组织甘霖村老百姓把他从死亡线上抢救过来。廖华作为一线指挥员，在作战中常常身先士卒、英勇顽强，多次负伤却从未后退。广西靖镇区北斗村一间普通的农家小木屋，是当年任第二支队支队长廖华和夫人李学英的住处。他们夫妇当时刚刚育有一子，因斗争环境异常险恶，他们忍痛将孩子托付给了当地老乡，后来不幸夭折。为了新中国的诞生，这对夫妇当年出生入死、并肩作战，以非凡的勇气和付出践行了"为建立新中国献出一切"的誓言。

三、本色人生、优秀品质

中华人民共和国成立后，廖华、李学英夫妇无论在什么岗位上工作，都是勤勤恳恳、默默奉献。他们秉持着坚定的党性和大局观念，从不计较名利和个人得失。对同志、对战友心怀赤诚、生死与共；对家人、对子女关怀备至、循循善诱。他们给予子女榜样的力量，四个子女都学有所长、事业有成。他们为人谦和、处世低调，一生以节俭、简朴为荣，始终保持着中国共产党员和劳动人民的本色。这些平凡优秀的品质，值得我们后辈永远学习。

四、笔底无声胜有声

廖华同志参加游击战争始于南路，我国西南广大地区也是他浴血奋战过的地方。这里的人民群众没有忘记他。在广西那坡县南坡乡达腊村，乡亲们在政府的支持下自发兴建纪念室、英雄纪念碑，把边纵当年的战斗情况记录下来，把他们的战斗生活用品和衣物保存完好，对青少年进行红色传统教育。廖华对这片土地的感情深厚，这里的一山一水常在他的脑际萦回，激励他伏案疾书。他耗时撰写的《铁流边陲》书稿因他不幸患病住院而搁浅。《铁流边陲》主要记录了西南战区革命战争时期的经典战例。这些战例体现了毛泽东人民战争思想和人民军队长于游击战的特点，大多是他亲历，唯真唯实，填补了解放战争时期大西南游击战史的一个空白，具有较高的学术价值。他的子女在赴广东、广西、云南昔日战场实地考察走访的基础上，将这份珍贵遗稿付梓,这对了解和研究南路的革命历史,继承和发扬革命传统有着重要意义。

谨借此,向南路革命前辈廖华、李学英同志致以崇高的敬礼!

2019年8月于广州

后 记

父亲廖华、母亲李学英,遽然离世已十余载。2015年9月3日,在北京天安门广场,我们作为抗战老兵的后人,参加中国人民纪念抗日战争胜利70周年大阅兵活动之际,重读父亲撰写的《铁流边陲》《夜袭遂溪飞机场》,以及他的领导、战友撰写的《逐鹿南疆》等文章,仿佛又回到了他们那一代人曾经出生入死、浴血奋战的峥嵘岁月。

父亲晚年曾因脑中风多次住院,在与病痛做斗争的过程中,他始终不忘初心和寄托,誓把战争年代可歌可泣的战史、战事记录下来,把他们那一代共产党人的信念、精神、品格和作风记录下来。然而,病痛却没有给他留下宝贵的时间,我们希望能为他完成这个心愿。

为了铭记历史,缅怀先烈,进一步了解父母非凡卓越的一生,感悟他们为抗击日寇入侵、推翻"三座大山",为中国革命和建设事业而无私奉献的思想境界、家国情怀和坚守担当,我们将父亲没有完成的《铁流边陲》遗稿和有关史料、文献等,汇编成《他们从南路走来——廖华、李学英随军征战纪实》一书。

但是，我们深知，因为对广东南路革命历史的了解和认识，以及编撰和掌握的史料有限，此书难免存在错漏和不足，敬请读者批评指正。由于此书仅围绕父亲的遗稿《铁流边陲》（提纲）展开，时间限于从1945年10月西进开始至1950年2月云南解放。故中华人民共和国成立后，父亲在军事学院、国防大学发表的文章并未录入。

在此书的编撰整理过程中，我们得到父母曾经战斗过的广东湛江市、廉江市、吴川市、遂溪县、茂名市、茂南区、电白区、信宜市，广西南宁市、北海市、防城港市、钦州市、百色靖西市、那坡县、崇左市，云南文山市、富宁县等党史研究工作部门、档案工作部门和广东省档案馆提供的史料与档案；得到父母亲的老领导、老战友、老同事的关心和支持，尤其是中国人民解放军国防大学训练部郑云华副教育长、孙超秘书，政治部洪小东副主任，中国人民解放军军事科学院军事战略研究部仇昊研究员，以及全国党史部门党史研究领军人物、中共广东省委党史研究室原巡视员、副主任陈弘君，中共湛江市委党史研究室原副主任黄其英，中央人民政府驻港联络办协调部原部长沈冲，全国传承红色基因杰出个人、茂名市老促会名誉会长邓刚，南路子弟陈东等都给予了无私的帮助和具体的指导。此外，我们的至亲廖晖文、郑爱华、廖晖雅和丽红、丽群一家等亲朋好友都为此书的资料收集、整理、校对做了大量的工作。借此机会，向为此书出版付出心血的所有领导、同志、朋友和亲属一并表示衷心的感谢！

在中国共产党百年华诞之际，在广东南路人民抗日解放军成立75周年之际，谨以此书告慰我们百年归寿的父母，告慰南路的前辈，告慰所有为新中国的今天献出鲜血和生命的英烈们，并寄托我们的哀思，传承、弘扬他们的精神！

廖世宁　廖　勋

2015年9月撰写于北京

2021年1月修改于广州